服务西北地区稳定发展与国家安全研究系列丛书

GONG SI HE ZUO (PPP) BEI JING XIA CHENG SHI WU SHUI ZAI SHENG LI YONG FA LÜ WEN TI YAN JIU

公私合作(PPP)背景下城市污水再生利用法律问题研究

——以西北地区为例

薛　亮◎著

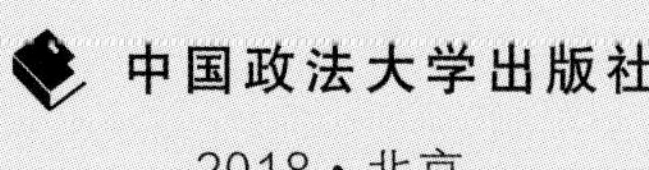

中国政法大学出版社

2018・北京

图书在版编目（CIP）数据

公私合作（PPP）背景下城市污水再生利用法律问题研究/薛亮著.—北京:中国政法大学出版社,2018.7

ISBN 978-7-5620-8430-3

Ⅰ.①公… Ⅱ.①薛… Ⅲ.①政府投资－合作－社会资本－应用－城市污水－废水综合利用－法律－研究－中国 Ⅳ.①D922.280.4

中国版本图书馆 CIP 数据核字(2018)第 170175 号

出版者　中国政法大学出版社

地　址　北京市海淀区西土城路 25 号

邮寄地址　北京 100088 信箱 8034 分箱　邮编 100088

网　址　http://www.cuplpress.com (网络实名：中国政法大学出版社)

电　话　010-58908586(编辑部) 58908334(邮购部)

编辑邮箱　zhengfadch@126.com

承　印　北京朝阳印刷厂有限责任公司

开　本　720mm×960mm　1/16

印　张　18.75

字　数　310 千字

版　次　2018 年 7 月第 1 版

印　次　2018 年 7 月第 1 次印刷

定　价　56.00 元

序 言

PREFACE

我应薛亮副教授邀请，为其新作《公私合作（PPP）背景下城市污水再生利用法律问题研究——以西北地区为例》写几句话，深感荣幸！

我国是一个水资源严重短缺的国家，水资源已经成为制约社会和经济可持续发展的重要因素，污水再生利用既是解决水资源短缺问题的有效途径，也是防止污染、减少污水排放的重要举措。近年来，我国在包括城市污水处理在内的市政公用事业领域中大力推进公私合作（PPP）模式，城市污水处理在设施数量上大幅增长，在污水处理能力上节节攀升，这一切均为城市污水的再生利用奠定了坚实的基础。可以预见，未来十至二十年将是我国污水再生利用事业的快速发展期。因而，如何突破现行城市污水再生利用体制的障碍，合理配置城市污水再生利用各方主体的权利、义务与责任，构建完善的城市污水再生利用法律制度，以保障城市污水再生利用事业的健康、有序发展，是值得经济法学和环境法学学者认真研究并大有可为的新兴领域。

薛亮副教授是我的学生，也是我的同事。他于2000年考入西北政法大学经济法学院（原西北政法学院法学二系）。本科时我教授他们金融法课程。2004年毕业，他留校工作并被分配至法学二系教务办公室担任教学秘书，那时我是分管教学的副主任，与他在工作上多有交集，他勤奋、踏实、认真、负责的做人和工作态度给我留下了深刻印象。同时，他更是积极上进，工作一年后又考入我校法学专业统招硕士研究生，2008年7月毕业之后旋即转入经济法原理教研室成为一名专业课教师。此后，经过两年时间的复习备考，他克服了跨专业的诸多障碍，于2011年9月考入北京大学环境科学与工程学院环境科学专业，师从邱国玉教授专攻城市水务法，并于2017年1月顺利毕业取得了理学博士学位。作为他的老师和同事，我为他取得的成绩感到由衷的喜悦和自豪！

阅读他的这本专著，我认为有以下三个亮点：第一，研究视角独特。以往对于城市水污染防治以及污水循环利用的学术文献多是从其本体出发，未能与国家治理工具的创新进行有机结合。公私合作（PPP）模式作为适用于基础设施和公共服务领域的一种全新治理工具，对其如何在城市污水处理及再生利用中发挥效用并“趋利避害”问题的研究具有重大的理论与现实意义。第二，研究方法新颖。以往法学研究多是定性研究，由于缺乏采用实地调研、数据分析等方法，提出的对策和建议未必适合解决实践中出现的问题。本书采用了环境学与法学相结合的交叉学科研究方法，既找准了城市污水再生利用实践中法律层面出现的“真问题”，又提出了有针对性并有现实操作性的“真对策”。第三，研究对象针对性强。西北地区属于传统水资源匮乏地区，水作为社会经济发展的控制性要素，其重要性尤为突出。从水资源量、水资源开发利用强度、水资源质量等角度衡量，相较于全国平均水平西北地区水资源与社会经济发展之间的矛盾更为突出。因此，本书立足于西北地区展开的公私合作（PPP）背景下的城市污水再生利用研究，具备鲜明的“西北特色”。

希望薛亮副教授以此为契机，能够“百尺竿头，更上层楼”，继续深入进行城市污水处理 PPP 法律制度的研究，相信他能够出版更多更好的成果，为早日实现西北地区“人水和谐”的美丽图景贡献力量！

西北政法大学教授　强力

2018 年 3 月 25 日

目 录
CONTENTS

图目录

表目录

绪　论

第一节　研究背景

一、背景

（一）西北地区城市污水再生利用的紧迫性

水是人类和一切生物赖以生存的基本要素，也是保障工农业生产和维系自然生态健康必不可少的资源。随着地球上人口的增加、工农业生产的发展以及水环境污染程度的日趋严重，许多地区的可用水资源相继出现了危机，这一现实严重制约了社会经济的发展。因此，采取有效措施解决水资源危机，越来越受到社会各界的广泛关注。

西北地区属于传统水资源匮乏地区，水作为社会经济发展的控制性要素，其重要性尤为突出。从水资源量、水资源开发利用强度、水资源质量等角度衡量，相较于全国平均水平西北地区水资源与社会经济发展之间的矛盾更为突出（见表 1-1~表 1-3）。

表 1-1　西北地区水资源量分布情况

时间	区域	年平均降水量（mm）	水资源总量（亿 m^3）
2016 年	全国	730.0	32 466.4
	甘肃	270.4	209.56
	陕西	626.2	271.48

续表

时间	区域	年平均降水量（mm）	水资源总量（亿 m^3）
	宁夏	155.9	9.58
	青海	304.7	612.7
	新疆	——	——

注：根据水资源公报相关数据整理而得。

表 1-2　西北地区水资源开发利用强度分布情况

时间	区域	供水量占水资源总量的比例（%）	用水量占水资源总量的比例（%）	耗水率（%）	人均综合用水量（m^3）	万元国内生产总值用水量（m^3）	万元工业增加值用水量（m^3）	城镇人均生活用水量（L/d）
2016年	全国	18.6	18.6	52.9	438	81	52.8	220
	甘肃	43.8	43.8	66.6	453	165	64	148
	陕西	14.5	14.5	60.1	238.2	47.4	——	——
	宁夏	41.6	41.6	——	961	206	42	——
	青海	8.7	8.7	——	445	103	30	101
	新疆	——	——	——	——	——	——	——

注：根据水资源公报相关数据整理而得。

表 1-3　西北地区水资源质量分布情况

时间	区域	河流水质（%）	湖泊水质（%）	水库水质（%）	水功能区水质（%）	省界断面水质（%）	集中式饮用水水源地水质（%）	浅层地下水水质（%）
2016年	全国	Ⅰ～Ⅲ类 76.9 劣Ⅴ类 9.8	Ⅰ～Ⅲ类 23.7 Ⅳ～Ⅴ类 58.5 劣Ⅴ类 17.8	Ⅰ～Ⅲ类 87.5 Ⅳ～Ⅴ类 9.3 劣Ⅴ类 3.2	满足水域功能目标 58.7	Ⅰ～Ⅲ类 67.1 Ⅳ～Ⅴ类 15.8 劣Ⅴ类 17.1	水质合格率在 80%以上的占 80.6	优良 2.9 良好 21.1 较差 56.2 极差 19.8

续表

时间	区域	河流水质（%）	湖泊水质（%）	水库水质（%）	水功能区水质（%）	省界断面水质（%）	集中式饮用水水源地水质（%）	浅层地下水水质（%）
	甘肃	Ⅰ～Ⅲ类 76.5 劣Ⅴ类 17.3	——	Ⅰ～Ⅲ类 100	满足水域功能目标 72.2	——	达标率 100	——
	陕西	Ⅰ～Ⅲ类 71.1 劣Ⅴ类 10.2	——	——	满足水域功能目标 59.9	——	——	——
	宁夏	——	——	——	满足水域功能目标 79	——	——	——
	青海	Ⅰ～Ⅲ类 95.6 劣Ⅴ类 4.4	——	——	满足水域功能目标 96.8	——	——	——
	新疆	——	——	——	——	——	——	——

注：根据水资源公报相关数据整理而得。

（二）公私合作（PPP）模式已成为城市污水再生利用的主要制度实施工具

在严峻的水资源短缺和水环境污染面前，一方面，增长的人口和经济活动对于自然资源和环境服务的需求与日俱增；另一方面，规模化的城市污水再生利用需要通过大规模投资兴建污水处理设施来实现。长期以来，城市污水处理行业在我国一直被作为自然垄断行业对待，这给城市污水处理及再生利用带来了很多问题：其一就是城市污水处理的经济绩效低下。首先，作为事业单位管理的城市污水处理业缺乏竞争激励机制，政企不分、政事不分导致官商作风、冗员严重的管理弊病；其次，城市污水处理业运营绩效低、服务质量差、企业亏损经营、财政补贴包袱沉重；最后，城市污水处理业的环境绩效不彰。城市污水处理业产权单一，缺乏稳定、规范的资金渠道，设施投资均由国家和地方政府负责的结果是，城市污水处理业的发展严重滞后于城市发展，水资源短缺和水环境污染的局面未能得到根本改善。

有鉴于此，从20世纪90年代开始，为了缓解政府资金投入不足与城市污水再生利用对污水处理设施需求旺盛之间的矛盾，加快发展城市污水处理市场，通过市场化的方式进行城市污水处理设施的建设、维护和运营就成为城市污水处理业发展的必由之路。由此，中国城市污水处理业的市场化改革进程拉开大幕。为了加快和深化改革，原建设部于2002年12月27日颁布了《关于加快市政公用行业市场化进程的意见》（以下简称《市政市场化意见》），并于2004年2月24日颁布《市政公用事业特许经营管理办法》。此后，在总结实施经验的基础上，国家发改委、财政部等六部委又于2015年4月25日颁布了《基础设施和公用事业特许经营管理办法》。2017年7月21日，国务院法制办就《基础设施和公共服务领域政府和社会资本合作条例（征求意见稿）》公开向社会各界征集意见和建议。自此，经过二十余年的探索实践，以特许经营为典型代表的公私合作（PPP）模式业已成为包括城市污水处理及再生利用在内的整个基础设施和公用事业领域，推进市场化改革的主要制度实施工具。中国城市污水处理业的市场化改革也呈现出如下几个鲜明特征：

1. 城市污水处理业的投资大幅度增长，社会资金贡献率显著

从表1-4~表1-6中可以看出，从2004年~2011年，排水行业治理总投资从352.2779亿元增长到2011年的770.0519亿元，七年间实现了投资的翻番，其中仅在污水领域，工业污染完成治理的投资由2000年的1 095 897.4万元增长到2011年的1 577 471.08万元。从水的生产和供应业的整体来看，使用外资和自筹资金两项加起来在总投资中所占的比例已经超过60%。这些数据都说明，特许经营充分地发挥了其本身融资工具的作用，对于推动城市污水处理业的市场化进程贡献显著。

2. 设施数量大幅增长，污水处理能力节节攀升

从表1-7~表1-8中可以看出，2009年3季度~2013年2季度，全国设市城市、县的污水处理厂由1792座上升到3479座，污水处理能力由0.9904亿立方米/日上升到1.46亿立方米/日，累计削减化学需氧量（COD）由191.9

万吨上升到291.5万吨。而根据中国水网发布的《中国污水处理BOT项目市场分析报告》中披露的数据显示，仅2009年，采用特许经营模式的污水处理设施已经占到新增污水处理设施总量的45.4%。

3. 以特许经营模式为代表的城市污水处理业市场化改革喜忧参半

随着特许经营在城市水污染防治中崭露头角，外国资本、民间资本纷纷涌入中国城市污水处理市场，城市污水处理业市场化改革中潜存的问题也随之浮出水面。作为公用事业重要的组成部分，城市污水处理业本来应该是一个“保本微利”的行业，然而，引入特许经营模式后，由政府向社会公众提供的污水处理服务转而由社会资本供给，追逐环境绩效和经济绩效不同的出发点，决定了社会资本更倾向于通过特许经营追逐超额利润而非仅仅是长期、稳定的收益来源。而作为自然垄断领域最后的壁垒之一，城市污水处理业的市场化改革更多的是在政策指引下，投资者和特许经营者对私人利益的追逐。特别是在特许经营模式推行的早期，诸如特许经营合同中对于“固定回报”的承诺，不仅使社会资本攫取了超额利润，也给国内城市污水处理业的持续健康发展带来了极大隐患。由此，通过呈体系化、完整严谨的制度设计（尤其是法律制度的设计）对相关利益主体的权利义务进行科学界分，以此来克服社会公共利益的制度供给的严重不足，就显得十分迫切。在城市污水处理业特许经营的全生命周期中出现了一系列问题，其中尤以“水质”“水量”和“水价”等核心问题最为突出。

表1-4　2004年~2011年排水行业污染治理总投资　（亿元）

年份	2004	2005	2006	2007	2008	2009	2010	2011
总投资	352.2779	368.0000	331.5242	410.0000	495.9604	729.8043	901.5609	770.0519

注：数据来源：2005年~2012年《中国统计年鉴》。

表 1-5　2000 年~2011 年污水领域工业污染完成治理投资总额　（万元）

行业	时间（年）	工业污染完成治理投资
污水	2000	1 095 897.4
	2001	729 214.3
	2002	714 935.1
	2003	873 747.7
	2004	1 055 868.1
	2005	1 337 146.9
	2006	1 511 164.5
	2007	1 960 721.8
	2008	1 945 977.4
	2009	1 494 606.0
	2010	1 295 519.1
	2011	1 577 471.1

注：数据来源：2001 年~2012 年《中国统计年鉴》。

表 1-6　2004 年~2008 年水的生产和供应业的投资来源构成　（亿元）

行业	资金	2004 年	2005 年	2006 年	2007 年	2008 年	所占百分比（%）
水的生产和供应业	总数	434.4	513.8	663.0	847.7	1053.2	100.0
	国家预算内资金	56.4	59.2	62.8	94.3	132.8	11.5
	国内贷款	111.5	102.5	132.2	172.2	203.2	20.5
	使用外资	24.8	22.0	26.4	31.2	25.3	3.7
	自筹	215.7	286.4	391.1	492.4	624.5	57.2
	其他	26.0	43.7	50.6	57.5	67.4	7.0

注：数据来源：2005 年~2009 年《中国统计年鉴》。

表 1-7　设市城市、县污水处理厂的建设情况和处理能力

时间	设市城市、县污水处理厂（座）	设市城市、县污水处理能力（亿立方米/日）	设市城市污水处理厂（座）	占设市城市总数的百分比	设市城市污水处理能力（亿立方米/日）
2009 年 3 季度	1792	0.9904	1266	0.7740	0.8858
2010 年 1 季度	2157	1.0900	1415	0.8550	0.9435
2010 年 2 季度	2389	1.1500	1519	0.8840	0.9842
2010 年 3 季度	2631	1.2200	1623	0.9070	1.0400
2010 年 4 季度	2382	1.2500	1688	0.9280	1.067
2011 年 1 季度	2996	1.3300	1776	0.9590	1.1050
2011 年 3 季度	3077	1.3600	1827	0.9700	1.1400
2011 年 4 季度	3135	1.3600	1841	0.9700	1.1200
2012 年 1 季度	3198	1.3800	1884	0.9730	1.1500
2012 年 2 季度	3243	1.3900	1903	0.9740	1.1500
2012 年 3 季度	3272	1.4000	1928	0.9770	1.1600
2012 年 4 季度	3340	1.4200	1947	0.9850	1.1700
2013 年 1 季度	3451	1.4500	1981	0.9880	1.1900
2013 年 2 季度	3479	1.4600	1994	0.9890	1.2000

注：数据来源：住建部《关于全国城镇污水处理设施建设和运行情况的季度通报》。

表 1-8　全国城镇污水处理厂和 36 个大中城市的污水处理能力和运行负荷率

时间	全国城镇污水处理厂累计处理污水（亿立方米）	全国城镇污水处理厂运行负荷率（%）	累计削减化学需氧量（COD）（万吨）	平均削减化学需氧量浓度（毫克/升）	36 个大中城市城镇污水处理厂处理污水（亿立方米）	36 个大中城市城镇污水处理厂运行负荷率（%）	36 个大中城市城镇污水处理厂累计削减化学需氧量（COD）（万吨）	36 个大中城市城镇污水处理厂平均削减化学需氧量浓度（毫克/升）
2013 年 2 季度	110.50	83.50	291.50	262.30	40.90	88.90	117.40	285.60

续表

时间	全国城镇污水处理厂累计处理污水（亿立方米）	全国城镇污水处理厂运行负荷率（%）	累计削减化学需氧量（COD）（万吨）	平均削减化学需氧量浓度（毫克/升）	36个大中城市城镇污水处理厂处理污水（亿立方米）	36个大中城市城镇污水处理厂运行负荷率（%）	36个大中城市城镇污水处理厂累计削减化学需氧量（COD）（万吨）	36个大中城市城镇污水处理厂平均削减化学需氧量浓度（毫克/升）
2013年1季度	102.60	72.80	271.00	264.50	36.80	83.20	107.60	292.40
2012年4季度	106.90	82.30	270.90	253.20	39.80	87.30	108.60	272.80
2012年3季度	109.28	85.09	259.84	236.80	42.01	93.12	105.92	250.92
2012年2季度	103.56	82.10	278.05	268.23	39.20	87.25	115.32	289.17
2012年1季度	98.28	78.68	260.00	258.00	36.90	83.20	104.66	283.00
2011年4季度	102.21	80.50	255.18	248.00	37.68	85.48	103.07	270.00
2011年3季度	103.68	82.16	249.00	241.40	38.64	90.88	102.79	263.00
2011年1季度	89.20	74.98	100.83	306.00	30.00	81.48	100.83	306.00
2010年4季度	91.18	78.18	237.19	259.00	34.71	85.46	——	——
2010年3季度	89.50	80.30	221.70	248.00	35.20	88.50	91.80	260.00
2010年2季度	81.00	78.60	237.30	290.00	32.20	86.47	101.75	——
2010年1季度	74.40	76.70	209.72	282.00	29.30	82.21	91.58	——
2009年3季度	74.06	81.27	191.90	——	31.85	88.33	82.77	——

注：数据来源：住建部《关于全国城镇污水处理设施建设和运行情况的季度通报》。

总的来说，上文中关于中国城市污水处理业市场化改革的三个鲜明特征也同样适用于西北地区，但与全国其他地区特别是东海沿海地区相比，西北地区具有自身的“西北特色”：首先，西北五省在城市污水处理业的投资方面，社会资金贡献率参差不齐。通过查阅西北五省“政府与社会资本合作中心”官方网站可以发现，关于城市污水处理业的入库项目不少，但真正签约落地的项目不多，有的省份在社会资金利用方面还处于起步阶段；其次，西北五省在城市污水处理设施的建设数量和处理能力方面，虽然从大趋势上看因应了全国的特征，即污水处理设施数量大幅增长、污水处理能力节节攀升，但“省际”“省内”差异性仍然明显，不少地方仍然是以“国有模式”为主导推进设施的建设和处理能力的提高。

二、研究的意义

（一）研究的理论意义

1. 展开了针对城市污水再生利用法律制度的交叉学科研究

美国哥伦比亚大学心理学家伍德沃斯（R. S. Woodworth）于 1926 年首创“交叉学科”一词。[1] 自 20 世纪 60 年代以来，国际上交叉学科研究日趋繁荣；我国自 20 世纪 80 年代提出交叉学科以来，有关的研究方兴未艾。所谓交叉学科，是指自然科学和社会科学相互交叉地带生长出的一系列新兴学科。交叉学科的产生，是因为当某一个学科的崭新的理论和现实问题难以用本学科的方法解决，需要借助其他相关学科联合攻关时，学科界限成为学科进一步发展的桎梏，相关的交叉学科便开始形成。

城市污水再生利用是环境科学中非常重要的组成部分，也是一个技术性丛集的领域。城市污水处理业作为自然垄断行业，长期以来饱受设施老化、冗员严重、官商作风、效率低下的困扰，加之自然垄断自身天生的对新技术、新工艺的排斥性特点，城市污水处理业的发展越来越跟不上城市水污染防治的形势和趋势。通过引入以特许经营为典型代表的公私合作（PPP）模式加快城市污水处理业的市场化进程，这一做法在加快设施建设的同时又会产生“撇脂”、公共利益保护缺失等新问题。由此，本书从交叉

---

〔1〕 郑晓瑛：“交叉学科的重要性及其发展”，载《北京大学学报（哲学社会科学版）》2007 年第 5 期。

学科视角展开的研究涵盖了学科间的“远距离”交叉和“近距离”交叉。“远距离”交叉即以属于环境科学的城市污水处理技术为基础，结合法学、经济学等学科，对公私合作（PPP）背景下城市污水再生利用兼顾环境与经济绩效的制度供给展开研究；“近距离”交叉，即以经济学的研究方法对公私合作（PPP）背景下城市污水再生利用的环境与经济绩效展开定量研究，并在此基础上对法律制度的修订和完善提出有针对性的对策和建议。

2. 探索了专门领域公用事业 PPP 法律制度某些理论空白的研究

首先，国内现有关于以特许经营为典型代表的公私合作（PPP）理论研究多是以市政公用事业的整体为视角展开的，鲜有针对城市污水处理业展开的专门性研究，尤其是城市污水再生利用作为城市污水处理的“衍生品”，对其展开的学术研究更是非常薄弱。城市污水处理及再生利用虽然属于市政公用事业，但比之于其他行业而言具有鲜明的“环境性”特征。由此，本书探索了此方面的空白理论研究；其次，从部门法学角度来看，现有关于市政公用事业公私合作（PPP）的整体性研究既涉及经济法学也涉及行政法学。由于不同的部门法学有各自不同的针对领域，造成了具体领域理论研究的部门法学藩篱。由此，本书探索在法律制度上对各种规制工具的有机组合作出回应，并以此求得对公私合作（PPP）背景下城市污水再生利用法律实践中出现的各种疑难法律问题的系统化解决。

（二）研究的实践意义

针对公私合作（PPP）背景下城市污水再生利用这一主题，研究涉及市政公用事业特许经营、环境保护、竞争、价格和规划等多种法律制度。以规制视角在科学界分政府及有关部门、经营者、社会中间层等各种法律关系主体权利义务的基础上，将分散于以上法律制度中的有关条款规定相互协调并连接形成一个有机统一的整体，并能够借此对实践中出现的相关法律问题加以有效解决，成为实现“善治”的当务之急。有鉴于此，本书对于公私合作（PPP）背景下城市污水再生利用的立法、执法和司法实践均具有积极的参考和借鉴意义。

第二节 城市污水再生利用的法理界定

一、城市污水再生利用的界定

（一）城市污水再生利用的内涵

在学理上，往往是以“再生水”作为城市污水再生利用的专业性称谓。对此，清华大学教授、我国著名再生水利用专家胡洪营老师给出的界定是：“污水（废水）经过适当的处理，达到要求的（规定的）水质标准，在一定范围内能够再次被有益利用的水。这里所说的污水（亦称废水）是在生产与生活活动中排放的水的总称，它包括生活污水、工业废水、农业污水、被污染的雨水等。”〔1〕

虽然我国目前在中央立法层面尚未有关于再生水的专门性立法，但有关再生水利用的地方性立法活动却较为活跃（见表1-9）。从现有关于再生水利用的各地方性立法中关于再生水的界定来看，再生水有如下特征：第一，属于污水处理的衍生品；第二，属于一种全新的水资源形式；第三，属于标准化产品；第四，属于非饮用水。

实践中将“再生水”与“中水”概念互用的提法并不鲜见，有关再生水利用的地方性立法中也有“再生水”与“中水”概念并提并用的表述。如《山东省节约用水条例》第38条规定：“中水是指污水和废水经净化处理后，达到国家《生活杂用水水质标准》或《工业用水水质标准》，可以在一定范围内重复使用的再生水。”《贵阳市城市节约用水管理实施规定》第27条规定：“中水是指部分生活污水经处理净化后，达到《生活杂用水水质标准》，可以在一定范围内重复使用的非饮用水。”实质上，“中水”的称谓滥觞于日本，日本市政工程领域将自来水称为“上水”，自来水管网称为“上水道”。城市污水称为“下水”，排水管网称为“下水道”。限于建筑给排水，介于建筑物生活给水与排水之间的杂用供水被称为“中水”。“中水”概念被引入我国后成为一个俗称，并没有明确的定义。再生水“属于标准化产品”的特征表明，再生水是我国城市污水再生利用系列标准中规定的规范术语，是一个

〔1〕 胡洪营等：《再生水水质安全评价与保障原理》，科学出版社2011年版，第1页。

具有确切的含义和依据的法律概念，虽然山东和贵阳等地的地方性立法中对“再生水”和“中水”概念并提并用，但并不代表“再生水”可以用“中水”概念简单替代之。这属于法条表述中的一种不妥当、不确切的提法，应予删除和避免。

表 1-9　各地方性立法中关于再生水的界定

地方性立法名称	关于再生水的界定
《山东省节约用水办法》（2003 年 8 月 1 日；2011 年 12 月 27 日修正）	污水和废水经过处理，水质得到改善，回收后可以在一定范围内使用的非饮用水。（第 38 条）
《青岛市城市再生水利用管理办法》（2004 年 2 月 1 日）	城市污水和废水经净化处理，水质改善后达到国家城市污水再生利用标准，可在一定范围内使用的非饮用水。（第 3 条）
《天津市城市排水和再生水利用管理条例》（2003 年 12 月 1 日；2005 年 7 月 19 日修改）	城市污水经二级处理或者深度处理后，达到国家和本市规定相关水质标准的非饮用水。（第 3 条）
《唐山市城市再生水利用管理暂行办法》（2006 年 11 月 1 日）	城市工业污水和生活污水经过二级处理或深度处理后，达到国家及行业水质标准，可在一定范围内使用的非饮用水。（第 3 条）
《银川市再生水利用管理办法》（2007 年 11 月 1 日）	城市污水和废水经过净化处理，水质改善后达到国家城市污水再生利用标准，可在一定范围内使用的非饮用水。（第 3 条）
《贵阳市城市节约用水管理实施规定》（2009 年 8 月 1 日；2011 年 12 月 19 日修正）	城市污水和废水经处理净化后，水质达到国家城市污水再生利用分类标准，可以在一定范围内使用的非饮用水，用于农业灌溉、绿化浇灌、道路清洁、工业冷却、景观环境、城市杂用和建筑物内杂用可以接受其水质标准的用水。（第 27 条）
《昆明市再生水管理办法》（2010 年 10 月 1 日）	经过污（废）水再生处理系统充分可靠的净化处理、满足特定用水途径的水质标准或水质要求的净化处理水。（第 37 条）

续表

地方性立法名称	关于再生水的界定
《包头市再生水管理办法》（2012年8月1日）	城市污水经专业生产运营单位集中处理净化后达到国家规定相关水质标准，可以在一定范围内使用的非饮用水。（第3条）
《哈尔滨市再生水利用管理办法》（2012年2月1日）	污水经过净化工艺处理后，达到国家规定的水质标准，可以在生活、市政、工业、环境等范围内使用的非饮用水。（第3条）
《安徽省城镇供水条例》（2012年7月1日）	污水经处理后，达到一定的水质标准，满足某种使用要求，可以使用的水。（第58条）
《西安市城市污水处理和再生水利用条例》（2012年12月1日）	城市雨水、污水等经收集处理后，达到国家或地方规定的相关水质标准，可在一定范围内使用的净化处理水。（第3条）
《烟台市城市再生水利用管理办法》（2013年7月1日） 《招远市城市再生水利用管理办法》（2013年11月1日）	城市污水和废水经净化处理，水质改善后达到国家城市污水再生利用标准，可在一定范围内重复利用的非饮用水。（第3条）
《深圳市再生水利用管理办法》（2014年1月22日）	把适宜进行处理的污水进行回收，经处理后达到国家规定的水质标准，并在一定范围内重复利用，包括再生水供应和再生水使用。（第25条）

注：根据有关城市污水再生利用的各地方性立法文本整理而得。

（二）城市污水再生利用的特征

城市再生水“属于污水处理的衍生品”的特征表明，再生水的上位概念是“城市污水处理”和“城市水务”，由此，“再生水利用”也就是“城市污水处理业”和“城市水务业”的有机组成部分。

所谓“城市水务业”，是指以水的收集、开采、加工、输配、利用、保护等核心内容构成的产业链。[1]城市水务业属于典型的市政公用事业，具有市

〔1〕 周阳：《基于公共利益的城市水务外商投资PPP模式及其应用研究》，经济科学出版社2010年版，第1页。

政公用事业的共通性特征：

（1）服务于社会公共利益。市政公用事业所提供的产品或服务是社会全体成员日常生活和工作不可或缺的必需品，同时也是其他社会产品生产的前提和基础，直接关乎国计民生和社会经济的正常运行。

（2）业务依赖输送网络。从经济合理性角度来看，市政公用事业从供应者到最终用户之间有一条管线或线路足够服务于社会公共利益，如果放开竞争反而会提高产品的社会平均成本造成浪费，进而导致社会整体经济效益和社会福利的下降。

（3）垄断具有合理性。由输送网络系统的存在以及由此为基础产生的相应的规模经济性和范围经济性决定，市政公用事业需要巨额投入，其中大部分是沉淀资本，投资回收期长、设施的技术专用性强，民间资本无力承担也不愿承担投资，因此一般都由国家进行不同程度的控制或经营。

作为城市水务业的一个有机组成部分，城市污水处理业除具有市政公用事业的网络性、社会公益性、自然垄断性、竞争性和规制性等“共通性特征”外，还具有“专属性特征”——环境性，即在城市水环境保护与水污染治理方面发挥的巨大作用。因此，城市污水处理业是一种特殊的市政公用事业（见图1-1）。

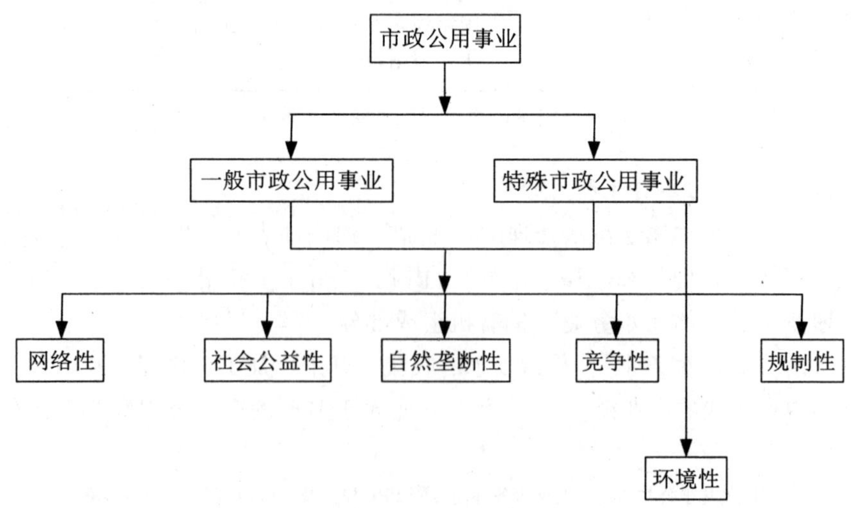

图1-1　市政公用事业分类

二、城市污水再生利用的法律关系构成

城市污水再生利用法律关系，是指城市污水再生利用法律规范在调整城市污水再生利用过程中形成的权利义务关系。从现有的城市污水再生利用法律规范来看，其存在于专门性再生水立法、排水/污水处理和再生水混合立法、抗旱立法、循环经济促进立法、水资源立法、供水用水立法、生态文明建设促进立法、水法配套性立法、水环境保护立法、城市建设管理立法、节约用水立法等十一种立法体例中（见表 1-10）。

表 1-10 包含城市污水再生利用内容的十一种立法体例及相应立法

立法体例	立法名称
专门性再生水立法	《青岛市城市再生水利用管理办法》（2004 年 2 月 1 日） 《唐山市城市再生水利用管理暂行办法》（2006 年 11 月 1 日） 《银川市再生水利用管理办法》（2007 年 11 月 1 日） 《昆明市再生水管理办法》（2010 年 10 月 1 日） 《哈尔滨市再生水利用管理办法》（2012 年 2 月 1 日） 《包头市再生水管理办法》（2012 年 8 月 1 日） 《烟台市城市再生水利用管理办法》（2013 年 7 月 1 日） 《招远市城市再生水利用管理办法》（2013 年 11 月 1 日） 《深圳市再生水利用管理办法》（2014 年 1 月 22 日）
排水/污水处理和再生水混合立法	《天津市城市排水和再生水利用管理条例》（2003 年 12 月 1 日；2005 年 7 月 19 日修改） 《北京市排水和再生水管理办法》（2010 年 1 月 1 日） 《西安市城市污水处理和再生水利用条例》（2012 年 12 月 1 日）
抗旱立法	《天津市防洪抗旱条例》（2007 年 12 月 1 日） 《江西省抗旱条例》（2010 年 11 月 1 日） 《青海省实施〈中华人民共和国抗旱条例〉办法》（2013 年 6 月 1 日） 《湖北省抗旱条例》（2014 年 4 月 1 日）
循环经济促进立法	《大连市循环经济促进条例》（2010 年 7 月 30 日） 《重庆市循环经济促进条例》（2011 年 6 月 1 日） 《陕西省循环经济促进条例》（2011 年 12 月 1 日） 《甘肃省循环经济促进条例》（2012 年 6 月 1 日） 《山西省循环经济促进条例》（2012 年 10 月 1 日） 《广东省循环经济促进条例》（2013 年 3 月 1 日） 《江苏省循环经济促进条例》（2016 年 1 月 1 日） 《山东省循环经济促进条例》（2016 年 10 月 1 日）

续表

立法体例	立法名称
水资源立法	《辽宁省地下水资源保护条例》（2003年8月1日；2011年1月11日修订） 《重庆市水资源管理条例》（2004年2月1日） 《江西省水资源条例》（2006年5月1日） 《山西省水资源管理条例》（2008年3月1日） 《济南市水资源管理条例》（2013年5月1日） 《成都市水资源管理条例》（2013年10月1日）
供水用水立法	《长春市城市供水条例》（2005年9月1日） 《吉林市城市供水管理条例》（2009年7月1日） 《江西省城乡供水管理条例》（2011年3月1日） 《安徽省城镇供水条例》（2012年7月1日） 《西安市城市供水用水条例》（2014年3月1日）
生态文明建设促进立法	《珠海经济特区生态文明建设促进条例》（2014年7月1日） 《贵州省生态文明建设促进条例》（2014年7月1日） 《厦门经济特区生态文明建设促进条例》（2015年1月1日） 《青海省生态文明建设促进条例》（2015年3月1日） 《杭州市生态文明建设促进条例》（2016年5月1日）
水法配套性立法	《广西壮族自治区实施〈中华人民共和国水法〉办法》（2004年7月1日） 《湖南省实施〈中华人民共和国水法〉办法》（2004年9月1日） 《北京市实施〈中华人民共和国水法〉办法》（2004年10月1日） 《山东省实施〈中华人民共和国水法〉办法》（2006年1月1日） 《河南省实施〈中华人民共和国水法〉办法》（2006年8月1日） 《宁夏回族自治区实施〈中华人民共和国水法〉办法》（2008年11月1日） 《河北省实施〈中华人民共和国水法〉办法》（2011年11月1日） 《四川省实施〈中华人民共和国水法〉办法》（2012年7月27日修正） 《西藏自治区实施〈中华人民共和国水法〉办法》（2013年10月1日） 《黑龙江省实施〈中华人民共和国水法〉条例》（2014年1月1日） 《内蒙古自治区实施〈中华人民共和国水法〉办法》（2014年9月22日） 《广东省实施〈中华人民共和国水法〉办法》（2015年1月1日） 《上海市实施〈中华人民共和国水法〉办法》（2015年7月23日修正）

续表

立法体例	立法名称
水环境保护立法	《无锡市水环境保护条例》(2008 年 12 月 1 日) 《合肥市水环境保护条例》(2012 年 3 月 1 日) 《南京市水环境保护条例》(2012 年 4 月 1 日) 《中山市水环境保护条例》(2015 年 8 月 13 日) 《泰州市水环境保护条例》(2016 年 10 月 1 日)
城市建设管理立法	《云南省城市建设管理条例》(2007 年 1 月 1 日)
节约用水立法	《陕西省节约用水办法》(2003 年 1 月 1 日)(《陕西省城市节约用水管理办法》2005 年 3 月 15 日) 《河南省节约用水管理条例》(2004 年 9 月 1 日) 《乌鲁木齐市城市节约用水管理条例》(2006 年 4 月 20 日) 《厦门市城市供水节水条例》(2006 年 10 月 1 日) 《贵阳市城市节约用水管理实施规定》(2009 年 8 月 1 日) 《西宁市节约用水条例》(2009 年 12 月 1 日) 《苏州市节约用水条例》(2010 年 3 月 22 日) 《内蒙古自治区节约用水条例》(2012 年 9 月 22 日) 《云南省节约用水条例》(2013 年 3 月 1 日) 《山西省节约用水条例》(2013 年 3 月 1 日)

注:根据有关城市污水再生利用的各地方性立法文本整理而得。

(一)城市污水再生利用法律关系的主体

城市污水再生利用法律关系的主体,是指在城市污水再生利用中权利的享有者和义务的承担者。虽然现行的城市污水再生利用法律规范存在于 11 种立法体例中,不同的立法体例关于再生水利用法律关系的主体也有不同的侧重,即便是相同的立法体例,不同的地方性立法的表述也有差异,但以上立法基本上均是以再生水利用“规划建设—运营管理”的两段式生命周期为主线展开的。综合 11 种立法体例来看,专门性再生水立法体例中关于城市污水再生利用法律关系主体的表述最为全面(见表 1-11),其他立法体例与之相比大同小异。

城市污水再生利用的法律关系主体通常包括:政府及其所属部门、再生水利用项目的经营者(包括再生水利用设施的产权单位和再生水的供水单位)、再生水用户、再生水利用的其他主体(再生水利用设施的建设单位、再生水利用设施的管理和维护单位、再生水利用专业技术机构和人员、单位和个人、社会公众等)。

表 1-11　专门性再生水立法体例中的再生水利用法律关系主体

法律规范名称	再生水利用中的法律关系主体
《青岛市城市再生水利用管理办法》（2004 年 2 月 1 日）	①政府及其所属部门； ②再生水运营管理单位（A. 分散式再生水利用项目的产权人——包括再生水集中供水规划管网能够覆盖的区域和不能覆盖但符合法定条件的区域；B. 集中式再生水利用项目的经营者）； ③再生水利用设施的建设者； ④再生水供水单位； ⑤再生水用户； ⑥再生水利用的其他相关主体（建设工程项目的建设单位）。
《唐山市城市再生水利用管理暂行办法》（2006 年 11 月 1 日）	①政府及其所属部门； ②再生水经营单位； ③再生水用户； ④再生水利用的其他相关主体（A. 建设工程项目的建设单位；B. 再生水水质的监测机构；C. 单位和个人）
《银川市再生水利用管理办法》（2007 年 11 月 1 日）	①政府及其所属部门； ②再生水利用设施的建设者； ③再生水供水单位； ④再生水用户； ⑤再生水利用的其他相关主体（A. 产生或者使用有毒有害物质的单位；B. 涉及再生水公共供水设施的建设工程的建设单位或施工单位；C. 单位和个人）。
《昆明市再生水管理办法》（2010 年 10 月 1 日）	①政府及其所属部门； ②再生水运营管理单位（A. 分散式再生水利用项目的产权人——包括市政排水管网未通达区域的区域和市政排水管网已通达但集中式再生水供水管网未通达的区域；B. 集中式再生水利用项目的经营者——污水处理厂）； ③再生水利用设施的建设者； ④再生水运营管理单位； ⑤再生水用户； ⑥再生水利用的其他相关主体（A. 建设项目的建设单位、涉及再生水公共供水设施的建设工程的建设单位或施工单位；B. 单位和个人；C. 分散式再生水利用设施的运营管理者；D. 单位和公众）。

续表

法律规范名称	再生水利用中的法律关系主体
《哈尔滨市再生水利用管理办法》(2012年2月1日)	①政府及其所属部门; ②再生水运营管理单位(A. 分散式再生水利用项目的产权人——包括集中型再生水供水系统管网能够覆盖的区域和不能覆盖但符合法定条件的区域;B. 集中式再生水利用项目的经营者——污水处理厂); ③再生水供水单位; ④再生水用户; ⑤再生水利用的其他相关主体(A. 除传染病医院、结核病医院外的其他专科医院或者综合医院、建设工程项目的建设单位;B. 再生水水质的监测机构;C. 单位和个人)。
《包头市再生水管理办法》(2012年8月1日)	①政府及其所属部门; ②再生水利用设施的建设者; ③再生水运营单位; ④再生水用户; ⑤再生水利用的其他相关主体(A. 工业建设项目的建设单位;B. 涉及再生水公共供水设施的建设工程的建设单位或施工单位;C. 单位和个人)。
《烟台市城市再生水利用管理办法》(2013年7月1日)《招远市城市再生水利用管理办法》(2013年11月1日)	①政府及其所属部门; ②再生水运营管理单位(A. 分散式再生水利用项目的产权人——包括集中型再生水供水系统管网能够覆盖的区域和不能覆盖但符合法定条件的区域;B. 集中式再生水利用项目的经营者——污水处理厂); ③再生水供水单位; ④再生水用户; ⑤再生水利用的其他相关主体(建设工程项目的建设单位)。
《深圳市再生水利用管理办法》(2014年1月22日)	①政府及其所属部门; ②再生水利用项目的经营者(A. 分散式再生水利用项目的产权人;B. 集中式再生水利用项目的经营者); ③再生水用户; ④再生水利用的其他相关主体(A. 再生水设施连接专业技术人员;B. 单位和公众)。

注:根据各地方专门性再生水立法文本整理而得。

（二）城市污水再生利用法律关系的内容

城市污水再生利用法律关系的内容是指，在城市污水再生利用中法律关系主体所享有的权利和承担的义务。虽然根据再生水利用“规划建设—运营管理”的两段式生命周期，城市污水再生利用的法律关系主体呈现出较为鲜明的“趋同化”特征，但鉴于现行的城市污水再生利用法律规范存在于11种立法体例中，不同的立法体例中再生水利用法律关系的内容各有不同的侧重，即便是相同的立法体例，各地方性立法的侧重点也有所差异。因此，有必要详细梳理如下：

1. 专门性再生水立法体例[1]

(1)“规划与建设”阶段。首先，由表1-12可知，“规划与建设”阶段政府及其所属部门的权力义务分担呈现出如下几个鲜明特点：第一，现行的再生水立法确立了“统一管理与分工负责相结合”的再生水监督管理体制。在此种体制下，再生水立法中有关“统一管理”的制度规定存在四种主流模式，即以“水务行政主管部门为主”“建设行政主管部门为主”“城市管理部门为主”和“市政管理部门为主”；第二，各地方性立法普遍通过行政审批的“无缝对接”强化再生水利用设施建设的“落地”。现行立法通过在施工图审查、商品房预售许可、建设项目竣工验收备案、房屋产权证办理、建设项目环境影响评价等行政审批过程中对再生水利用设施的建设进行严格把关，确保再生水利用设施与主体工程同期配套建设。其次，由表1-13可知，在“规划与建设”阶段再生水利用项目经营者的权利义务分担中，现行立法根据再生水利用的实际将再生水利用项目的经营者细分为“集中式再生水利用项目的经营者”和“分散式再生水利用项目的经营者”。针对前者，规定有“资质具备义务”“标识和警示义务”以及“供水设施施工的审核权”和“新装供水管网的竣工审核权”。针对后者，规定有“安全生产义务”和“管网连接注意义务”。以上权利义务界分的制度规定的目的，均是为了强化再生水设施的建设和安全运行。

[1] 鉴于排水/污水处理和再生水利用混合立法体例关于再生水利用条款的规定与专门性再生水立法体例基本相同，因此不再予以归纳总结；鉴于城市建设立法体例中关于再生水利用条款的规定，与专门性再生水立法体例相比并无太大差异且内容规定更为简单原则，因此不再予以归纳总结。

表 1-12 “规划与建设”阶段政府及其所属部门的权力义务分担（专门性再生水立法体例）〔1〕

政府及其所属部门	权力	义务
水务部门	①再生水利用的监督管理（深圳、昆明、哈尔滨、北京、西安）；再生水利用的宏观管理和调配（唐山）； ②制定再生水利用实施计划（深圳）；制定再生水资源利用规划（包头）；会同有关部门编制再生水利用专项规划（昆明、招远）；会同有关部门编制再生水利用发展规划并纳入节约用水规划（哈尔滨）；编制城市排水和再生水利用规划（北京、西安）； ③审查工业建设项目水资源论证报告书时确定再生水最低利用量（包头）； ④对建设项目节约用水措施方案审查意见中有再生水利用设施建设要求的项目进行审查（昆明）； ⑤加强对再生水利用的宣传教育，提高全社会的节水意识（哈尔滨）； ⑥组织起草或制定再生水设施建设、运行、管理的标准、规范和规程（北京）； ⑦编制全市再生水设施突发事件应急预案（北京、西安）； ⑧审查再生水利用设施设计方案（西安）。	①将再生水利用纳入水资源统一配置（深圳、包头、北京、西安）； ②规划编制机关应将规划草案予以公告并采取适当方式征求专家和社会公众的意见（西安）。
规划国土部门	①会同水务、环保部门制定再生水利用专项规划（深圳）；会同水行政部门和城市管理行政部门组织编制再生水利用专项规划（唐山）； ②在建设工程规划许可行政审批中，对再生水利用设施的建设进行严格把关，确保再生水利用设施与主体工程同期配套建设（昆明）； ③会同水行政主管部门建立审查制度，按照再生水利用发展规划和再生水利用系统建设计划，对建设单位提报的再生水利用系统设计方案进行审查，无再生水利用方案或方案不符合要求的不予颁发建设工程规划许可证（哈尔滨）。	

〔1〕 为了阐述的简洁需要，表 1-4~表 1-13 中对有再生水利用条款的各地方性立法名称的表述均以该行政区划的名称代替，如《深圳市再生水利用管理办法》即以“深圳”简称。

续表

政府及其所属部门	权力	义务
建设行政部门	①再生水利用的监督管理（银川、包头）； ②会同规划部门编制再生水利用规划（银川）；编制再生水资源利用设施建设发展规划（包头）； ③验收再生水供水工程（银川）； ④在施工图审查、商品房预售许可、建设项目竣工验收备案、房屋产权证办理行政审批过程中对再生水利用设施的建设进行严格把关，确保再生水利用设施与主体工程同期配套建设（昆明）。	①按照再生水利用规划加快城市再生水公共供水管道的建设，为再生水利用提供基本条件（银川）； ②委托有相应资质的单位对再生水利用设施进行监理（昆明）。
环保部门	在环评行政审批中对再生水利用设施的建设进行严格把关，确保再生水利用设施与主体工程同期配套建设（昆明）。	
节约用水机构	①负责再生水的日常管理工作（昆明、青岛、招远、烟台）； ②验收再生水利用设施（青岛）。	
城市管理部门	①负责再生水利用的具体管理工作（唐山）；负责再生水利用的监督管理和业务指导工作（烟台）； ②会同有关部门编制再生水利用规划（烟台）。	
市政行政管理部门（排水管理部门）	①负责再生水利用的管理和监督工作（天津）； ②会同有关部门共同编制城市排水和再生水利用规划（天津）。	

注：根据各地方专门性再生水立法文本整理而得。

表 1-13 “规划与建设”阶段再生水利用项目经营者权利义务分担（专门性再生水立法体例）

再生水利用项目的经营者	权利	义务
再生水利用设施的产权单位		①建立健全安全生产管理制度，管理和维护再生水利用设施（深圳、银川）；②供水系统与自来水供水系统相互独立（深圳）；不得擅自将自建再生水设施的供水管网系统与再生水公共供水管网系统连接（银川）。
再生水的供水单位	①对于需要在再生水供水管道上接管供水或者改装、复装、迁移供水设施自行施工的审核（银川）；②新装用水管道的竣工审核（银川）。	①具备与从事再生水经营活动相适应的资金和设备（深圳、包头）；②设置再生水标识和警示（深圳、银川、包头、天津、北京、西安）。

注：根据各地方专门性再生水立法文本整理而得。

（2）“运营与管理”阶段。首先，由表 1-14 可知，在“运营与管理”阶段政府及其所属部门的权力义务分担主要围绕“水质”“水量”和“水费”展开，其间伴随有“信息公开”和“公众参与”的相关制度规定。此外，作为市政公用事业的一个有机组成，再生水利用同样也需要社会资本的参与，也即公私合作（PPP）模式的引入。虽然在很多再生水的地方性立法中并没有专门性的表述，但鉴于实践中“集中式再生水利用项目的经营者”本身就是“城市污水处理设施的运营者”，在污水处理领域，公私合作模式（PPP）已践行多年且有《基础设施和市政公用事业特许经营管理办法》等多部中央和地方性立法予以调整，故未有相关条款予以阐明。其次，由表 1-15 可知，“运营与管理”阶段的经营者与用户之间的权利义务分担，主要是依据双方签订的合同围绕设施正常运行和权益保障展开。针对再生水利用项目的经营者，现行立法规定了“持续供应义务”“设施维护保养义务”“准确计量义务”和“收费权”“定调价申请权”“停止供应权”和“设施损害求偿权”。针对再生水用户，现行立法规定了“按约使用义务”“按约缴费义务”“按表计量义务”

和“污水处理费抵免权”“计量异议权”。最后，由表1-16可知，再生水利用中其他法律关系主体的权利义务分担主要集中于“运营与管理”阶段，其制度规定的重点在于保障再生水利用设施的正常、安全运行。

表1-14 “运营与管理”阶段政府及其所属部门的权力义务分担（专门性再生水立法体例）

政府及其所属部门	权力	义务
水务部门	①监督经营者履行合同规定的义务（深圳）； ②受理公众对经营者的投诉（深圳）； ③依法查处经营者的违法行为（深圳）； ④建立应急预警机制，在紧急情况下依法接管再生水项目设施和经营（深圳）；会同有关部门编制再生水利用突发事件应急预案（哈尔滨）； ⑤定期对再生水水质进行抽检，并将检测结果向社会公布（深圳、哈尔滨）； ⑥法律、法规和规章规定的其他职责（深圳）； ⑦根据经营者的定（调）价申请提出定（调）价方案并送发展改革部门审核（深圳）； ⑧财政部门对以生活污水作为原水的分散式再生水利用项目的经营者根据处理的生活污水量退还污水处理费（深圳）； ⑨加强对再生水利用计量设施的监管（昆明）； ⑩验收再生水利用系统（哈尔滨）。	①与再生水项目经营者签订运营合同（深圳）； ②会同财政部门制定具体鼓励政策，鼓励并引导各类社会资金参与再生水利用系统的建设和运营（哈尔滨）。
发展改革部门	①对用于市政用途的再生水按照保本微利的原则核定价格（深圳）； ②审核水务部门提出的再生水定（调）价方案（深圳）； ③核定再生水经营者提出的价格申请（唐山）。	

续表

政府及其所属部门	权力	义务
建设行政部门	负责对再生水水质进行监督，定期组织对再生水水质的抽样检测（包头）。	
环保部门	对再生水水质进行检测（银川）。	
质量技术监督部门	对再生水水质进行检测（银川）。	
卫生防疫机构	对再生水水质进行检测（银川）。	
节约用水机构	①负责再生水回用水质的监管（昆明、青岛）； ②审批再生水停止供水申请（青岛）。	
城市管理部门	委托具有相应资质的机构定期对再生水的水质进行监测（唐山）。	
市政行政管理部门（排水管理部门）	对再生水设施的养护维修进行监督检查（天津）。	

注：根据各地方专门性再生水立法文本整理而得。

表 1-15 “运营与管理”阶段再生水利用项目经营者与用户之间的权利义务分担（专门性再生水立法体例）

相关主体	权利	义务
再生水利用设施的产权单位	申请退还污水处理费（直接采用生活污水作为原水的分散式再生水利用项目的经营者）（深圳）。	应当符合国家和本市规定的规范和标准，保证用水安全（天津）。
再生水供水单位	①再生水的定调价申请（深圳）；直接向再生水用户收取再生水费（深圳）； ②对于未按期缴费的用户，可收取滞纳金（银川）；可停止供水（包头）； ③对于无法抄表计量的，按前三个月平均用水量计收水费（银川）； ④对于损坏再生水利用设施的	①制定再生水设施突发事件应急预案并按规定演练（深圳、北京）； ②再生水特许经营者在特许经营期内自行承担管理与维护费用（深圳）； ③无正当理由不得拒绝用户的用水申请（深圳）； ④与用户签订再生水供用水合同（深圳、北京）； ⑤无正当理由不得擅自间断供水或停止供水；确需停水情况下的通知和报备

续表

相关主体	权利	义务
	情形有权获取赔偿（银川、包头）。	（深圳、北京、西安）； ⑥对再生水供水设施的施工、维修、检查采取安全和防护措施以及通知和办理手续（银川）； ⑦对于单位和个人提出的再生水用水申请限时答复（银川）； ⑧保证供水水质符合国家标准，定期进行检测（银川、包头、天津、北京、西安）； ⑨保证再生水公共供水管网压力合格率达到国家标准（银川、天津、北京、西安）； ⑩按水表计量计收水费，不得估表收费（银川）； ⑪对于水表计量有异议的，检验误差超过标准的应退还超过部分（包头）。
再生水用户	①使用再生水的可以免交污水处理费（深圳）； ②对于水表计量有异议的，可向再生水供水单位提出检测要求，误差超过标准的可得超过部分的退还（包头）。	①使用再生水应当向经营者提出申请（深圳）；增加用水量的单位和个人应当提出申请（银川）； ②按照合同约定使用再生水（深圳、天津）； ③新装用水管道竣工后应当进行冲刷和消毒（银川）； ④按规定的时间、方式缴纳再生水费（银川、包头、天津）； ⑤安装水表计量（银川、包头）；因搬迁转让需要变更户名时办理有关手续（银川）； ⑥对再生水水量、水质、水压有特殊要求的、需要增设内部处理设施的，应当征得再生水运营单位同意方可实施（包头）。

注：根据各地方专门性再生水立法文本整理而得。

表 1-16 再生水利用其他主体的权利义务分担
（专门性再生水立法体例）

权利义务分担	再生水利用的其他主体
义务	①再生水利用设施的建设单位 A. 从事用户再生水设施与再生水供水系统的连接应当具备相应资质（深圳）； B. 再生水利用设施的设计、施工应当由有资质的单位承担（昆明）； C. 再生水利用设施的建设必须与主体工程同时设计、同时施工、同时验收交付使用（银川、昆明、西安）； D. 建设单位应当组织建设行政部门、再生水供水单位和其他相关部门进行验收（银川、西安）； E. 对于需要纳入再生水公共管网管理的供水管道，建设单位应当在工程竣工验收合格后将产权及相关资料移交给再生水供水单位（银川）；建设单位应将设施移交给水行政主管部门确定的运营单位（北京）； F. 再生水利用设施的勘查、设计、施工、监理单位和人员应具备相应资质和职业资格并遵守国家和自治区有关技术规范和标准（包头）； G. 再生水供水设施施工、抢修不得造成道路、绿化等设施毁损，否则应给予赔偿（包头）； H. 将再生水利用设施设计方案交水行政管理部门审查（西安）； ②再生水利用设施的管理和维护单位 A. 分散式再生水利用设施的产权单位、住宅小区业主或物业管理公司应当委托有资质的专业公司负责运行管理（昆明）；由产权单位或受委托单位负责（天津）； B. 不得擅自换装或启封注册水表，不得采取非法手段影响注册水表的正常计量（银川）； C. 在设施发生故障时立即组织抢修并采取安全防护措施。进行特殊维护作业时应根据作业需要向沿线用户通告并在限定时间恢复运行（天津）； ③单位和个人 A. 产生或使用有毒有害物质的单位不得将其生产用水管网系统与再生水公共供水管网系统直接连接（银川）； B. 需要在再生水供水管道上接管供水或者改装、复装、迁移供水设施自行施工的，应当经再生水供水单位同意并签订协议（银川、包头、北京）； C. 对于再生水供水单位对供水设施的施工、维修和检查应予配合（银川）； D. 不得危及已建成的再生水公共供水管道的安全（建设单位或施工单位设计再生水公共供水设施在施工开工前应查明地下供水管道情

续表

权利义务分担	再生水利用的其他主体
	况并商定相应的保护措施；施工应当符合城市规划和有关设计规范）（银川、包头、西安）；不得损坏和擅自拆除再生水供水设施，对于损坏的要依法赔偿（银川、包头、西安）； E. 不得擅自启闭再生水公共供水管道阀门（银川、包头）； F. 不得在再生水公共供水管道上直接装泵抽水（银川）； G. 不得盗用或擅自转供再生水（包头）； H. 在再生水管道防护范围内埋设管道需要征求排水管理部门意见（天津）； I. 不得损害再生水利用设施（天津）； J. 不得擅自接入、改装、迁移、拆除再生水利用设施（包头、天津、北京）。

注：根据各地方专门性再生水立法文本整理而得。

2. 节约用水立法体例、[1]供水用水立法体例、水资源立法体例、抗旱立法体例和循环经济立法体例

表 1-17　节约用水立法体例中关于再生水利用的内容

所涉领域	条款内容
政府权力和义务	①鼓励扶持义务（激励义务） A. 设施建设 各级人民政府应当加强城市节约用水管理……建设污水集中处理设施，提高污水再生利用率（陕西、西宁、河南）；鼓励和扶持包括再生水在内的开发、利用，促进再生水利用管网和配套设施的建设（厦门、西宁、山西、山东、内蒙古）；旗县级以上人民政府应当加强城镇污水处理和再生水利用设施建设，完善公共再生水回用管网建设，根据不同用水需求，逐步实行分质供水（内蒙古）； B. 价格激励 价格主管部门会同水行政主管部门按照价格管理权限和规定的程序实行有利于培育再生水市场的鼓励性水价（云南）；使用中水或者其

〔1〕 鉴于水法配套性立法体例中均是在节水篇章中规定有再生水利用条款，与节约用水立法体例相比并无太大差异且内容规定更为简单原则，因此不再予以归纳总结；鉴于水环境保护立法体例和生态文明建设促进立法体例中，关于再生水利用条款的规定均可归属于节约用水立法体例的覆盖范围（生态文明建设立法体例中仅有的独特之处在于，建立了包括再生水等非饮用水水源利用指标在内的生态文明建设目标责任制），因此不再予以归纳总结。

续表

所涉领域	条款内容
	他再生水的，减收污水处理费（山东）；自治区对非常规水源利用项目实行水资源费和水价优惠政策（内蒙古）； C. 税收激励 销售再生水等资源综合利用产品，依照国家规定享受增值税优惠政策（内蒙古）； D. 财政激励 县级以上人民政府应当将节水资金专项用于包括再生水利用设施建设等用途上（云南）；城市人民政府建设行政主管部门会同有关部门落实省政府确定的城市中水回用补偿办法，每年从水资源费和排污费中提取一定资金，列入计划，统筹安排，用于中水设施建设和管理（陕西）；县级以上人民政府对再生水等非常规水源开发利用项目，实行财政补贴（山西）； E. 用水指标激励 节约用水管理机构对于计划用水户根据行业特点采用包括建设再生水设施在内的节约措施提高循环用水率，减少的实际用水量，其结余的年度用水指标转入下一年度储备用水指标（西宁）； F. 项目激励 旗县级以上人民政府对非常规水源利用项目，应当优先立项（内蒙古）； G. 公私合作激励 县级以上人民政府鼓励社会力量投资建设污水再生利用设施和从事再生水经营活动，对于验收合格的给予设施总投资10%的补助（云南）； ②规划制定义务 水行政主管部门编制的节约用水规划应当包括再生水利用等内容（云南）；城市污水处理和中水回用建设要纳入城市水资源综合利用规划，污水处理率和中水回用率要达到国家规定的指标（陕西）；旗县级以上人民政府水行政主管部门应当将非常规水源的开发和利用纳入节约用水规划，实行水资源统一配置（内蒙古）； ③监测义务 城市人民政府建设行政主管部门应当建立中水回用水质的监测网络，定期检测，并向社会公布（陕西）； ④资质审核义务 城市人民政府建设行政主管部门应加强对中水回用工作人员的从业资格和职业道德培训，建立健全持证上岗制度（陕西）； ⑤行政监管义务 对于再生水管道与公共自来水和地下水管网连接以及出水口和水龙头未设置明显的水源性质标志的行为责令限期改正，造成损害的由产权人承担危害责任（云南）；

续表

所涉领域	条款内容
	⑥表彰权 对在再生水利用中成绩突出的单位和个人给予表彰和奖励（云南、厦门、乌鲁木齐、苏州）。
再生水利用范围	①再生水利用的常见范围 A. 对园林绿化、环境卫生、建设施工等用水，有条件利用再生水的，不得使用自来水（陕西、云南、厦门、山西、山东、内蒙古、贵阳、河南）； B. 新建的宾馆、学校、居民区、公共建筑等建设项目，应当配套建设再生水使用设施。已建成的，应当逐步配套再生水使用设施；新建城镇、工业园区和旧城改造项目，应当同时建设自来水、再生水输配管网，实行分网、分质供水；在再生水管网覆盖区域内的，应当使用再生水。再生水输配管网覆盖区域内的工业企业，应当优先使用符合用水水质要求的再生水（山西、内蒙古）； C. 建筑面积 2 万平方米以上的宾馆、饭店、商店、公寓、综合性服务楼及高层住宅；建筑面积 3 万平方米以上的机关、科研单位、大专院校和大型综合性文化、体育设施；日排水量达到规定标准的住宅小区（乌鲁木齐、贵阳、山东）； ②再生水利用的特别范围 A. 洗车、洗浴、游泳、水上娱乐等高耗水行业应当采取和配置先进的节水措施和节水设施，并对排放水进行综合利用（西宁）； B. 新建、改建、扩建城市市政基础设施的工程，应当按照节约用水专项规划的范围配套建设再生水回用设施（厦门）。
再生水设施建设	①再生水设施的建设 再生水利用设施由建设单位负责建设，其建设投资应当纳入主体工程总概算，并与主体工程三同时（贵阳）； ②再生水设施的连接 再生水管道禁止与公共自来水和地下水管网连接，出水口和水龙头应当设置明显的水源性质标志（云南）； ③再生水设施的标识 再生水等设备必须按规定统一颜色、设置标识，严禁与供水设施连接（贵阳）；再生水管道、水箱、出水口等外部设施表面应当有明显标识，管道不得与公共供水管道交叉连接（苏州）； ④集中式再生水处理设施的建设 新建、改建、扩建污水处理厂，推广建设再生水利用系统；污水处理厂应当加强再生水利用系统管理，确保再生水利用设施正常运转，水质应符合国家再生水水质标准（苏州、贵阳）；建设城镇生活污水集中排放和处理设施，应当配套建设再生水输配管网（山西）。

续表

所涉领域	条款内容
再生水设施运营	已建成的中水设施应当保持正常运转。不能保持正常运转的，产权人或其委托管理单位应当提前向当地水行政主管部门作出说明（山东）。
再生水计量	中水回用等均应以表计量。未采取分表计量的，从高适用水价（陕西）。

注：根据各地方节约用水立法文本整理而得。

表 1-18 供水用水立法体例中关于再生水利用的内容

所涉领域	条款内容
政府权力和义务	鼓励扶持义务（激励义务） 市、县人民政府应当推进再生水设施建设，鼓励、支持和引导再生水的利用，提高污水再生利用率（安徽、长春、吉林）。
再生水利用范围	①再生水利用的常见范围 对园林绿化、市容环境卫生等公共事业用水和景观用水，应当签订用水协议，优先使用再生水。一般工业用水、冷却用水和洗车行业用水等，应当使用再生水（西安、安徽、长春、吉林）； ②再生水利用的特别范围 居民住宅小区、单位的景观环境用水，有条件使用再生水的，不得使用城乡供水（吉林）。
再生水设施建设	再生水设施的连接 禁止再生水、供热或者生产用水等非饮用水管网系统及设备与城市公共供水管网系统直接连接（西安）。

注：根据各地方节约用水立法文本整理而得。

表 1-19 水资源立法体例中关于再生水利用的内容

所涉领域	条款内容
政府权力和义务	①鼓励扶持义务（激励义务） A. 设施建设 市和区县人民政府应当加强政策引导，加快推进城镇再生水利用工程建设。再生水的水质应当达到国家标准，分级分类使用（成都、辽宁、济南、山西、重庆）；

续表

所涉领域	条款内容
	B. 财政激励 对水资源重复利用率高于行业规定标准的用水单位，县级以上人民政府水行政主管部门可以从水资源费中提取一定比例给予奖励（江西）； C. 价格激励 省人民政府应当制定合理的水价和水资源费政策，对于利用再生水的，应当给予价格优惠（山西）； ②取水量核减/限制权 对于拒不执行再生水配置方案的，县级以上人民政府水行政主管部门按照国家有关规定，可以对取水许可证持有人的取水量予以核减或者限制取水量（山西）。
再生水利用范围	①再生水利用的常见范围 再生水供水管网和设施覆盖范围内的园林绿化、道路清洗，应当使用再生水（成都、辽宁、济南、山西）； ②再生水利用的特别范围 A. 河湖景观补充水，应当优先采用再生水。鼓励住宅小区、公共建筑广泛利用再生水（成都、济南、山西）； B. 冷却、洗涤等工业生产用水（辽宁、江西）。

注：根据各地方水资源立法文本整理而得。

表 1-20　抗旱立法体例中关于再生水利用的内容

所涉领域	条款内容
政府权力和义务	①抗旱用水原则 以可供水资源量为基础，按照先生活、后生产，先地表、后地下，先节水、后调水的原则，实行科学调度（江西）； ②设施建设 县级以上人民政府应当将建设包括再生水利用设施在内的设施纳入城乡规划，采取有效措施，加强监督管理，防治水环境恶化造成的水质型缺水和资源枯竭（湖北）。
再生水利用范围	①发生轻度干旱和中度干旱，县级以上人民政府防汛抗旱指挥机构应当按照抗旱预案的规定，采取包括使用再生水、组织实施人工增雨作业在内的措施（江西、青海、天津）； ②工业、服务业、城乡居民生活和生态用水应当采用先进的节水技术和设备，推行污水再生利用（青海）。

注：根据各地方抗旱立法文本整理而得。

表 1-21 循环经济立法体例中关于再生水利用的内容

所涉领域	条款内容
政府权力和义务	①设施建设 A. 产业园区的管理机构负责编制的产业园区循环经济发展规划应当将水的再生利用包括在内（陕西）；市、区县人民政府有关部门应当根据循环经济发展规划制定包括再生水利用及设施建设规划在内的各类规划（重庆、江苏）；
	B. 支持再生水技术研发和污水深度处理回用集中处置工程建设（甘肃、广东）； ②财政激励 省环保部门、财政部门对符合排污费征收使用管理规定的循环经济项目，应当在排污费资金中给予优先安排（陕西）。
再生水利用范围	①新建、改建、扩建的建设项目和产业园区，应当配套建设节水设施、工业用水回收利用设施和中水回用管网设施，节水设施和回收设施与主体工程做到“三同时”（陕西、甘肃、重庆）； ②公共事业用水应当优先使用中水。在有条件使用中水的地方，禁止将自来水作为公共设施保洁、道路洒水、洗车、绿化和景观用水（陕西、重庆、江苏、山东、山西）； ③鼓励新建开发区、公共建筑和居民小区规划建设再生水回用设施，扩大再生水处理规模，推动再生水市场的有效供给。企业应当采用先进技术、工艺和设备，对生产过程中产生的废水进行再生利用（甘肃、重庆、江苏、山西）； ④洗车业应当建立水循环利用系统，在有条件使用再生水的地区，应当使用再生水（重庆）。

注：根据各地方循环经济立法文本整理而得。

以上立法体例基本上延续了专门性再生水立法体例中“规划建设—运营管理”两段式生命周期的立法结构，从相关法律关系主体的权利义务分担来看具有一定的相似性，其不同之处主要表现在如下几点：

第一，以激励性条款构建政府及其所属部门的权力义务。在以激励性条款构建政府及其所属部门的权力义务上，节约用水立法体例最为典型，即通过设施建设激励、价格激励、税收激励、财政激励、公私合作激励、项目激励、用水指标激励等七个方面的激励措施构建了相应的政府义务，并通过表彰权构建了相应的政府权力。在此基础上，水资源立法体例仅在政府权力上增加了取水量核减/限制权，其他立法体例并无太大变化。

第二，突出强调了集中式再生水利用设施的建设。以上立法体例均强调在新建、改建、扩建污水处理厂时要推广建设再生水利用系统，此外，在建设城镇生活污水集中排放和处理设施时应当配套建设再生水输配管网。这些条款无疑再一次强调了在再生水利用中，城镇排水管网以及污水处理设施作为集中式再生水利用设施建设的必要性和重要性。

（三）城市污水再生利用法律关系的客体

城市污水再生利用法律关系的客体，是指城市污水再生利用法律关系主体在城市污水再生利用法律规范上的职权和职责或者权利和义务所共同指向的对象。结合学术界关于法律关系客体比较一致的观点，参照现有的城市污水再生利用法律规范来看，城市污水再生利用法律关系的客体包括：（1）有形物，指由人类所控制和支配的生产、使用、占有、交易的财富，其中包括天然存在的和人类劳动的产品，以及固定充当一般等价物的货币和有价证券。在城市污水再生利用法律规范中，有形物包括“天然物品”（雨水、污水）和“产品”（再生水：对污水经过加工、制作，用于销售的工业制成品）；（2）城市污水再生利用行为，指城市污水再生利用法律关系主体为达到一定的目的所进行的活动，包括职权行为、完成一定的工作和提供一定的劳务等。

三、小结

本节通过对包含城市污水再生利用内容的十一种立法体例及相应立法的系统梳理，厘清了城市污水再生利用的内涵、特征。通过对现行立法有关城市污水再生利用法律关系主体权利义务界分的归纳不难发现：首先，再生水作为污水处理的“衍生品”，以城市污水集中处理设施为载体建设的“集中式再生水利用设施”是再生水生产、供应的“主力军”，同时也是现行立法规制的重点。由此，以特许经营为典型代表的公私合作制（PPP）已在包括城市污水处理在内的市政公用事业领域中全面铺开实施。本书对于城市污水再生利用法律问题的研究，即是以城市污水集中处理设施为载体建设的“集中式再生水利用设施”为重点，将其区分为“国有模式”和“PPP 模式”并分别予以研究和探讨。其次，从现有立法来看，无论是政府及其所属部门还是再生水利用项目的经营者、再生水用户抑或是再生水利用中的其他法律关系主体，其权利义务均是围绕再生水的“水质”“水量”和“水费”展开。最后，就是有关再生水利用设施的建设和再生水利用设施安全运营的一些附带性问题，本书关于再生水运营中具体法律问题的研讨也是主要围绕以上重点领域展开。

第三节 国内外研究进展

一、城市污水再生利用技术研究

国内外大量的实践经验证明，城市污水再生利用在技术上可行，随着水质净化技术的不断完善和进步，城市污水再生利用的安全性必将得到进一步保障。根据有关学者研究，影响再生水水质安全的关键风险因子是病原微生物和有毒有害化学物质，[1]有关再生水利用的技术研究，即主要聚焦于污水再生处理工艺对病原微生物和污水再生处理工艺对化学污染物的去除。

污水再生处理工艺对病原微生物的去除，主要是通过“分离”和“灭活”（美国环境保护局，2008 年）两种途径。分离是指通过沉淀或者过滤将病原微生物从污水中去除。由于密度的原因，大部分病原微生物不可能以单个细胞或者菌落的形式沉降去除，而是通过吸附在颗粒物或絮体上，然后这些颗粒物可以通过沉淀去除。灭活是指利用化学或物理方法破坏病原微生物细胞或干扰其繁殖能力。这种类型的灭活通常称为消毒。病毒的个体尺寸较小，在水处理过程中不易沉降，较难通过沉淀的方式去除。初级沉淀对病毒的去除率仅为 0. 3log~0. 5log（李海涛，2007 年）。采用膜技术则需要采用超滤或者莫孔径更小的过滤方式才能保证去除效果。比如超滤系统对病毒的去除率一般在 3 log~4 log。对病毒而言，灭活是更为重要的方式。由于病毒的个体尺寸较小且结构相对简单，大部分消毒剂在较低 CT 值时就可有较好的灭活效果。但是病毒的蛋白外壳可以遮挡紫外光，因此采用紫外线消毒时，需要采用较高的辐射量（美国环境保护局，2008 年）。而原生动物和寄生虫的个体尺寸较大，较容易通过物理手段去除。一般情况下，只要微滤或超滤系统运行正常，就足以保证完全有效地控制原生动物和寄生虫（张彤，2006 年）。

污水再生处理工艺对化学污染物的去除，一般包括对常规有机污染物、

〔1〕 胡洪营等：《再生水水质安全评价与保障原理》，科学出版社 2011 年版，第 24 页。

氮磷等无机污染物、微量有毒有害有机污染物和重金属等的去除：（1）对于污水中常规有机污染物的去除，生物处理是最常用的工艺。活性污泥和生物膜法在污水生物处理的发展和应用中一直占据主导地位。以生物处理技术为主体的二级处理，可以有效去除污水中的有机污染物，对 BOD5 的去除率达 85%~95%，处理后出水的 CODCr 可降至 15 毫克/升~30 毫克/升（李伟和陈朴，2008 年）。其中，活性污泥法主要包括传统活性污泥法、氧化沟、序批式反应器（SBR）、活性污泥法和膜生物反应器（MBR）。传统活性污泥法是污水处理最早的工艺，有机物去除率高，能耗和运行费用低，适用于中等符合的大型污水处理厂。厌氧—好氧（AO）和厌氧—缺氧—好氧（A2O）工艺是传统活性污泥法的改进型，适用于在去除有机物的同时，对污水进行脱氮除磷。氧化沟对有机物去除率高，具有脱氮除磷的综合功能，适用于中小规模的低负荷污水处理厂（顾润楠，2001 年）。SBR 工艺的基建费用低，运行费用高，适用于地价高、进水 BOD5 浓度较低的中小型污水处理厂。MBR 适用于中小规模的污水处理厂，膜制造的高成本和膜污染是限制其大规模应用的重要原因。影响膜污染的主要因素有膜自身特性、进水水质、活性污泥混合液性质和工艺运行条件等（丁毅等，2007 年）。此外，生物膜法的主要特点是微生物附着在介质“滤料”表面，形成生物膜，污水同生物膜解除后，溶解的有机污染物被微生物吸附转化为 H_2O、CO_2、NH3 和微生物细胞物质。该方法适用于处理中小规模的城市生活污水（李伟和陈朴，2008 年）；（2）对于污水中氮磷等无机污染物的去除，生物法和化学法是最常用的工艺。首先，污水中氮的去除主要通过生物法实现，常见的工艺包括 A2O（AO）和氧化沟。A2O 工艺将厌氧段、缺氧段放在工艺的第一级，充分发挥了厌氧菌群承受高浓度、高有机负荷能力的优势，处理效果较好，产生的污泥较一般的生物法少，可用于处理工业废水比重较大的城市污水（王英和陈泽军，2002 年）。氧化沟工艺流程简单、运行稳定、运行方式灵活、管理方便、处理费用低。由于 BOD 负荷较低，水力停留时间较长以及流动方式独特，与其他工艺相比，氧化沟有较强的耐冲击负荷、出水水质较好、剩余污泥少且稳定、构筑物少等优点；其次，污水中氮的去除主要通过 AO 和 A2O 工艺、氧化沟、高效藻类塘和化学方法实现。AO 工艺在污泥沉降性和磷的去除上明显优于传统活性污泥法，但对工艺控制的要求较高（李楠等，2008 年）。A2O 工艺、氧化沟和高效藻类塘均具有同时脱氮除磷的功能。化学法除磷处理效果稳定可靠，受季节温度变化影响不大，污泥在处理处置过程中不会重新释放磷而造成二次污染，耐冲击负荷的能力也较强。然而，在我国应用该项技术的主要问题是药剂价格昂贵、运行费用较高，由于产生大量化学污泥而导致处理、处置难度加大。

二、公私合作（PPP）背景下城市污水再生利用的理论研究

（一）公私合作（PPP）理论研究

公私合作（PPP）理论是随着20世纪70年代末发端于英美等国并席卷世界的民营化浪潮而逐步发展起来的。作为一种制度安排，公私合作制是指在公共部门和私营经济之间的一种基于合约的长期合作，其目的是为了更加高效、经济地实现公共任务，借此公私部门可以集中各自的优势实现资源互补，同时可以将潜在的风险合理分担。本书虽然主要通过公私合作（PPP）模式的典型代表——特许经营探讨城市污水再生利用法律制度，但由于特许经营脱胎于公私合作（PPP），因此在梳理相关理论研究成果时，不可避免地要首先对公私合作（PPP）的理论研究进行梳理。

1. 国外研究进展

关于公私合作理论的阐述，被引用最多的是美国学者萨瓦斯对公私合作（PPP）理论的界定，分为三个层次：①认为公私合作在广义上是指公共和私人部门共同参与生产和提供物品、服务的任何安排。②认为公私合作是指一些复杂的、多方参与并被民营化了的基础设施项目。③认为公私合作是指企业、社会贤达和地方政府官员为改善城市状况而进行的一种正式合作。[1]英国学者格里姆塞（Grimsey）和澳大利亚学者刘易斯（Lewis）则将公私合作（PPP）理论的内涵界定为：在达成的合同下，私营实体为公共基础设施提供服务。[2]除了学术界对于公私合作理论内涵的研究和探讨之外，官方文件、社团组织也有关于公私合作理论内涵的表述。英国财政部于2000年发布的《公私合作制：政府的举措》中，将公私合作理论界定为：公共部门和私人部门为了共同的利益而在一起的长期合作。2004年欧盟委员会在发表的《公私

---

〔1〕［美］E. S. 萨瓦斯：《民营化与公私部门的伙伴关系》，周志忍等译，中国人民大学出版社2002年版，第105页。

〔2〕 Grimsey & Lewis, *Public Private Partnerships: The Worldwide Revolution in Infrastructure Provision and Project Finance*, New York, Edward Elgar, 2004, p. 2.

合作制绿皮书》中，将公私合作理论界定为：在公共部门和私人企业之间为了基础设施的融资、建设、修缮、运营、维护或公共服务的提供而进行合作的各种形式。作为民间社团组织的美国公私合作制全国理事会将公私合作理论界定为：公共机构与营利性公司之间共享彼此技术、资产来为公众提供服务和设施的协议。

从英美学者的研究成果来看，关于公私合作（PPP）理论的界定较为一致的看法是，公私合作的内涵是指在生产和提供物品和服务方面公共部门与私人部门展开的合作。公私合作的外延可以分为宏观和微观两个层面，宏观层面是指：在生产和提供物品和服务方面公共部门与私人部门展开的任何形式的合作；微观层面是指：公共部门与私人部门仅就公共基础设施建设方面展开的合作。

德国学者将公私合作（PPP）理论界定为公私部门之间协同工作的所有形式，其一般表现为公私部门之间的联络、协调和合作，且这些工作都应该是在考虑技术、经济和社会等方面的前提下为克服与完成现存复杂问题和任务而服务的；[1]学者 Heinz 的界定是公私部门之间的紧密合作。从中我们不难发现，对公私合作制理论的界定与英文文献的界定脉络可以说是“一脉相承”，即原则上包含了公私部门之间的所有合作行为，但并没有充分阐释应该如何区分不同的公私合作行为。在此，有德国学者进一步提出，公私合作理论应该是“国家机构和私人投资者之间以为实现共同的目标而实施的合作”或者是“私人和公共服务提供者之间为解决具体问题而组成的合伙”。这两种界定因为附加了“合作的目的”而对以往极端宽泛的界定作出了限定，但同时又导致了公私合作适用范围的狭小。由此，有学者又将公私合作理论界定为“国家和私人之间为了扩展财政来源或利用私人知识产权而形成的战略联合”。此后，学者们主要是从公私合作理论的“目的性”上进行了相关的界定尝试，包括“国家机构和私人经济主体之间的不同形式的协作，而该协作的目的是为了完成原本能够由国家部门承担的公共任务”，或者“私人营利部门和公共部门以正式的公司或特别委员会的形式实施的合作，其目的是为了给一般原本能够由公共部门独自承担的项目实施和服务提供”。鉴于对公私合作理论目的性的描述仍然没有解决理论界定的“准确性”和“全面性”问题，

〔1〕 李以所：《德国公私合作制促进法研究》，中国民主法制出版社 2013 年版，第 6~8 页。

又有学者试图从公私合作理论适用范围角度作出补充说明，即特别强调公私合作理论在城市更新和发展中的特殊作用。然而由于经济活动的复杂多变，这种界定仍然没有有效地将公私合作理论与其他理论区分开来。

2. 国内研究进展

国内学者对于公私合作（PPP）理论的阐述脉络与英美和德国学者基本相同。在所有阐述中最具代表性的学者首推余晖和秦虹，他们认为公私合作是指："公共部门与私人部门为提供公共服务而建立起来的一种长期合作关系"，这种关系一般需要"正式的协议来确立"。[1]其他相关文献则一般是对这个定义描述的直接引用：①"为了提供基础设施和公共服务而在公共机构和民营机构之间达成伙伴关系，签署合同明确双方的权利和义务以确保这些项目的顺利完成"。[2]②"为了共同完成某些公用事业项目的投资、建设及运营服务，政府部门和民间部门签署合同明确双方的权利和义务，达成伙伴关系"。[3]③"公共部门与私人部门基于某个项目而形成的相互合作关系"。[4]④有学者从广义和狭义两个角度来对公私合作理论进行界定。[5]广义是指公共部门与私人部门为提供公共产品或服务而建立的各种合作关系，而狭义可以理解为一系列项目融资模式的总称。

从国内外关于公私合作理论的研究成果来看，体现出两个鲜明的特色：

（1）理论内涵的模糊性。国外学者都试图从内涵上对公私合作理论作出准确而全面的界定，从"合作的目的"和"合作的范围和领域"等角度进行了多次尝试都最终未果。究其原因，正如有学者所归结的："将公私合作制看作是一个严谨的、确定的学术概念，然后再给予定义的做法存在着逻辑性的错误。"[6]公私合作理论就是产生在，传统的由公共部门垄断的公共服务以及

---

〔1〕 余晖、秦虹主编：《公私合作制的中国试验》，上海人民出版社 2005 年版，第 37 页。

〔2〕 王梅主编：《市政工程公私合作项目（PPP）投融资决策研究》，经济科学出版社 2008 年版，第 3~4 页。

〔3〕 蔡蔚："我国城市轨道交通投融资体制演进机理探析"，同济大学 2007 年博士学位论文，第 141 页。

〔4〕 田一淋："基于 PPP 模式的公共住房保障体系研究"，同济大学 2008 年博士学位论文，第 44 页。

〔5〕 参见王灏：《城市轨道交通投融资问题研究》，中国金融出版社 2006 年版，第 56~57 页；参见王守清、柯永建编著：《特许经营项目融资（BOT、PFI 和 PPP）》，清华大学出版社 2008 年版，第 21 页。

〔6〕 李以所：《德国公私合作制促进法研究》，中国民主法制出版社 2013 年版，第 10 页。

基础设施供给与实质民营化之间存在的所谓的“中间地带”。对于公私合作理论的探讨，只能放置在公私合作出现的具体领域中，结合相应的政治历史和法律文化背景进行提炼和总结，要凝练出一个“放之四海而皆准”的公私合作理论是非常困难的。

（2）理论适用范围的广泛性。虽然公私合作理论的内涵具有模糊性，但是公私合作理论本身对于原本泾渭分明的公共部门和私人部门带来了合作上的新的契机，公共部门与私人部门之间就公共服务领域进行合作和融资的全面整体规划会涵盖城市交通、铁路运输、公路、桥梁、医院、学校、供水和污水处理等诸多领域。借助长期的合约关系，公共部门通过合同规定了私人部门应提供的服务类型和标准，合同各方在规定时间内都必须完成约定的义务，因此效率大大提高，项目风险随之降低，有效地控制了过去公共部门由于“政府失灵”导致的政府行为的内部性、权力寻租、官商作风、冗员严重、缺乏专业性、效率低下等问题，使得服务质量和水平得到了有效保证。

（二）特许经营理论研究

从本质上说，特许经营理论与公私合作（PPP）理论的精神实质是相通的，更准确地说，特许经营是作为公私合作（PPP）诸种实现方式之一的身份而出现的。然而，比之于公私合作（PPP）理论内涵的模糊性，特许经营理论则显得更加成熟，现有理论研究主要集中于以下几个方面：

1. 特许经营的内涵

有学者认为，所谓“特许经营”是指特许人将某项专属权利，通过一定的程序授予被特许人在约定的时间和范围内享有和利用，并承担相应义务的一种行为。[1]在特许经营中，政府或其职能部门将市政公用事业的投资和经营权，授予投资人设立的项目公司，由项目公司在约定的特许经营期限和范围内得到投资和经营收益，并承担提供相应的公共产品和服务的义务；有的学者认为，特许经营是指政府把应当由政府控制的市政公用事业，通过特许授权，在一定期限和范围内，交给私人部门投资、建设或运营以提供公共产品或服务的制度安排。[2]除了学术界对于特许经营内涵界定的研究之外，我

〔1〕 张栋主编：《特许经营法律实务》，法律出版社2008年版，第5页。

〔2〕 肖林、马海倩：《特许经营管理——城市基础设施存量资产资本化》，上海人民出版社2013年版，第1页。

国在相关的部委规章和政府规范性文件中也已对特许经营的内涵进行了界定。2002年原建设部发布的《关于加快市政公用行业市场化进程的意见》第3条规定："市政公用行业特许经营制度是指在市政公用行业中，由政府授予企业在一定时间和范围对某项市政公用产品或服务进行经营的权利，即特许经营权。政府通过合同协议或其他方式明确政府与获得特许经营权的企业之间的权利和义务。"2004年建设部发布的《市政公用事业特许经营管理办法》第2条规定："本办法所称市政公用事业特许经营，是指政府按照有关法律、法规规定，通过市场竞争机制选择市政公用事业投资者或经营者，明确其在一定期限和范围内经营某项市政公用事业产品或者提供某项服务的制度。"

从学术界和政府规章、规范性文件中关于特许经营内涵界定的研究成果来看，关于特许经营内涵的界定包括了以下要点：①强调了政府在特许经营制度中的主导地位。②明确了特许经营的实施目的，即一方面是充分利用私人部门资金，弥补政府公共部门财政预算的不足；另一方面是充分利用私人部门在运营管理方面的禀赋优势，提高市政公用事业的运营效率。

2. 特许经营的本质

有的学者认为，特许经营的本质是一种公私伙伴合作关系，具体地说，是一种特许权经营。[1]所谓特许权经营，是指政府为项目的建设和经营提供行政特别许可或授权，由民间公司或外国公司作为项目的投资者安排融资、承担风险、开发建设，并在有限时间内经营项目以获取商业利润，最后根据协议将该项目转让给政府机构。有的学者认为，市政公用事业特许经营实质上是政府在一定期限和范围内完成对其所拥有的市政公用事业开发管理特殊权力的转让，即把应当由政府建设运营的市政公用事业，授权给以追求营利为目的但运营效率高的私人部门。[2]

由此，关于特许经营本质的一致性看法是，特许经营是公私合作在市政公用事业领域的具体化和体现。

3. 特许经营的制度特征

有的学者认为，特许经营的制度特征包括：①竞争选择，即在经营主体

---

〔1〕 杨松：《北京市政公用事业特许经营制度创新研究》，知识产权出版社2012年版，第17页。

〔2〕 肖林、马海倩：《特许经营管理——城市基础设施存量资产资本化》，上海人民出版社2013年版，第2页。

的选择过程中引入竞争机制。②政府授权，即政府针对一个特定项目，向通过竞争机制获得项目经营权的公司授予专营权。③项目运作，即以项目为基础，设立一个项目公司，由该公司负责特许经营具体事务。④协议约束，特许经营主体双方用协议形式界定各自责任权利。⑤有限经营，即项目特许专营权有明确的期限，特许协议中明确规定了经营期限。⑥移交转让，经营期满后，项目公司向政府无偿移交或通过政府回购等方式转让项目。⑦公私合作或公私伙伴关系。特许经营就是公私合作，是政府与私人营利性企业和非营利性企业基于某个项目而形成的相互合作关系。双方通过合同或协议，明确各自的权利与义务，达成伙伴关系。通过这种合作，政府与私人企业共享投资收益，分担投资风险和责任，各方可以达到比预期单独行动更为有利的结果。⑧多主体供给。在传统模式下，政府是公共服务或公共产品唯一的生产者和供给者。而在特许经营模式下，政府与私人营利企业、非营利组织等合作提供公共服务或公共产品。⑨特许权的委托。政府通过委托授权，使私人企业获得一定期限的特许经营权并取得商业收益。⑩政府信用，特许经营模式下，公共部门与私人机构之间的合作建立在政府信用和政府保证基础上。政府信用是社会公众对政府守约的评价，是政府委托—代理关系中产生的代理人信用，反映了公众对政府的信任度。[1]有的学者认为，特许经营的制度特征包括：①私人部门提供公共产品或服务需要一系列制度安排，包括实施方案审定、项目选择、特许经营者遴选、全周期平衡投资回报和全过程有效监管五个方面。②涉及政府、私人部门、公众、中介机构等多方主体，需要合理界定各方责任权利关系。最核心的是政府和私人部门之间的责任权利划分，主要通过特许经营协议约定，辅以必要的协商、应急等机制。中介机构在项目各阶段为政府和私人部门提供财务、法律、技术等方面专业化咨询和支持。公众则对提供的公共产品或服务的客观评价以一定渠道作出反应。③实施期限较长，需要具备较强的风险管控和应急管理能力。一是需要建立合理的风险分担机制并在协议中予以明确。政府承担政策变化、法律变更、不可抗力等因素引起的风险，私人部门承担项目建造运营过程中的风险。二是建立应急协调机制。在突发事件发生后及时启动应急预案，最大限度地保障公

〔1〕 杨松：《北京市政公用事业特许经营制度创新研究》，知识产权出版社 2012 年版，第 18 页。

共产品或服务的正常提供。[1]

从学术界关于特许经营理论的研究成果来看，比之于公私合作理论，特许经营理论无论从内涵还是外延上都较为成熟。作为公私合作理论在市政公用事业领域的具体体现，特许经营中的基础主体是政府（特许经营权的授权者），核心主体是政府和经营者，根本目的是通过弥补资金不足提高运行效率；特许经营模式的实施载体是“政府信用”和“经营者优势”（资金、技术、渠道、管理），特许经营模式的内容紧紧围绕市政公用事业的“产业化”（创新产权制度实现多主体供给）和“市场化”（打破传统自然垄断控制引入竞争）进行。

（三）公私法区分理论研究

公私合作（PPP）在法学领域中的映射就是对传统的公私法区分理论提出了挑战，在客观上要求除了将公私法之间的“分立”作为公私法区分的理论基础而明确之外，也必须对因公私合作制而生的公私法之间的“融合”作出适宜的制度安排和合理的法理解释。仔细梳理目前学术界的相关理论研究成果，可以浓缩概括在“区分”和“融合”这两个层面上。

1. 公法和私法的“区分”

有的学者认为，公私法区分不仅充分说明了在法律的进程中私法先于公法，更蕴含一个深刻的道理，即公法、公共权力是为私法而设立的，具体而言：①公私法区分作为法律的一个基本分类，有利于从总体上把握各部门法的特征。作为公法，它存在于政治国家领域，以公共利益为本位，采用国家强调的调整方法，对国家“高权”予以必要的照顾。如果是私法，则主要活动于市民社会领域，以个人利益为本位，以意思自治原则为调整机制，一般排除国家权力的干涉。②纠正公权的过度使用，保证其在设置的目的范围内运转。根据国家与社会的二元结构理论，国家权力的正当性在于它出自市民社会的需要，其合法性来源于市民社会对权利的让渡和对其权威的承认。明确界定一部分法律空间为私法对象，在一定程度上可限制公权的活动范围。③培育私权意识，促进私法的发展。私法把意思自治作为最高原则，一方面限定了公权力的范围和行使限度，另一方面也可以培育私权意识和维护公民

---

〔1〕肖林、马海倩：《特许经营管理——城市基础设施存量资产资本化》，上海人民出版社2013年版，第2~3页。

主体人格。[1] 有的学者认为，公私法区分尤其对于发展变革中的中国有重大意义，原因是中国是公法文化特殊发达、私法文化先天不足的国家。现代法治社会是一种承认多元利益并存、尊重保障人权、严格依法办事、公权私权平衡的理性社会，将公法与私法进行严格区分，将公权与私权明确划界、尊重保护私人利益是现代法治社会的应有之义。现代法治社会是公法与私法、公权与私权并存的社会，在两对关系的设计和价值取向上，应遵循体现现代社会最核心的民主、人权、法治的基本原则和精神，即在公法与私法关系上，应尊重私法自治，在公权与私权关系上，应遵循私权优位原则。[2]

透过学术界对于公私法“区分”的理论研究成果，我们可以得出如下几点认识：①渊源于古罗马时期的公私法区分理论至今仍然是法律的一个基本分类，公权与私权、公法与私法之间有着泾渭分明的划分。②公私法区分理论的主要价值在于防止由于公权滥用可能对私权造成的侵害。③公私法区分理论虽然对私权优位原则予以肯认，但“优位”不等于“优先”，私权并非在任何情况下都享有比照于公权的“优先权”，对于作为天平两端的公权和私权，所应强调和凸显的是“平衡”，其主要原因在于虽然公权的产生是私权的让渡，但公权中蕴含了国家对社会的“照护义务”，过分强调私权优位恰恰可能适得其反。

2. 公法与私法的“融合”

与公私合作（PPP）理论本身的“不确定性”以及界定的困难相比，公私合作制于实践中在法学领域的映射却十分引人注目。通过检索目前学术界的相关研究成果，笔者不仅归纳了公私法“融合”的背景和基础，而且归结出了“私法公法化”与“公法私法化”两种具体的发展趋势：

有的学者认为，亚当·斯密的古典市场经济理论伴随着几个主要的资本主义国家发生社会和经济危机的背景，理论因而受到严重冲击，使得资本主义国家生产力得到前所未有的发展的同时，也累积了各种棘手的社会经济问题。“法律社会化”现象应运而生，其表现为：公法和私法相互融合、逐渐渗透，新兴法律部门兴起。这些法律部门独立于公法和私法，被称之为第三法

[1] 武宇红：“公私法的划分与嬗变”，载何勤华主编：《公法与私法的互动》，法律出版社 2012 年版，第 4~5 页。

[2] 张锐智、田大川：“罗马法学家关于公法私法划分的意义与启示”，载何勤华主编：《公法与私法的互动》，法律出版社 2012 年版，第 51~52 页。

域，即社会法。国家权力的有形之手介入私人生活，使得本来界限清晰的公私法划分方法遭到质疑，从而出现了所谓的“私法公法化”和“公法私法化”现象，公私法在各个层面开始相互融合与渗透；[1]有的学者认为，公私法融合的因素包括：①混合所有制经济为公私法的融合提供了经济基础。②全能政府向有限政府理念的转变为公私法的融合提供了政治基础。③利益多元化的发展为公私法的融合提供了现实基础。随着经济和社会的发展，社会利益从以前的二元利益——国家利益和个人利益中分化出来。④法律调整手段的多样化以及调整范围的扩大化为公私法的融合提供了法理基础。[2]

（1）私法公法化。有的学者认为，[3]自由资本主义时期，私法关心的是个人财产权不受侵犯，任何人都能成为民事法律关系的主体，按照自己的意思与他人缔结各种契约关系。因此，财产所有权绝对无限、权利能力平等和契约自由作为私法的基本原则得以确立。但20世纪以来，社会经济关系日益复杂，利益差别越来越大，原有的基本原则难以贯彻执行，因而，私法出现了私法公法化这一显著变化。公法化是指公法对私人活动的控制增强，干预传统上属于私法自治的领域，使得传统私法概念、制度和原则发生了重大变化：第一，所有权的社会化；第二，契约自由受到限制；第三，无过错责任的产生。有的学者认为，[4]私法公法化即市民社会生活中的国家意志支配。其中的私法是从调整对象意义上来说的，即市民社会领域的法律关系；公法化是从调整方法意义上说的，即国家强制的法律手段。第一，私法价值理念下的本相——强弱博弈。表面上的平等主体之间实际上是强弱悬殊的，“契约自由”背后掩盖着压制和欺诈。第二，规范层面的渗入——私法公法化。表现为以国家意志支配当事人意志，在行为模式和权利义务安排上实行管制，排除一定范围内的当事人意思自治。首先，立法强制规定强势方的义务；其次，立法强制规定信息占优的一方承担信息披露义务；最后，设置惩罚性赔偿。私法公法化在个别性调整方面表现为行政机构的主动干预，能够发布指

〔1〕邓波：“关于公法与私法理论的若干探讨”，载《江西社会科学》1998年第7期。

〔2〕方立新、姚利红：“公私法的分野与趋同”，载何勤华主编：《公法与私法的互动》，法律出版社2012年版，第161~163页。

〔3〕武宇红：“公私法的划分与嬗变”，载何勤华主编：《公法与私法的互动》，法律出版社2012年版，第9~10页。

〔4〕方立新、姚利红：“公私法的分野与趋同”，载何勤华主编：《公法与私法的互动》，法律出版社2012年版，第165~166页。

令的行政机构权力大大加强。对于社会生活特别是经济领域的行为，行政机构有权主动进行监督检查，对违反法律义务者直接作出处罚或者代表公共利益向法院提起公诉。

（2）公法私法化。有的学者认为，〔1〕国家权力对经济生活的干预不仅造成了私法公法化，也使得公法在很大程度上受到私法的影响，出现了公法私法化趋势。所谓公法私法化是指由于政府职责的扩大，传统的私法调整方式部分或间接地被引入公法领域，私法关系向公法领域的延伸。其表现有：第一，通过私法手段来加强国家干预。第二，公共机构按私法要求执行公共职能。如随着国家及公共当局以私法手段履行更多的职能，公法就趋向于把基本的国家经营活动视为财产活动服从私法规定。第三，传统上的公法性法律部门出现私法性因素或趋向。如在行政管理中运用行政合同的方式，在刑事领域中出现诉辩交易与刑事和解制度等。特别是行政法的私法色彩日渐浓厚，为了回应社会发展的要求，传统的刚性行政、管理行政逐渐让位给柔性行政、服务行政，契约式的管理和灵活性较强的管理方式等被日益广泛地运用到公共管理和服务中。有的学者认为，〔2〕公法私法化，即是公共管理中的私人意志自由。实践证明，看得见的手并不比看不见的手更好，因为对于保障实施社会生活的正当行为规则和提供公共物品这两项任务来说，以管制、指令等意志支配的方式来协调人们的行为在成本耗费上要比以放任、协商等意志自由的方式低。但是对于那些向市民社会生活领域扩张的国家职能而言，以管制、指令等方式来实施在成本耗费上却可能更高，因为组织管理的成本与组织的规模成正比。公法私法化的主要表现是将平等对立、协商较量、等价有偿、恢复补偿等私法手段引入由政府和公权力加入、以公共利益为考量的公法关系中来，比如在行政合同中变指令为一定范围内的协商；另一表现是公益事业私营化。传统认为公益事业由于其商品或服务在消费上难以实现排他性而必须由国家来投资经营和强制收费。但张五常等经济学家研究认为，难以实现排他性的物品也完全可以由私人来投资经营，这样甚至比政府经营得更好。公法私法化是国家干预手段的变化，而不是取消国家干预，是在反思、

〔1〕 武宇红："公私法的划分与嬗变"，载何勤华主编：《公法与私法的互动》，法律出版社 2012 年版，第 11～12 页。

〔2〕 方立新、姚利红："公私法的分野与趋同"，载何勤华主编：《公法与私法的互动》，法律出版社 2012 年版，第 168～169 页。

总结之后致力于使看得见的手更好地发挥作用。其与私法公法化一起，分别从宏观和微观层面来弥补看不见的手的不足，形成独立于传统私法和公法的新的法律领域。

透过学术界对于公私法“融合”的理论研究成果，我们可以得出如下几点认识：第一，公私法“融合”是社会经济发展的必然产物，是对“政治国家—市民社会”的二元社会运行结构发展变迁为多元社会运行结构在法学领域的必然回应。第二，公法私法化和私法公法化的两种发展趋势确实给传统的公私法区分理论注入了新鲜的活力，特别是随着公私合作理论和特许经营理论的发展，20世纪70、80年代以来席卷整个西方世界的公共行政改革更是有力地推动了“公法私法化”浪潮的兴起。有学者精辟地对公法私法化浪潮中“私优于公”“以私助公”“以私代公”三种模式进行了总结，并对有学者所认为的“公”与“私”之间的界限已经消弭以及公私法划分中的“区分”渐成“明日黄花”而“融合”方兴未艾的思潮进行了反思并指出，〔1〕“公共机构运用私法手段完成公共任务或通过私人完成公共任务的控制问题很突出，因为私法手段和私法主体的灵活性不仅蕴含了政府裁量的固有风险，而且以私利为合法目标的私人组织行为与公共任务和目标发生冲突的可能性也会大大增加。”

笔者认为，在公私法区分理论中，公私法区分作为基本结构仍然是前提和基础，在公法私法化和私法公法化两种公私法“融合”的发展趋势中，固然包含了对于公私合作的回应，但公部门与私部门合作的前提在于平等和制衡，如果权利和义务的分担畸轻和畸重，都会导致合作的“低效”和“异化”。

三、城市污水再生利用的环境绩效研究

环境绩效，是指特定管理对象或者区域环境管理活动所产生的环境成绩、效果和水平，不单是环境管理活动所产生的环境效果，更包含对环境状况改善投入的成本因素，是体现环保效率的一个概念。〔2〕现有关于环境绩效的研究主要聚焦于环境绩效评估（EPA）方面：环境绩效评估是指利用适当的指标，对环境绩效进行测量与评估的一种系统程序，是一种开放而且有效的环

〔1〕 金自宁：“公法私法化诸观念反思”，载《浙江学刊》2007年第5期，第145页。

〔2〕 曹东等：“国外开展环境绩效评估的情况及其对我国的启示”，载《价值工程》2008年第10期，第7页。

境管理理念，有助于提高环境管理水平和环境绩效的持续改进。完善的绩效评估是客观恰当地进行有效管理的基本前提。[1]近二十年来，环境绩效评估研究主要集中在四个方面：企业环境绩效评估、项目环境绩效评估、公共政策的环境绩效评估和环境绩效的评估方法。

（一）企业环境绩效评估

有学者建立了由环境守法指标、环境管理指标、先进性指标和生命周期环境影响指标等主要指标构成的企业环境绩效指标体系，并给出了一种新的评估模型——模糊综合指数评估模型，并应用此模型对目标企业的环境绩效进行了评估；[2]有学者探讨了环境绩效评估的方法，包括WBCSD生态效益指标架构、ISO14031环境评估系统和因子X方法；[3]有学者借鉴国际标准化组织（ISO）制定的ISO14031标准和世界企业永续发展委员会（WBCSD）制定的环境绩效评估标准，构建了包括环境守法指标、内部环境管理指标、外部沟通指标、安全卫生指标、先进性指标和生命周期环境影响指标构成的企业环境绩效指标体系；[4]有学者借鉴世界企业永续发展委员会（WBCSD）提出的生态效益指标体系，构建了环境绩效动态评估指标体系。在静态评估基础上，运用数据包络分析方法（DEA）建立企业环境绩效动态评估模型，并对目标企业的环境绩效进行了测算。结果表明，DEA动态评价法能综合反映企业当年的环境绩效水平和在环境绩效持续改进方面的贡献，可为管理部门和公众提供更为全面的企业环境绩效信息。[5]

（二）项目环境绩效评估

有学者介绍了美国项目绩效评估相关法案的内容，研究了项目分级评估工具、逻辑框架法、平衡积分卡法、指标法、费用效益分析法等绩效评估与管理手段在美国环境类公共支出项目绩效评估过程中的应用。认为努力吸引

---

〔1〕 解振华："构建新时期环保战略"，载《环境保护》2005年第5期，第6页。

〔2〕 林逢春、陈静："企业环境绩效评估指标体系及模糊综合指数评估模型"，载《华东师范大学学报（自然科学版）》2006年第11期，第59～66页。

〔3〕 谢芳、李慧明："企业的环境责任与环境绩效评估"，载《现代财经》2005年第1期，第40～42页。

〔4〕 谢卫平、焦涛："江苏省企业环境绩效评估方法及指标体系"，载《污染防治技术》2009年第4期，第32～34页。

〔5〕 陈静、林逢春、杨凯："基于生态效益理念的企业环境绩效动态评估模型"，载《中国环境科学》2007年第5期，第717～720页。

公众参与到绩效评估与管理工作中，加强绩效评估数据库建设是中国构建环境类公共支出项目绩效评估体系时应借鉴的经验之一；[1]有学者从经济、效果、效率三个角度考虑构建了项目组织管理、社会经济、环境等绩效评估分级指标体系，以期能够通过该体系有效地分析项目结果与预定环境目标之间的差距，评估项目对环境改善的效果，发现项目管理与执行过程中存在的不足。[2]

四、城市污水再生利用的经济绩效研究

经济绩效，主要是指对经济与资源分配以及与资源利用有关的效率的评价。如果不加限制性条件的话，有关绩效评估的理论研究文献可谓汗牛充栋，但考虑到本书的题目是《公私合作（PPP）背景下城市污水再生利用法律问题研究》，城市污水处理业作为工程项目，对其规模技术有效性的研究即为对其经济绩效展开的研究。虽然目前相关的理论研究还非常有限，但值得注意的是，已有学者将效率分析的方法运用于城市污水处理经济绩效的评估中。目前的相关理论研究成果集中于污水处理厂的财务成本控制、规模技术和运行的有效性、运行效率评估模型等方面。

在污水处理厂的财务成本控制方面，有学者借助数据包络分析方法（DEA）在效率评估中的应用，采用CCR模型构造了污水处理企业的运行效率定量评价模型，对目标污水处理企业的相对效率进行了评价，对非DEA有效的污水处理企业财务成本改进制定了调整方案。[3]

在污水处理厂的规模技术和运行的有效性方面，有学者利用数据包络分析的方法，采用CCR模型对污水处理厂进行效率评价，进而探讨影响其规模技术有效性的因素，对经济欠发达地区的污水处理厂的建设、运行和管理提出了相应建议；[4]有学者采用CCR模型和BCC模型对贵州省市级污水处理厂的运行效率进行了综合评价，研究显示，贵州省市级污水处理厂的运行有效

---

〔1〕 杨玉楠等：“美国环境类公共支出项目绩效评估体系研究”，载《环境污染与防治》2011年第1期，第87~91页。

〔2〕 杨玉楠等：“中央环境保护专项资金项目绩效评估指标体系研究”，载《环境污染与防治》2010年第7期，第100~102页。

〔3〕 冯颖、姚顺波、刘东方：“基于DEA方法下的河南省污水处理厂财务成本控制研究”，载《华东经济管理》2009年第10期，第150~154页。

〔4〕 高琴等：“基于DEA分析的乌鲁木齐市污水处理厂规模技术有效性研究”，载《新疆大学学报（自然科学版）》2006年第5期，第211~215页。

性不高。污水处理厂设计规模、负荷率和工艺类型成为污水处理厂综合效率的主要影响因素。〔1〕

在运行效率评估模型方面，有学者借助数据包络分析方法（DEA）在效率评估中的应用，构造了污水处理业运行效率定量评价模型，并应用于目标企业的运行效率评估；有学者采用 CCR 模型和 BC^2 模型对目标污水处理企业的运行效率进行了评估，认为污水处理企业设计规模、负荷率和工艺类型成为污水处理企业综合效率的主要影响因素。〔2〕

五、公私合作（PPP）背景下城市污水再生利用的规制法研究

目前学术界还鲜有关于公私合作背景下城市污水处理再生利用的规制法的专门性研究，现有的理论研究成果主要是从公用事业特许经营的整体角度展开的，涉及宏观和微观两个层面：

（一）宏观层面的研究

1. 公用事业民营化研究

学者们关于公用事业民营化的宏观研究，基本上是围绕称谓、法律属性和阶段划分三个角度展开的。有的学者从公法学的视角进行了探讨，认为民营化是指国家利用或结合民间资源履行行政任务的现象；〔3〕有的学者认为，公用事业民营化在合作国家、社会自我管制、行政行为的行使选择自由三个方面具备了行政法的理论基础，因此其本质属于政府行政许可行为；〔4〕有的学者则在对国内外相关研究成果进行检索和分析的基础上提出，学术界的研究方向已逐步从以“民营化”“市场化”为论题转向对“公私合作”相关问题的研究，并特别指出了公私合作合同研究的重要性；〔5〕有的学者将整个公

〔1〕 吴琼芳等：“基于 DEA 模型的贵州省市级污水处理厂运行有效性评价”，载《桂林理工大学学报》2014 年第 5 期，第 366~370 页。

〔2〕 王芙蓉、苏波：“基于 DEA 技术的污水处理厂运行效率评估模型研究”，载《西华大学学报（自然科学版）》2007 年第 7 期，第 5~8 页。

〔3〕 翁岳生教授祝寿论文集编辑委员会：《当代公法新论——翁岳生教授七秩诞辰祝寿论文集（中）》，元照出版公司 2002 年版，第 140 页。

〔4〕 王锴：“公用事业民营化探讨——基于公法学的思考”，载《法学论坛》2012 年第 1 期，第 89 页。

〔5〕 邓敏贞：“公用事业公私合作合同的法律属性与规制路径”，载《现代法学》2012 年第 3 期，第 74 页。

用事业的民营化进程划分为前民营化阶段、民营化进程中和后民营化三个阶段，认为制定规制性行政法律法规、实现规制机关的自我规制是第一阶段的主要任务。建立及时、准确、全面的信息公开制度和广泛、畅通、合理的利益表达机制是第二阶段的主要任务。构建科学合理的价格规制规则、实现准确有效的质量规制和对规制者的规制是第三阶段的主要任务；[1]有的学者将公用事业民营化进程划分为企业取得公用事业经营权之前和之后两个阶段，认为民营化面临由政府垄断变成企业垄断和政府寻租机会增加的两大风险，预防和控制风险的根本在于加强政府监管。政府在第一阶段的监管责任包括合理界定公共服务民营化的界限和建立公平而严格的市场准入制度。第二个阶段的监管责任包括建立价格规制和绩效评估制度；[2]有学者专门对城市水务业的民营化改革进行了研究，认为肇始于20世纪80年代并延续至今的城市水务业民营化改革形成了五项基本经验，即政府转变理念引入竞争机制、明确职责政企分离、以公私合作制为改革的主要模式、推行水务管理一体化改革和加强监管促进公众参与。所存在的问题包括法律体系不健全、重引资轻竞争、监管中第三方作用的发挥尚付阙如、市场准入机制不完善和政府责任缺失等；[3]有的学者认为，城市水务业民营化改革除了存在以上问题之外，产业规模偏低以及风险评估落后也是重要的掣肘。[4]

2. 公用事业特许经营立法研究

有的学者通过对各级各类公用事业特许经营立法的系统梳理，归纳了目前我国公用事业特许经营立法的现状，即专门性立法很少且偏重实体法而忽略程序法。公用事业特许经营面临若干法律困境（特许经营权被滥用、特许经营范围界定不清、申请者范围过窄、市场准入方式规定不规范、审批制度设计不合理、特许经营期限延长规定不一、价格形成机制不健全、监管体制不顺和争端解决机制不明），对于困境的消解应通过明晰中央和地方的立法权

---

〔1〕 吴炜成、王丽芳：“我国公共事业民营化改革及相关法律问题研究”，载《漳州师范学院学报（哲学社会科学版）》2007年第4期，第25页。

〔2〕 张玉磊、彭展：“强化政府监管 推进公用事业民营化改革”，载《湖北社会科学》2007年第7期，第36页。

〔3〕 蒋达：“中国城市水务产业改革的基本经验及主要问题”，载《学习与探索》2008年第6期，第112页。

〔4〕 邹东升、陈鹤：“市场化境遇下的城市水务改革：模式、问题与应对”，载《中共浙江省委党校学报》2012年第3期，第103页。

限和建立统一的立法体例来实现；[1]有的学者在以若干地方性法规为分析样本进行实证分析的基础上，归纳了公用事业特许经营基本制度的外延（市场准入、特许经营协议、政府监管和市场退出），认为未来立法应优先解决规制机构设置、特许经营权使用费和行政接管三方面的问题。[2]

（二）微观层面的研究

1. 规制体制研究

有的学者通过对二十年来公用事业特许经营的发展历程进行回顾，认为特许经营法律依据的低位阶、特许经营风险意识的双重匮乏和特许经营公众利益的极度虚置已使得特许经营面临深刻的合法性危机，并且认为消除危机的根本之道在于强化政府对特许经营的规制，而一个相对完整的政府规制体系应该科学地厘定规制目标、设置独立的规制机构和审慎选择规制手段；[3]有的学者对公用事业特许经营监管机构模式进行了研究，认为现行公用事业监管机构设置存在机构职能设立叠床架屋、监管权行使主体混乱、公众参与监管机制缺失等问题。在监管机构模式的制度设计中，必须考虑科层制和官僚文化对我国行政管理体制的影响，充分考量独立于行政系统外的第三方监管机构设置和垂直监管模式设置的可行性。[4]此外，有不少学者采取了比较分析的方法，专门针对城市水务规制体制展开了对比研究：如有的学者对国际水务公共服务运营体制进行了比较分析，在回顾英国水务的“完全私营模式”、荷兰水务的“完全公营模式”、法国水务的“私营为主的混合模式”和美国“公营为主的混合模式”的基础上，对法国采取的“准入监管体制”和荷兰、英国、美国采取的“过程监管体制”的优劣进行了对比，总结了我国水务管理应汲取的经验，即总体布局系统规划、构建过程竞争性的水务市场、拓宽融资渠道、立法构建独立高效的绩效监管体系和适应市场化改革转变的监管模式；[5]有

---

〔1〕 章志远：“我国公用事业特许经营的法律困境及其消解”，载《河北科技大学学报（社会科学版）》2011年第2期，第47页。

〔2〕 章志远、李明超：“我国公用事业特许经营立法问题研究——以若干地方性法规为分析样本”，载《江苏行政学院学报》2009年第6期，第118页。

〔3〕 章志远：“公用事业特许经营及其政府规制”，载《法商研究》2007年第2期，第9页。

〔4〕 李明超、章志远：“公用事业特许经营监管机构模式研究”，载《学习论坛》2011年第3期，第73页。

〔5〕 郑丽丽、苏时鹏、黄森慰：“国际水务公共服务运营和监管体制比较分析及启示——以英国、荷兰、法国和美国为例”，载《福建农林大学学报（哲学社会科学版）》2012年第3期，第74页。

的学者对荷兰水务管理体制进行了探讨并指出其鲜明特色，即水务局负责对荷兰境内的水量与水质进行双重管理，从根本上避免了“龙多不治水”的弊端。民众与业主“关心—出资—表态”三位一体的参与方式形成了水务局工作模式的基础，这种监管体制使得荷兰不仅在水利技术，而且在污水处理技术和水生态恢复技术方面均领先于世界；[1]有的学者对英格兰和威尔士的水务监管体系从监管架构、监管职能、水价监管和绩效评价体系等方面进行了较为详尽的介绍；[2]有的学者以德国水务事业改革为背景，从行政法角度探讨了改革的理论基础——直接给付行政模式走向间接给付行政模式，并介绍了德国采行的水务改革模式、政府监管的主体、法律依据和措施等内容，归纳了我国在推行水务业市场化改革中应注意的问题，即既要注意事务分配、公权力调整、监管目标确定等一般性问题，还应当注意基准评估制度以及供水业管网和经营相分离的具体制度；[3]有的学者对我国现行的以水务局为中心的水务管理体制进行了思考，认为存在四方面的问题：①水务局成立的法律阻碍是“水资源统一管理”还是“水的统一管理”。②水务局法律依据的缺失导致水利部与建设部的博弈。③现有的水法规滞后于水务管理实践。④水务局同流域管理机构的法律关系不明确。对此，该学者认为应从全面清理现有法律法规、建立水务部门与其他政府部门的沟通协调机制、明确流域管理机构与水务局的职责分工和保障公众环境知情权的实现等方面加以完善。[4]

2. 规制内容研究

（1）特许经营合同研究。学者们对于特许经营合同的研究主要是围绕其法律属性展开的，虽然研究的视角有经济法、行政法等，但最终的落脚点都在公法与私法的互动与交融以及纠纷争议的解决机制上。有的学者认为特许经营合同属于行政合同，根据是 2000 年 3 月 10 日施行的《最高人民法院关于执行〈中华人民共和国行政诉讼法〉若干问题的解释》第 1 条第 1 款的规定具有可诉性，并据此探讨了作为行政合同的特许经营协议中相关当事人的

---

〔1〕 郝晓地：“荷兰水管理体制及水务局职能”，载《给水排水》2003 年第 9 期，第 28 页。

〔2〕 杜英豪：“英格兰和威尔士的水务监管体系”，载《中国给水排水》2006 年第 8 期，第 78 页。

〔3〕 喻文光：“德国水务私有化及其监管”，载《行政法学研究》2005 年第 3 期，第 27 页。

〔4〕 陈海嵩：“水管理体制的法律思考——以水务局为中心的考查”，载《中南民族大学学报（人文社会科学版）》2006 年第 3 期，第 129 页。

权利救济和义务履行。[1]有的学者认为，在民营化的过程中，公私合作合同是一类具有共同特征的合同的总称，特性经营合同只是其中的一种（还有合同承包、补助合同等），即便是特许经营合同本身也有“租赁—建设—运营（LBO）”“购买—建设—经营（BBO）”“建设—转让—经营（BTO）”“建设—拥有—经营—转让（BOOT）”“建设—经营—转让（BOT）”和“建设—拥有—经营（BOO）”等多种实现模式。因此，一方面，应从“公私合作合同”这一更为宏观的领域展开研究；另一方面，对此类合同属性的界定相对来说是较为复杂的，不能一概而论。在对学术界现存的“行政合同说”“民事合同说”和“经济合同说”进行检讨的基础上，该学者提出公私合作合同经济法属性的理论观点，认为要实现对公私合作合同的有效法律规制，必须以公法与私法的互动与交融为前提，并由此构建了相应的公法规制和私法规制体系。[2]有的学者认为特许经营合同不仅反映了公共部门与私人部门间对于公共服务的买卖合同关系，还反映了私人部门与作为公共服务的生产者和经营者与公共部门作为公共服务市场的监管者之间的管理与被管理关系，应属于兼具公法和私法性质的混合合同，双方当事人应同时受到公法和私法原则的约束。据此，由特许经营合同引发的法律纠纷的解决，不应过多纠缠于该选择行政诉讼还是民事诉讼，而应当认真反思现有的民事诉讼、行政诉讼以及民事仲裁制度等正式的法律纠纷解决机制是否完善，是否能有效地解决当事人之间的法律纠纷。[3]有的学者将整个特许经营活动分为前置和运作两个阶段：前置阶段中，政府通过招投标或其他方式选择特许经营者，授予项目公司特许经营权的行为应属于行政许可。运作阶段中，政府和获得特许经营权的项目公司签订特许经营合同，此时双方当事人是本着平等自愿和充分协商的原则，应属于特殊的民商事法律关系。由此认为，公用事业特许经营法律关系是一种兼具行政法律关系和民商事法律关系的特殊法律关系。[4]有

---

〔1〕王锴：“公用事业民营化探讨——基于公法学的思考”，载《法学论坛》2012 年第 1 期，第 92 页。

〔2〕邓敏贞：“公用事业公私合作合同的法律属性与规制路径”，载《现代法学》2012 年第 3 期，第 76 页。

〔3〕湛中乐、刘书燃：“PPP 协议中的公私法律关系及其制度抉择”，载《法治研究》2007 年第 4 期，第 8 页。

〔4〕余羚：“市政公用事业特许经营立法刍论”，载《浙江学刊》2007 年第 3 期，第 173 页。

的学者还针对特许经营协议/合同中的普遍服务条款展开了研究，认为随着公共管理领域“契约制国家”概念的提出，特许企业在获得特许经营权的同时，作为责任的“继承者”，必须同时履行向社会持续、平等、合理地提供公共服务的义务，而我国在包括城市水务业在内的公用事业民营化过程中，政府改革的主要动机在于“甩掉财政包袱”、解决资金短缺，社会公众尤其是弱势和低收入群体无法分享改革的收益，反而因此承担了不合比例的负担。结合英国的相关制度设计，我国的普遍服务条款应包括总则性条款、平等接入条款、持续供应条款、质量和安全条款等，并在此基础上提出了相应的执行机制。〔1〕

（2）特许经营全生命周期研究。为数不少的学者针对特许经营的全生命周期，即市场准入、企业运营、临时接管和市场退出展开了研究。有的学者对临时接管制度进行了研究，在系统梳理各地方性立法中关于临时接管情形的基础上，从行政法的角度分析了紧急情况、特许经营者违反法律法规规定或特许经营协议约定、特许经营者因无法继续经营申请解除特许经营协议等三种情况下临时接管条件的应有制度设计；〔2〕有的学者对市场退出制度进行了研究，认为在中央与地方特许政策的推引下，各地公用事业建设急剧推进，但运营项目却频频夭折，其主要原因在于，目前的市场退出制度存在特许经营期限设定过长、特许经营企业违规行为的处理有失偏颇、特许行使不规范和前期监管不力导致退出规制陷入困境等问题。在完善公用事业特许经营市场退出机制的制度设计中应注意厘清中央与地方立法权限、明确特许经营市场退出的条件、设定特许经营市场退出制度的运作程序和完善相关辅助机制四个方面的问题。〔3〕有的学者对绩效评估法律制度进行了研究，认为法律文本可操作性的匮乏、公众参与机制的不足和评估结果处理的偏颇，使得绩效评估的功效尚未彰显。为了实现绩效评估制度的有效实施，应当从厘定评估目标、明晰评估指标体系的形成机制、健全多元评估主体的参与机制、确立

〔1〕 骆梅英：“通过合同的治理——论公用事业特许契约中的普遍服务条款”，载《浙江学刊》2010年第2期，第134~136页。

〔2〕 章志远、李明超：“公用事业特许经营中的临时接管制度研究”，载《行政法学研究》2010年第1期，第18~20页。

〔3〕 章志远、黄娟：“公用事业特许经营市场退出法律制度研究”，载《学习论坛》2011年第6期，第75~77页。

评估结果的回应机制、设定评估制度的运作程序和配置评估结果的异议解决机制等方面进行努力，并避免评估走过场和评估过度化两种不良倾向的出现。[1]有的学者专门以城市水务特许经营为视角探讨了相关法律制度的构建，认为现有的制度设计在市场准入制度（市场准入条件和程序设置）、市场退出制度（自愿退出和临时接管）、水务企业权利保障制度（经营资金来源、政策性损害的利益补偿机制）、政府监管制度和外部监督制度上都存在缺陷，应有针对性地进行完善。[2]

（3）特许经营消费者权益保护研究。学者们关于特许经营消费者权益保护方面的研究是从规制体系内部和外部两个方面展开的：有的学者梳理了现有立法中关于公众监督委员会的职能、工作方式及成员构成方面的制度设计，指出了现有制度中存在的公众参与形式简单和流于形式、公众话语权无有效的整合平台、从市场准入环节到中期评估阶段再到市场退出领域公众参与缺位等问题，提出了拓宽公众参与的方式与渠道、调动公众参与的积极性和促进政企信息公开等完善构想；[3]有学者专门对城市水务民营化改革中的消费者权益保护问题进行了研究，认为市场化进程中存在消费者知情权的虚置、市场化运营中消费者参与权的虚置、市场化后消费者实际权益的虚置。认为消费者权益的维护需要建立公众广泛参与的规制制度环境，包括建立为消费者提供了解政府决策和企业运营信息的渠道、为消费者提供与政府、企业对话的平台和引入专业的中介机构进行监督。[4]

（4）特许经营价格规制研究。有的学者认为价格听证制度是我国城市公用事业价格管理制度的重要组成部分和核心程序问题。尽管《价格法》和相关法规、规章中对该制度作出了一些规定，但实践中仍然存在不少问题和空白点。因此，首先，在听证模式的选择上宜采用事前听证和正式听证。其次，应当尽量扩大听证申请人的范围，凡利益关系人均有权提请召开价格听证会

[1] 章志远、黄娟："公用事业特许经营绩效评估制度研究"，载《甘肃行政学院学报》2011年第1期，第41~43页。

[2] 吕苏愉、陈红艳、王旭华："苏州水务特许经营法律制度之构建"，载《水资源保护》2007年第6期，第71~73页。

[3] 安丽娜："公用事业特许经营中的公众监督委员会制度研究"，载《长春市委党校学报》2012年第2期，第65~67页。

[4] 张丽娜："城市水务市场化中的政府规制与公众利益维护"，载《中国行政管理》2010年第8期，第59~60页。

以维护自身权益。再次，听证会的选择应秉承是否有代表性和是否具有代表能力两个原则。另外，关于听证会代表的产生应采取固定代表与临时代表相结合的原则，人数在 20 人～30 人为宜。最后，应注意公开听证中公用企业商业秘密的保护。[1]有的学者认为，在公用事业价格管制过程中，由于产品性质、消费者利益集团的特点以及管制机构决策运作及制度共同作用，有限理性的消费者个体参与存在着参与不足和"羊群效应"两大问题。消费者组织作为消费者的精神家园和代理人与作为个体的消费者相比，由于它的参与更具代表性、能够减轻信息不对称、实现消费者与厂商的平等对抗，因而能够有效地克服消费者个体有限理性及行为模式所带来的缺陷。[2]

（5）规制内容的整体性研究。学术界关于规制内容的整体性研究主要围绕规制模式的创新、规制自身的法治化和亲贫规制展开。有的学者提出鉴于我国公用事业民营化的特殊性以及市场和政府双重失灵的存在，应对政府规制进行重构。重构的路径包括以破除行政性垄断为突破口，构建公用事业政府规制体系、加快建立和完善政府规制法律规范、加快放松规制的改革进程和建立相对独立的规制机构并提高其执行力等四个方面。[3]有的学者通过对西方传统行政管理向现代公共管理变迁过程中政府规制理论变迁（从公共利益理论到规制俘虏理论再到放松规制理论）的回顾，提出激励性规制的兴起和引入我国公共管理的意义，并从特许投标竞争、区域间比较竞争、最高限价规制和社会契约规制等角度探讨了激励性规制的实施机制。[4]有的学者认为公共利益的价值定位和自然垄断等特性，导致市场竞争机制及以维护竞争为目标的反垄断法在公用事业领域难以充分发挥作用，而对公用事业进行法律干预又非常必要，规制制度因其独特机制而成为法律干预公用事业的优选。但要实现规制的制度价值，法治尤为关键，即追求良性的规制依赖于完善的法律制度基础和可靠的法律促进机制，在公用事业规制经济法益目标定位的框架下，规制的法治化应包括"有理""有权""有限""有效"和"有责"

〔1〕 李胜利："关于城市公用事业价格听证制度若干问题的思考"，载《行政与法》2003 年第 1 期，第 42～44 页。

〔2〕 刘大伟、唐要家："社会公共组织参与管制优势的法经济学分析——以公用事业价格听证中的消费者组织为例"，载《法商研究》2009 年第 4 期，第 117～120 页。

〔3〕 许石慧："公用事业监管法治化研究"，载《西南政法大学学报》2009 年第 1 期，第 17～20 页。

〔4〕 海峡、杨宏山："激励性规制：政府规制发展的新趋势"，载《陕西行政学院学报》2007 年第 4 期，第 38～39 页。

等核心要素，要实现规制法律绩效的优化应注重激励性规制的法律创新、良性规制关系的塑造、规制失灵的法律治理和规制与反垄断的协调共治；〔1〕有的学者提出了规制的全新视角——亲贫规制，认为对于公民而言，获得公用事业基本服务的权利，除了包括获得一个合理、非歧视、价格上负担得起的服务之外，保障负担能力有缺陷的公民能够获得最低程度的供应且不会因为民营化改革而承担不合理的成本负担也是权利所包含的应有之义。英国政府所实施的专项补贴制度、针对不合理用户的倾斜等措施，为我国规制的建立提供了一个可资借鉴的范本。〔2〕

3. 城市污水再生利用法律规制的专门性研究

目前关于城市污水再生利用法律规制的文献资料非常薄弱，现有资料主要聚焦于以下几个方面：

（1）城市污水再生利用法律规制的域外经验评介。有学者对美国的再生水管理立法从宏观层面进行了评介，认为美国作为再生水利用的先进国家，其再生水管理立法较为系统和完善，联邦立法层面的国家污染物排放削减机制及水质标准体系有效地衔接了再生水管理法律制度，同时为各州提供了一个开放的再生水管理框架。在此框架下，各州依据不同的资源禀赋、公众态度，发展出具有地方特色的再生水管理立法体系。美国再生水管理立法有关立法权分配、成本效益分析、立法导向等方面的成功经验值得我国借鉴。〔3〕有的学者从微观层面对美国的再生水管理立法进行了评介，认为美国加州将再生水视为水资源的一种，并通过法律形式规定了加州卫生服务部、公共卫生部、水资源控制委员会和水利部在再生水利用方面的职责，因此，加州在再生水利用方面取得了显著成绩。为了解决我国水污染、水资源短缺等问题，我国可借鉴加州再生水利用方面的相关经验，明确环保部、国家卫计委、水利部、住建部等机构在再生水利用方面的职责，以资源无害化、分散与集中处置等为原则，建立和完善再生水利用规划、技术标准、宣传教育等制度。〔4〕

---

〔1〕 许石慧："公用事业监管法治化研究"，载《西南政法大学学报》2009年第1期，第17~20页。

〔2〕 骆梅英："新福利——英国公用事业领域对弱势和低收入群体的供应保障"，载《行政法学研究》2008年第4期，第123~130页。

〔3〕 杜寅："美国再生水管理立法及其镜鉴"，载《生态经济》2016年第1期，第176~180页。

〔4〕 赖金明、李启家："论我国再生水利用的行政监管模式——以美国加州再生水利用模式为例"，载《江西理工大学学报》2015年第4期，第18~22页。

（2）城市污水再生利用的法律制度评介。有学者从生态安全视角对我国再生水利用法律制度的完善进行了思考，认为从生态安全视角出发，再生水利用的法律制度完善涉及自然生态安全、经济生态安全和社会生态安全领域。完善再生水利用自然生态安全法律制度，应提升再生水利用规划的法律地位，强化再生水风险的评价制度。完善再生水利用经济生态安全法律制度，应确立再生水优先使用原则，将再生水水权纳入现行水权体系、明确再生水水权转让制度。完善再生水利用社会生态安全法律制度，应健全再生水水质标准制度，细化公众参与制度。从以上三个方面实现再生水利用自然系统、经济系统和社会系统生态安全的统一。[1]有学者对城市污水再生利用的相关法律制度进行了梳理，认为中水回用在我国并不是新鲜事物，早在《国民经济和社会发展第十个五年计划纲要》中就明确提出了发展“污水处理回用”以实现“水资源的可持续利用”，并陆续在一些城市开展中水回用实践，但中水回用仍未普及和推广开来的一个重要原因就是，我国没有制定出配套的法律法规，对中水回用进行有效的引导、激励和规范。因此，在我国普及和实施推广中水回用，加强和完善中水回用立法势在必行，包括：第一，修订《水法》，将中水明确列为水资源。第二，将中水回用列入《节水法》的体系之中。第三，完善相关立法，加强法律的可操作性。[2]有学者在对我国城市污水处理回用政策法规与管理制度进行梳理的基础上，认为我国城市污水处理回用政策法规与管理制度存在如下问题：第一，地方层面城市污水处理回用的管理主体不明确。第二，城市污水处理回用政策法规数量少，分布零散，效力不强，落实不到位。第三，城市污水处理回用管理制度缺乏对特许经营、安全监管、奖励等方面的规定。该学者提出从六个方面促进相关的制度建设：第一，明确政府对于推动城市污水处理回用的主导地位。第二，明确地方各级水行政主管部门对城市污水处理回用的管理职责，理顺管理体制。第三，加强城市污水处理回用规划建设。第四，适当调整自来水价格水平。第五，完善城市污水处理回用水质标准。第六，积极开展宣传教育。[3]有学者认为

---

〔1〕 才惠莲：“我国再生水利用法律制度的完善——基于生态安全的视角”，载《湖北社会科学》2015 年第 3 期，第 144~147 页。

〔2〕 余麟：“我国中水回用的立法现状及思考”，载《政法学刊》2011 年第 5 期，第 42~43 页。

〔3〕 李伟等：“我国城市污水处理回用政策法规与管理制度探讨”，载《水利发展研究》2011 年第 7 期，第 69~70 页。

我国城镇污水回收利用的立法存在如下问题：第一，城镇污水回收利用的法律规定过于原则。第二，城镇污水回收利用水质标准不健全。第三，城镇污水回收利用没有发挥经济效用。该学者提出从四个方面完善相关的制度建设：第一，立法规定城镇污水回收利用制度。第二，规定我国城镇污水回收利用的用途，扩大回收水的使用范围。第三，加快建立相应的城镇污水回收利用的规范和水质标准。第四，规定政府责任，调整相关政策。〔1〕

透过学术界关于公私合作（PPP）背景下城市污水再生利用的规制法研究，我们可以得出如下结论：第一，城市污水处理业作为公用事业的一个分支，现有文献鲜有针对其特许经营展开的专门性规制法研究，目前文献涉足的层面仅触及城市水务业的整体就基本上戛然而止了。然而，城市水务业是指以水的收集、开采、加工、输配、利用、保护等为核心内容构成的产业链，包括了供水、节水、污水处理、水的再生利用等众多组分，污水处理有其自身鲜明的“环境性”特征，针对其展开的专门性规制法研究也必然具有与其他行业的不同之处；第二，现有文献虽然基本涉及了包括城市污水处理业在内的公用事业特许经营规制法的方方面面，但基本上都是定性研究，缺乏在实证调研基础上展开的定量研究。值得注意的是，定量研究是切实反映城市污水处理业环境与经济绩效好坏的重要参考系，也是有针对性地实施规制并完善法制的逻辑前提。由此，如何跨越理论与实践的鸿沟使得法律制度的完善更富于精准性和科学性是目前理论研究中的一个短板；第三，纵观现有关于城市污水再生利用法律规制的专门性研究文献，虽然在域外法律制度评介和国内现有法律制度评介方面有所涉猎，但存在以下问题：其一，未能将城市污水再生利用放置在公私合作（PPP）背景下思考现有法律制度。其二，未能在思考城市污水处理和再生利用之间逻辑关联的基础上，对现有法律制度中有关法律关系主体的权利义务划分和责任追究进行细致探讨。其三，现有研究大多采用的是规范法学研究方法，很少运用实证法学研究方法对城市污水再生利用法律实践中出现的问题展开有针对性的思考。

〔1〕 邹丽梅：“城镇污水回收利用的法律思考”，载《哈尔滨市委党校学报》2009年第1期，第72页。

研究方法

第一节 数据调研方法

数据缺乏一直是制约城市污水再生利用法律制度研究的主要瓶颈。为此，本书花费了大量的时间与精力，对西北地区的8座城市污水处理厂进行了近三年的跟踪调研（2013年~2015年），了解和掌握了这些城市污水处理厂建设和运行的实际情况，获得了关于污水处理厂建设运营环境与经济绩效的第一手资料，包括动力费、药剂费、工资及福利、维修费用、折旧及摊销费用、管理费用、财务费用、销售税金及附加、年运行天数、年处理污水量、年中水回用量、年中水回用收入、年其他收入、COD削减量、氨氮削减量、总磷削减量、污泥排放量等。

一、问卷调查法

为了研究在采用公私合作（PPP）模式的城市污水处理及再生利用项目运营中出现的经济绩效、环境绩效不佳的主要影响因素，本书采取了问卷调查的方式，重点调查政府有关部门和采用PPP模式的城市污水处理设施的运营者（以下简称“PPP污企”）[1]在项目运营中的权利义务分担，识别城市污水处理及再生利用PPP项目经济绩效和环境绩效不佳的主要影响因素。

（一）问卷设计

城市污水处理及再生利用PPP项目运营中的法律问题之调查问卷分为

〔1〕 从此处开始，本书将采用PPP模式的城市污水处理设施的运营者统称为“PPP污企”。

“受访对象基本情况”“企业运营情况”和“再生水利用情况”三个部分，总共22道调查问题（针对政府有关部门设置的有9题，针对企业设置的有13题）（附录A、B），在问卷调查内容中，针对政府有关部门和企业有所区别：

（1）受访对象基本情况部分。对于政府有关部门设置的调查内容包括：本部门所辖区域城市污水处理及再生利用项目的分布和建设运营的总体情况、该部门对所辖区域城市污水处理及再生利用项目监管的总体情况（资金、人员、监管计划及其落实）；对于企业设置的调查内容包括：企业名称、地址、成立时间、运营时间、基本建设投资（万元）、设计能力（万吨/日）、企业性质、隶属单位、投资主体及比例、建设资金来源及比例、运行资金来源渠道、管理方式、管网经营权归属、工艺技术、污水处理程度等。

（2）企业运营部分。对于政府有关部门设置的调查内容，依监管对象的不同，将现有企业分为“PPP模式”和“国有模式”两种。对于“PPP模式”设置的调查内容包括：本部门对于采取PPP模式的城市污水处理及再生利用项目在日常运营中的水质监管计划及实施情况、本部门对于采取PPP模式的城市污水处理及再生利用项目在日常运营中的水量监管计划及实施情况、本部门对于采取PPP模式的城市污水处理及再生利用项目的水价核定标准及程序、本部门对于采取PPP模式的城市污水处理及再生利用项目的绩效评估方式及程序。对于“国有模式”设置的调查内容包括：本部门对于采取国有模式的城市污水处理及再生利用项目的扶持举措、本部门在城市污水再生利用管网的规划与建设中的具体举措、本部门在防范城市再生水利用中存在的风险方面采取的具体举措；对于企业设置的调查内容包括：动力费（万元）、药剂费（万元）、工资及福利（万元）、维修费用（万元）、折旧及摊销费用（万元）、管理费用（万元）、财务费用（万元）、销售税金及附加（万元）、其他（万元）；年污水处理量（万吨）、年中水回用量（万吨）、年中水回用收入（万元）、COD削减量（吨）、氨氮削减量（吨）、总磷削减量（吨）、污泥排放量（吨）。

问卷的设计过程参考了国内相关研究的问卷调查设计。在开始进行正式调查之前，曾针对2个政府有关部门和3个城市污水处理及再生利用PPP项目进行模拟调查，并根据被调查者的反馈情况对问卷进行了优化设计，题目从最初的39道题目合并压缩到22道题目。

（二）问卷调研

根据城市污水处理及再生利用 PPP 项目的运营实际，本书于 2013 年～2015 年间，选取了西北地区有关城市的水务部门、环保部门、市政部门、建设部门、发展改革部门、财政部门等政府行政主管部门以及位于城市主城区、城市远郊区/县的城市污水处理及再生利用 PPP 项目展开问卷调研，为了使问卷调研尽可能涵盖不同层级、不同地域的政府有关部门和不同地域、不同 PPP 模式、不同生产工艺和不同处理负荷的城市污水处理及再生利用 PPP 项目，也为了尽可能确保填报数据的真实可靠，本书总共发放问卷 100 余份，收回有效问卷 60 余份，有效问卷回收率达 59.6%。

无效问卷的判断标准为：

第一，未对问卷调查所需的关键数据作答的；

第二，对问卷调查所需的数据作答明显与实际情况不符的；

第三，对问卷调查所提出的问题回答避重就轻的；

第四，对超过 10%的问卷问题未作答的。

二、现场调研法

本书通过现场调研+运营记录方式收集了西北地区 8 座典型污水处理厂的财务成本和产出情况，基本囊括了西北地区采用 PPP 模式的城市污水处理设施的主要类型。截至 2015 年底，西北地区建成有污水处理厂 335 座，日处理能力达 975.73 万吨/日，所采用的主要工艺为周期循环活性污泥法（CASS 工艺）、厌氧—缺氧—好氧活性污泥法（A2O 法）、改良厌氧—缺氧—好氧活性污泥法（改良的 A2O 法）、间歇式活性污泥法（SBR 法）等，基本包括了我国城市所采用的主要污水处理工艺。为了研究城市污水处理及再生利用 PPP 项目实际运营的经济绩效与环境绩效，在西北地区有关城市政府水务部门、环保部门的帮助下；本书调研收集了西北地区 8 座污水处理厂的污水处理规模与工艺等信息，为了满足数据统计分析所要求的样本量和代表性，这些污水处理设施既囊括了西北地区污水处理的主流生产工艺，又包含了城市主城区和城市远郊区/县等主要区域特征，同时也涵盖了 BOT、TOT 等城市污水处理业特许经营项目的主流特许经营模式。

表 2-1 西北地区 8 座污水处理设施的运营管理概况

项目名称	设计规模（万吨/日）	处理工艺	投入运行时间	运营模式	总投资（亿元）	排放标准
A 污水处理厂	4	CASS 工艺	2013 年	BOT 模式	2.4	一级 A
B 污水处理厂	13	A2O 法	2008 年	国有模式	4.3	一级 A
C 污水处理厂	10	A2O 法	2009 年	BOT 模式	2.6	一级 A
D 污水处理厂	5	CASS 工艺+纤维滤布滤池+A2O 法	2013 年	TOT 模式	1.07	一级 A
E 污水处理厂	26	改良 A2O 法	2011 年	BOT 模式	3.13	一级 B
F 污水处理厂	20	A2O 法	2011 年	TOT 模式	4.96	一级 B
G 污水处理厂	4	SBR 法	2012 年	BOT 模式	1.1	一级 B
H 污水处理厂	2.5	A2O 法+混凝沉淀	2013 年	BOT 模式	1.8	一级 A

注：根据实证调研数据整理而得。

第二节 数据处理与分析法

作为城市污水处理及再生利用 PPP 项目的运营者，“PPP 污企”追求的首要目标是特许经营期内的利润最大化，因此其关注的重点往往在于提供服务的成本、资源的合理配置以及价格的及时调整等影响经济绩效的因素。许多建成的污水处理厂经济绩效不佳甚至没有运行的主要原因之一是污水处理成本较高，因此加强污水处理厂内部财务成本管理和控制是提高经济绩效的重要手段。目前对经济绩效测度的研究方法主要有参数法与非参数法两大类：〔1〕参数方法包含随机前沿面分析法（Stochastic Frontier Analysis，SFA）、自由分布法（Distribution-Free Approach，DFA）、厚前沿分析法（Thick Frontier Approach，TFA），非参数方法主要有数据包络分析（Data Envelopment Analysis，DEA）、无界分析（Free Disposal Hull，FDH）、指数法（Index Numbers，IN）、

〔1〕 郭京福、杨德礼：“生产前沿参数方法与非参数方法的比较研究”，载《系统工程理论与实践》1998 年第 1 期，第 46 页。

混合最优策略法（Mixed Optimal Strategy，MOS）。其中SFA和DEA是在实践中常用的两种绩效测度方法。自2000年以后，国内外对于污水处理厂的经济绩效评价中更多地引入了DEA模型作为系统定量研究的方法。在国内，有学者用指标法对我国城市污水处理厂经济绩效进行定量分析，运用DEA方法对中国城市污水处理厂的资源配置效率进行比较得出了结论：资本对我国城市污水处理厂的产出弹性最大，其次是运营电耗，再次为劳动力；[1]有学者运用DEA方法对天津、上海、海口等7座污水处理厂进行了规模与技术相对有效性评估研究，分别指出了其改进值；[2]有学者利用DEA方法进行了乌鲁木齐市污水处理厂的经济绩效评价，并探讨影响其规模技术有效性的因素，对经济欠发达地区污水处理厂的建设、运行、管理提出了相应建议；[3]有学者借助DEA方法在经济绩效评估中的运用，构造了污水处理厂进行效率定量评价模型，对22家同规模污水处理厂进行了评估并指明了改进方向；[4]在国外，有学者认为DEA方法是一个有用的评估供水系统相对效率并建立基准以衡量水资源管理进展情况的有效工具，巴勒斯坦政策制定者应该将重点放在重建供水网络基础设施上，从DEA最无效的开始，使水损失减少到最低。[5]

本书根据对西北地区8座城市污水处理厂2013年~2015年的实际调研数据，使用DEA方法构造了污水处理厂经济绩效的CCR定量评价模型，并运用该模型对8座污水处理厂的运行效率进行了科学评价，同时利用求解结果，推导出了影响污水处理厂超过合理成本界限的主要因素，为从法律制度层面展开定性分析并提出完善对策和建议、从定量层面研究提供了前提和基础。

数据包络分析法（简称DEA），是通过数学规划模型评价具有多个输入和输出的决策单元（简称DMU）间的相对有效性的效率评价方法。使用DEA

---

〔1〕褚俊英等："中国城市污水处理厂资源配置效率的比较"，载《中国环境科学》2004年第2期，第5页。

〔2〕赵强、张慎峰、吴育华："污水处理厂规模与技术相对有效评估研究"，载《成都信息工程学院学报》2003年第3期，第36~39页。

〔3〕高琴等："基于DEA分析的乌鲁木齐市污水处理厂规模技术有效性研究"，载《新疆大学学报（自然科学版）》2006年第5期，第211~215页。

〔4〕王芙蓉、苏波："基于DEA技术的污水处理厂运行效率评估模型研究"，载《西华大学学报（自然科学版）》2007年第7期，第5~8页。

〔5〕Kamal Alshrif，"Governance of Water Supply Systems in the Palestinian Territories：a Data Envelopment Analysis Approach to the Management of Water Resources"，*European Journal of Operational Research*，2000，pp. 436~453.

模型对 DMU 进行效率评价时，不需要确定投入产出指标之间任何形式的表达。因此，DEA 方法对社会经济系统多投入和多产出指标的相对有效性评价独具优势。本书中的 DEA 分析借助了 CCR 模型：DEA 模型设有 n 个决策单元 DMUj（Decision Making Units），j= 1，2，…，n，每个 DMU 都包含 m 种投入指标和 s 种产出指标，DMUj 的输入向量为 Xj=（x1j，x2j，…，$x$mj）^{T}> 0，输出向量 Yj=（y1j，y2j，…，$y$sj）^{T}> 0，并假设模型满足凸性、锥性、无效性和最小性公理。为了对决策单元 DMUj 进行评价，经过 Charnes-Cooper 及对偶变化，最终得到下面的线性规划模型：

$min\theta$

$$s.t \sum_{j=1}^{n} \lambda_j x_j + S^- = \theta x_0 \qquad 式 2-1$$

$$\sum_{j=1}^{n} \lambda_j x_j - S^+ = y_0 \qquad 式 2-2$$

$j = 1，2，...S^- \geqslant 0，S^+ \geqslant 0$

其中，θ 表示综合技术效率，x0，y0 分别表示决策单元 DMU_0 的投入和产出向量；$\lambda = (\lambda_1，\lambda_2，\cdots，\lambda_n)^T$ 是一个 n 维列向量，分别代表 n 个决策单元的投入和产出要素的权重；S^- 和 S^+ 分别为松弛变量(投入的过度量) 和剩余变量(产出的不足量)。对模型求解相对效率系数 θ，可对决策单元 j 当前的投入、产出以及效率进行判断。

DEA 方法的重要特点之一是可以通过 *DMU* 在相对有效平面上的"投影" 来改进非 *DEA* 有效的决策单元，使该决策单元达到相对有效。公式 2 - 3、2 - 4 中给出了将非有效点调整到有效水平的量化指标。

$$x_{\hat{i}} = \theta x_i - S^{j^-} \qquad 式 2-3$$

$$j_{\hat{i}} = \theta y_i - S^{j^+} \qquad 式 2-4$$

称(，) 为决策单元 j 对应的(x_j，y_j) 在 *DEA* 的相对有效面上的"投影"。记：

$$\Delta x_j = x_j - x_{\hat{i}} \qquad 式 2-5$$

$$\Delta y_j = y_j - y_{\hat{i}} \qquad 式 2-6$$

Δx_j 表示投入剩余量(在现有产出水平下)，Δy_j 表示产出亏空量(在已有的投入水平下)。显然，若原来的(x_j，y_j) 是非 *DEA* 有效的，可以在不减少输出的前提下使原来的输入有所减少($\Delta x \geqslant 0$)，或在不增加投入的前提下，使输出有所增加($\Delta y \geqslant 0$)。

本书旨在通过选取对决策单元影响较大、可比性较强、易于操作的因素作为评价指标以全面客观地反映各个污水处理厂的环境与经济绩效。

污水处理厂的成本包括：人员费（包括职工工资及福利、管理费、车辆费)、动力费（电费及运输费)、维修费（日常的设备维修保养费、仪表的校验费、设备大修费和管道的维护费)、药剂费（包括各种化学试剂、絮凝剂和消毒费）以及其他费用。[1]

一旦污水处理厂建成，其固定资产、污水处理工艺以及资金来源就已确定，即固定资产折旧及摊销和财务费用为固定投入，无法改变，但影响污水处理厂的经济绩效主要表现在除上述三项以外的运行成本。要使污水处理企业经济绩效处于行业效率前沿，应尽可能降低人员费用、动力费用、维修费用以及药剂费用。故本书所确定的污水处理厂效率评价投入指标为：

投入指标：X_1：动力费用（万元）；X_2：药剂费用（万元）；

X_3：工资及福利（万元）；X_4：维修费用（万元）。

作为准公共物品，污水处理厂表现出较强的环境绩效，污水处理量是衡量污水处理厂社会效益的重要指标。故本书确定的产出指标为：

产出指标：Y：污水处理量（万吨）。

以 DEA 方法中的 CCR 模型为基础，将各污水处理厂的运营数据分别代入进行经济绩效评价，由 DEAP 软件求解，可以得到各污水处理厂的效率评价表及松弛变量值。根据 DEA 有效性判定原则：第一，当决策单元的综合技术效率测度为 1.000 时，表明了要达到现有的输出，至少有一种输入已无法减少，除非同时增加其他种类的输入。而现有的输入条件下，至少有一种输出已无法增加，除非同时降低其他种类的输出。即目前的财务成本结构合理，成本费用得到有效的利用。第二，当决策单元的综合技术效率测度小于 1.000 时，表明了投入要素存在减少的余地，而且值越小减少的余地越大，其相对有效性越低。第三，当决策单元的相关投入和产出指标存在松弛变量值时，意味着投入存在冗余，要达到相对有效，成本费用应适度减少。第四，当决策单元的规模效率值小于 1.000 时，若投入和产出均存在松弛变量值，说明

[1] 原培胜："城镇污水处理厂运行成本分析"，载《环境科学与管理》2008 年第 1 期，第 107~109 页。

要维持现有的产出规模必须降低其财务成本，或者在保持现有成本费用的同时扩大其产出规模。若投入和产出均不存在松弛变量值，则说明投入产出比例合理，财务成本费用得到了充分利用，不存在浪费，要使得其综合技术效率值提高，需要对其规模进行改进，即等比例地增加其投入产出最终使其相对有效。

政府作为污水处理厂资产的最终拥有者和社会环境质量的规制者，为社会公众提供污水处理环境服务，并负有对污水处理设施运行管理及 PPP 服务情况进行规制的责任，因此，政府追求的首要目标是环境绩效的最大化。借助数据包络分析方法（DEA），通过构造污水处理厂运行经济绩效的定量评价模型，可以得到各污水处理厂投入和产出指标的目标值、改进值和改进幅度。而对于是何种原因导致相关的投入和产出指标存在改进余地，则需要对 BOD、COD、氨氮、总磷和 SS 等城市污水处理及再生利用 PPP 项目运营的主要环境绩效指标，结合相关的国家标准和行业标准，对各污水处理厂的主要污染物浓度值与国家标准值或行业标准值进行比较，并对各污水处理厂主要污染物的去除率与行业平均去除率进行比较，在此基础上对相关污水处理厂的环境绩效不佳的原因进行分析，并在综合归纳各污水处理厂的环境与经济绩效特征的基础上，提炼影响城市污水处理及再生利用 PPP 项目的问题成因。

第三节　实证法学研究方法

实证法学研究方法是以经验为基础的法学研究方法，该方法运用社会学和经济学等社会科学的方法研究显示社会中的法律问题，关注法律与社会的互动关系，特别是解释法律的实施情况，其核心问题是“现实中的法律是什么”。[1]实证研究方法可以大体分为两类，即定性研究和定量研究：定性的实证研究主要包括观察和访谈等，定量的实证研究主要是统计分析和回归分析等。对于公私合作（PPP）背景下城市污水再生利用的法律制度研究，考虑到城市污水处理业鲜明的“环境性”特征，本书大量运用了实证法学研究方法，其意图是通过在不断变动的实践中观察城市污水处理及再生利用 PPP 项目的运行和发展，找出核心法律问题并透析其成因，为从规范法学层面提出法律制度的完善对策和建议打下坚实的基础：

〔1〕 黄辉：“法学实证研究方法及其在中国的运用”，载《法学研究》2013 年第 6 期，第 15 页。

首先，本书关于城市污水处理及再生利用PPP项目运营社会问题的归结运用了实证法学研究方法中的定量实证研究方法，即通过收集样本并通过数学的计量工具进行研究。本书通过对西北地区8座污水处理厂运行中一系列投入指标（动力费、药剂费、工资及福利、日常维护费用）和产出指标（年污水处理量）以及进水和出水中包括BOD、COD、氨氮、总磷和SS在内的主要污染物浓度值等大量数据的收集，通过运用数据包络分析（DEA方法）构建CCR模型对采用PPP模式的污水处理厂运行的经济绩效和环境绩效进行评价，对影响城市污水处理及再生利用PPP项目运营的主要社会问题进行归纳总结。

其次，本书关于城市污水处理及再生利用PPP项目运营法律问题的归结运用了实证法学研究方法中的定性实证研究方法，即通过深入政府有关部门和采取PPP模式的城市污水处理厂实地观察，通过与有关人员的访谈厘清城市污水处理及再生利用PPP项目运营中的问题。此外，本书还通过发放调查问卷等方式，通过扩大受访范围和避免实地观察和访谈的不足来夯实对于问题归结的精准性。本书对于城市污水处理及再生利用PPP项目运营法律问题的归结综合运用了定量实证研究方法和定性实证研究方法，因为定量研究所发现的社会问题无法从法条本身找到答案，也很难通过定量研究解决。因此，本书在定量研究的基础上通过定性方法了解城市污水处理及再生利用PPP项目的现实运行环境，从而解释为什么会发生定量研究中所发现的社会问题，也通过定量研究与定性研究的结合进一步将定量研究中发现的社会问题凝练和升华为法律问题。

最后，本书在对城市污水处理及再生利用法律制度的研究中使用了实证法学研究方法中的案例研究方法。个案研究具有两个主要功能：一是从判例中提炼具体的法律规则，二是对于判例进行批判性分析，为判例的将来修正提供参考。虽然我国是以成文法为中心的大陆法系国家，但越来越多的学者通过借鉴英美法从而跳出传统的限于法典之内的逻辑自足性，从而去寻找和关注实务中的案例。本书在对城市污水处理及再生利用PPP项目若干法律问题的探讨中，在每一个法律问题之后都加入了典型案例或实例，通过案例分析尽最大可能地贴近城市污水处理及再生利用PPP项目的运营实践，对现有法律制度在应对和解决现实问题的功能发挥上进行检证，以对现有法律制度的完善和涉及城市污水处理及再生利用PPP项目法律纠纷的解决提出有价值的对策和建议。

第四节 规范法学研究方法

规范法学研究方法是以逻辑为基础的法学研究方法，主要运用逻辑和语义的方法对法律规范进行分析和注释，其主要从事两项工作：一是研究法律制度的制定、修改和完善，从而为立法或司法改革作出贡献；二是对法律规则的立法原意和立法宗旨进行解释，以保证法律制度得到较好的实施。前者被称为"对策法学研究方法"，后者被称为"法解释学研究方法"。[1]对于公私合作（PPP）背景下城市污水再生利用法律制度研究，最终还是要回归到规范层面上来，即提出有价值的法律制度修改和完善的对策和建议，并使得法律制度能够得到更好的实施以实现更大的社会效益。

首先，本书采用了法解释学研究方法。对于公私合作（PPP）背景下城市污水再生利用法律制度的研究，本书综合收集和分析了归属于环境与资源保护法（包括环境保护法、水法、水污染防治法、城市排水与污水处理法、城市排水许可法、环境影响评价法、规划环境影响评价法、环境信用评价法、环境监测法）、经济法（包括基础设施和公用事业特许经营法、价格法、城乡规划法、预算法、审计法）、行政法（包括政府信息公开法、行政许可法、行政诉讼法、价格听证法）、民商法（合同法、侵权责任法）的包括中央层面和地方层面在内的数十部立法，结合城市污水处理及再生利用 PPP 项目的运营实际和其中所反映出来的相关法律问题，对这些立法中的立法宗旨和立法原意进行解释，从而对现有立法中正确且严谨，但在法律实践中被曲解或错用的条款进行阐释，对现有立法中有局限性、无法有效应对实践中产生的法律问题的条款进行反思和重构。

其次，本书采用了对策法学研究方法。本书对于通过数据调研方法、数据分析与处理方法、实证法学研究方法归纳和总结的城市污水处理及再生利用 PPP 项目运营的社会问题和法律问题，在法律制度设计上寻找问题的成因，即法律问题的出现在于法律的实施，而法律实施问题的前提在于法律制度本身的漏洞。法学研究的目的就是在于找出这些漏洞，提出改进立法的建议。

---

[1] 陈瑞华：《论法学研究方法》，北京大学出版社 2013 年版，第 191 页。

当然，从事法学对策研究与物理、化学研究不同的是，其缺乏实验方式来检验所提出的对策的可行性，也很难判断提出的法律解决方案是否有助于解决问题。本书虽然很难跳出法学对策研究的这一“窠臼”，但仍然尽了最大努力通过在相关城市污水处理及再生利用 PPP 项目所在地的较小区域范围内，结合本书所提出的对相关法律制度的完善对策和建议，通过政府有关部门在履行规制职责过程中的调整来验证所提出的对策和建议的“可适用性”。

第五节　本书的技术路线

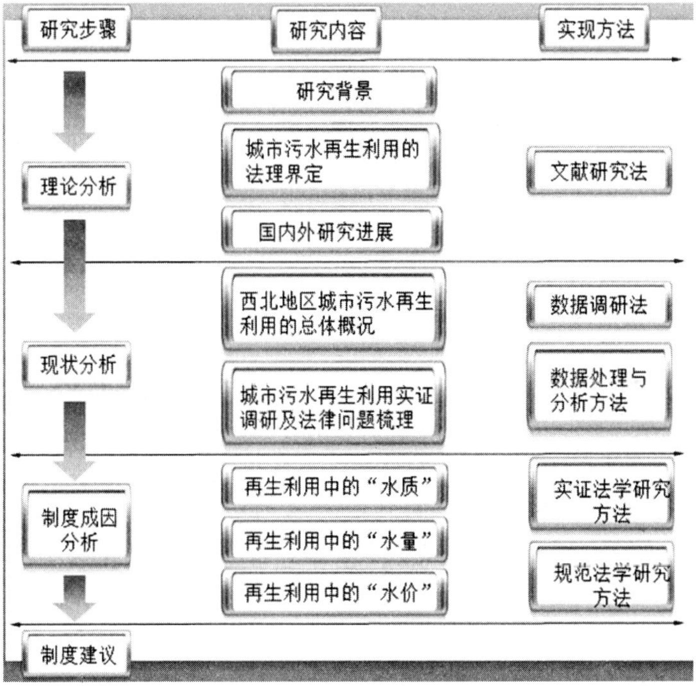

图 2-1　本书的技术路线

本书通过理论分析、现状分析、制度分析、案例分析和制度建议等五个研究步骤实现研究目的：

其一，在理论分析部分，本书运用文献研究方法，首先，通过对研究背景的梳理，揭示研究的理论意义和现实意义。其次，从内涵和特征以及法律关系构成角度对城市污水再生利用进行法理界定。最后，系统对包括城市污水再生利用技术研究、城市污水再生利用公私合作（PPP）研究（包括公私合作理论、特许经营理论和公私法区分理论）、城市污水再生利用的环境绩效研究、城市污水再生利用的经济绩效研究和城市污水处理业 PPP 的规制法研究进行梳理，夯实本书的理论基础；

其二，在现状分析部分，首先，本书对西北五省的城市污水再生利用的总体概况从政策保障、运营实践和存在问题角度进行了较为系统的概括。其次，本书运用数据调研方法和数据处理与分析方法，分“PPP 模式”和“国有模式”展开实证调研。其中，在“PPP 模式”下，对西北地区 8 座城市污水处理及再生利用设施运营的环境与经济绩效数据，运用数据包络分析（DEA）方法，通过构建 CCR 模型进行分析与处理，对其运营中反映出来的“水质”“水量”和“水价”等法律问题进行归纳和总结。在“国有模式”下，从“公园类”“工业类”“汽车 4S 店类”和“住宅小区类”四个方面对城市污水处理及再生利用运营实践中出现的法律问题进行了归纳和总结；

其三，在制度分析部分，本书运用实证法学研究方法和规范法学研究方法，结合水污染防治法律制度、城镇排水与污水处理法律制度、规划法律制度、环境影响评价法律制度、价格法律制度、预算法律制度和审计法律制度等，对引致城市污水处理及再生利用设施运营中出现的“水质”“水量”和“水价”等法律问题的成因进行深入分析，并结合本书理论分析部分的研究成果，对相关法律关系主体之间的权利义务安排是否得当展开细致探讨。

其四，在案例分析部分，本书运用案例研究方法，通过对公私合作（PPP）背景下城市污水再生利用“水质”“水量”和“水价”规制典型案例的分析，对于本书在理论分析部分、现状分析部分和制度分析部分中提出的观点进行检证、深化和凝练，进一步锤炼本书对于城市污水处理及再生利用实践中出现的核心法律问题的分析和提出观点的恰当性和适用性，为系统提出针对以上法律问题的一揽子解决对策和建议打下坚实的实证基础。

其五，在制度建议部分，本书针对核心法律问题，对现有法律制度提出了修改和完善的对策和建议。

西北地区城市污水再生利用的总体概况

从全国范围来看，随着经济社会的不断发展，城市用水供需矛盾不断加剧，水资源短缺已经成为制约城市发展的重要因素。因此，污水资源化利用顺应时代需求逐步发展起来。回顾我国的城市污水再生利用的发展，大致经历了两个特征明显的阶段：

第一阶段（1980 年~2000 年）：技术储备和示范工程引导阶段。“七五”期间，以北京市为首的一批建筑以及住宅小区的再生水利用工程开始实施，重点对“水污染防治及城市污水资源化技术”进行攻关。与此同时，原建设部制定的《生活杂用水水质标准》（CJ25. 1-89）的出台，使得生活杂用领域的再生水水质有了衡量依据；“八五”期间，国家重点对“污水净化与资源化技术”进行攻关，通过科研专项在大连、太原、天津、泰安等地以及燕山石化等单位开展工程性试验，并对相关的水质标准值进行长时间的试验研究。在此基础上，原建设部出台了《城市中水设施管理暂行办法》（城建字第［1995］713 号），使得推动城市污水的综合利用以及促进节约用水有了可靠的制度保障。此外，再生水利用的相关标准的制定工作进一步向前推进，《建筑中水设计规范》《城市污水回用设计规范》（CECS61-1994）相继出台；“九五”期间，国家对“污水处理与水工业关键技术”进行攻关研究，一系列再生水集中利用工程陆续落地。此外，《再生水回用于景观水体水质标准》（CJ/T95-2000）出台，进一步丰富和拓展了再生水利用相关领域的技术标准要求。

第二阶段（2001 年至今）：全面推广和加快发展阶段。2001 年 3 月 5 日，时任国务院总理朱镕基代表国务院向第九届全国人大第四次会议作《关于国民经济和社会发展第十个五年计划纲要的报告》，其中明确提出“……要积极开展人工增雨、污水处理回用、海水淡化……”除了持续推进一大批城市污水再生利用工程落地之外，国家开始对“污水资源化利用技术与示范”开展技术攻关。同时，《城市污水再生利用》系列标准和《城市污水再生利用工程设计规范》相继出台，一方面进一步丰富了相关领域的技术标准要求，另一方面也对旧有的标准进行了修订和替换。

西北地区属于传统水资源匮乏地区，水作为社会经济发展的控制性要素，其重要性尤为突出。前文提到，从水资源量、水资源开发利用强度、水资源质量等角度衡量，西北地区水资源与社会经济发展之间的矛盾相较于全国平均水平均更为突出。因此，近年来，西北地区加大了城市污水再生利用的力度，特别是公私合作（PPP）模式的引入，一方面弥补了政府资金投入的不足，另一方面也加速了西北地区城市污水再生利用的市场化程度，丰富了再生水生产和供应的经营者类型。当然，在城市污水再生利用实践快速发展的同时，也潜存着一系列问题。

第一节　陕西省城市污水再生利用概况

一、陕西省城市污水再生利用的总体概况

陕西省城市污水再生利用的翘楚当推西安市。作为全国严重缺水城市之一，解决水资源匮乏与城市社会经济发展之间的矛盾是西安市长久以来面临的重大课题。比之于陕西省其他地市，西安市在城市污水再生利用方面具有实践时间长、规划基础好等先天优势。通过近年来长期不懈的努力发展，西安市的城市污水再生利用工作已走在了全国前列，为城市生态文明建设、绿色经济的发展和水资源供给侧改革开辟了新的实施路径。

截至2017年底，西安市已建成再生水厂9座，合计生产能力38.5万吨/日，建成再生水管网总长度共计145公里。在政府各级部门的大力支持下，再生水销售量逐年增长，用水结构显著转变，由过去高度依赖工业用户的模式逐渐向城市“第二水源”改变，景观园林、湖泊补水用水比例大幅提升，有效地节约了城市宝贵的净水资源。根据《西安市“十二五”水务发展规划》的布局，西安市主城区及周边开发区再生水利用率将达到30%，因此，西安市在再生水利用方面仍有较大发展空间，未来利用方向除了工业用户之

外，景观水体用水、市政、园林浇洒也将成为再生水的主要消纳途径。

近年来，陕西省政府制定了一系列行政规范性文件来保障和推进城市污水的再生利用工作（见表 3-1）。

表 3-1　陕西省政府制定的有关再生水利用的行政规范性文件及内容要求

行政规范性文件名称	文件内容和要求
《关于实行最严格水资源管理制度的实施意见》（陕政发［2013］23 号）	（十四）加大节水技术改造力度。加快制定节水强制性标准，逐步实行用水产品用水效率标识管理，禁止生产和销售不符合节水强制性标准的产品，逐步淘汰在用的不符合标准的用水设备及产品。大力发展管道输水、喷灌、微灌等高效农业节水灌溉技术；推广先进适用节水工艺和设备，推进钢铁、火力发电、石化、化工、造纸、纺织、食品、煤炭、有色金属、建材等高耗水行业技术改造；逐步淘汰公共建筑中不符合节水标准的用水设备及产品，大力推广节水器具，加快公共供水管网改造，降低供水管网漏损率。鼓励并积极发展污水处理回用和雨水、微咸水及矿井疏干水等非常规水源开发利用，对非常规水源利用较好的地区和用水户，在供水价格、用水指标和项目审批上给予支持。
《陕西省水污染防治工作方案》（陕政发［2015］60 号）	（八）持续推进循环发展。加强工业水循环利用。推进矿井水综合利用，煤炭矿区的补充用水、周边地区生产和生态用水应优先使用矿井水，洗煤废水闭路循环不外排。鼓励钢铁、纺织印染、造纸、石油石化、化工、制革等高耗水企业废水深度处理回用。2020 年底前，经济技术开发区、高新技术产业开发区、出口加工区等工业集聚区铺设再生水利用管网，再生水利用率不低于 30%。（省发展改革委、省工业和信息化厅牵头，省水利厅、省能源局参与） 促进再生水利用。陕北和关中地区要完善再生水利用设施，工业生产、城市绿化、道路清扫、车辆冲洗、建筑施工以及生态景观等用水，要优先使用再生水。推进高速公路服务区污水处理和再利用。具备使用再生水条件但未充分利用的钢铁、火电、化工、制浆造纸、印染等项目，不得批准其新增取水许可。自 2018 年起，全省单体建筑面积超过 2 万平方米的新建公共建筑、10 万平方米以上集中新建的保障性住房，应安装建筑中水使用设施，积极推进其他新建住房安装建筑中水设施。到 2020 年，陕北、关中城市再生水利用率达到 20%以上。（省住房城乡建设厅牵头，省发展改革委、省工业和信息化厅、省环境保护厅、省水利厅等参与）

续表

行政规范性文件名称	文件内容和要求
《陕西省国民经济和社会发展第十三个五年规划纲要》	第三十一章 促进资源节约高效利用 ……强化水资源节约和利用。严格实行用水总量和强度“双控”制度，制定分地区、分行业用水效率定额标准，农业灌溉用水有效利用系数提高至 0.58。深入推进高耗水行业节水改造。加强城市生活节水，建设一批节水型企业、小区和城市。全省城镇再生水利用率提高至 30%以上……
《陕西省水利发展“十三五”规划》	……2020 年全省用水总量控制在 112.92 亿立方米以内，万元 GDP 生产总值用水量及万元工业增加值用水量分别下降 15%和 10%，城市生活节水器具普及率达到 85%以上，城市和农村供水管网漏损率分别控制在 10%和 15%以内，城镇再生水利用率达到 30%以上，节水型社会建设取得显著成效。 推广中水回用、分质供水及雨水利用，完善再生水利用设施，推进中水利用示范项目，推进学校和大型住宅小区的中水回用设施建设；实施城区雨水利用示范项目建设。
《陕西省人民政府关于印发“十三五”生态环境保护规划的通知》（陕政发［2017］47 号）	……城镇生活污水全覆盖工程。以城市黑臭水体政治和不达标的 9 个控制单元为主，强化污水收集处理与重污染水体治理。加强城市和县城污水处理设施建设。到 2020 年，新（扩）建城镇污水处理设施 370 座，新增污水处理能力 578.1 万立方米/日，其中：设区市城区新（扩）建污水处理设施 35 座，新增污水处理能力 310 万立方米/日；县城新（扩）建污水处理设施 110 座，新增污水处理能力 192.5 万立方米/日。城市和县城污水处理率分别达到 95%和 85%。加快收集管网建设及现有合流制排水系统雨污分流改造，新建配套管网 9530.4 公里。全面实施污水处理厂升级改造，力争全部达到一级 A 排放标准。推进再生水回用，到 2020 年，陕北、关中地区城市再生水利用率达 20%以上。强化污泥处理处置，到 2020 年，新增污泥无害化处理处置能力 4872 吨/日，重点城市污泥无害化处理率达 90%。

注：根据陕西省政府制定的再生水利用的有关规范性文件整理而得。

二、西安市推进城市污水再生利用的演进进程

（一）初创期（1999 年~2007 年）

“十五”期间，再生水进入了开发利用阶段，再生水作为稳定的城市“第

二水源”，吸引了社会各界的广泛关注。1999年在西安市总体规划指导下，西安市市政设计研究院与北石桥污水净化中心在分析现状水量资料及用户调查的基础上，共同完成了污水深度处理回用工程可行性研究报告，并得到了原省、市计划委员会的批准，2003年，西安市北石桥污水净化中心污水深度处理回用工程竣工完成，并在此基础上成立了西安市北石桥中水有限责任公司，日处理规模达5万吨。公司成立之初，再生水主要供给西安热电有限责任公司用于工业冷却。

（二）快速发展期（2008年~）

伴随着西安市社会经济的快速发展、生活水平的不断提高和城市负荷的不断加重，水资源短缺现象愈加凸显。西安市北石桥中水有限责任公司紧抓历史机遇，于2008年将西安市邓家村污水处理厂、北石桥污水处理厂、第三污水处理厂再生水生产系统合并，组建成立西安市清远中水有限公司，后期于2016年建设完成第四污水处理厂再生水分厂。各生产车间供水水质指标均达到《再生水应用于城市杂用水水质标准》《再生水应用于景观水体水质标准》《再生水应用于工业冷却水质标准》。

表3-2　西安市清远中水有限公司各分厂一览

名称	再生水处理能力	再生水车间建成时间
中水邓家村分厂	6万吨/日	2002年
中水北石桥水分厂 （原北石桥中水有限责任公司）	5万吨/日	2002年
中水三污分厂	5万吨/日	2008年
中水四污分厂	10万吨/日	2016年
合计	26万吨/日	

注：根据西安市清远中水有限公司资料整理而得。

现阶段，西安市清远中水有限公司作为西安污水处理有限责任公司的全资子公司，已经成为西安市规模最大的再生水生产、供应企业，其也是唯一一家通过再生水管网供给再生水的国有企业，公司合计生产能力为26万吨/日，运营再生水管网60公里。在西安市全市设置取水点42个，截至2017年度累计销售再生水约1.2亿吨。

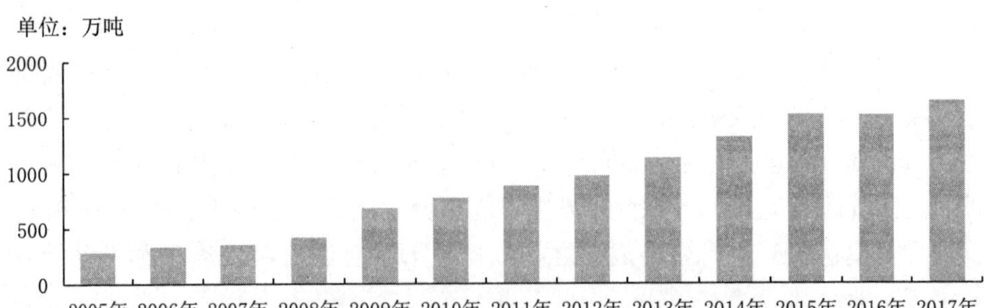

图 3-1　西安市清远中水有限公司历年再生水销售量

表 3-3　西安市清远中水有限公司再生水推广年鉴

时间	事件
2003 年	中水北石桥水分厂率先向西安热电有限责任公司供给再生水。
2008 年	中水三污分厂向大唐陕西发电有限公司灞桥热电厂供给再生水。
2009 年	再生水年销售量突破 500 万吨，达到 682 万吨。
2013 年	丰庆公园金湖顺利补给再生水，开创西安市使用再生水补给湖泊先河；同年，再生水年销售量突破 1000 万吨，达到 1129 万吨。
2014 年	向护城河供水干管建设完成，同期顺利向护城河建国门至朱雀门段开始补给再生水。
2015 年	再生水年销售量突破 1500 万吨，达到 1519 万吨。
2016 年	中水四污分厂建成，并向大唐陕西发电有限公司渭河热电厂供给再生水。同年，西安市清远中水有限公司自成立起已累计销售再生水 1.02 亿吨。
2017 年	完成护城河朱雀门至西门段内岸及外岸管网建设，再生水成为护城河补给主要水源。

注：根据西安市清远中水有限公司资料整理而得。

三、西安市各主要城区城市污水再生利用的推进情况

（一）雁塔区

中水北石桥分厂坐落于雁塔区昆明路，日生产能力 5 万吨，主要供水范围：昆明路至南门、西门沿线、汉城路周边。该厂是西安市清远中水有限公

司最早成立的分厂，其工艺为混凝、沉淀、过滤、消毒，自 2003 年开始投运，供水水量从最初的日 0.2 万吨到目前的 4 万余吨，用水领域从单一的工业冷却发展到景观湖泊补水、城市杂用水等多领域。在“十五”期间，中水北石桥分厂初期主要用户为西安热电有限责任公司（该用户将再生水主要用于冷却循环用水，2012 年该用户进行管网改造将再生水用于冲厕、绿化洗车，并于 2013 年调整生产工艺，通过投入使用化学车间水处理系统，将再生水用于锅炉补水）。截至 2017 年底，该用户已累计使用再生水约 4547 万吨；在其他用水领域方面，在“十二五”期间，2013 年初，丰庆公园管理处对其园区内湖泊进行了清淤，并使用再生水替换自来水作为景观补水，这是西安市第一次大规模地将再生水作为景观用水，截至 2017 年底，丰庆公园已累计使用再生水约 92 万吨；2014 年 3 月，随着护城河南门段综合提升改造工程的完工，西南城角至南门段再生水管线敷设工程也一并完成，并顺利向护城河建国门至朱雀门段补给再生水，有效提升了河道水体质量，大大缓解了新鲜水资源向护城河补给不足的问题。现阶段，再生水已覆盖护城河建国门至西门间全段，截至 2017 年底已累计补水 1800 余万吨。

（二）灞桥区

中水三污分厂坐落于东郊浐灞通园路，其生产工艺为滤布滤池，日生产能力 5 万吨，主要供水范围：浐灞区域及通往灞桥电厂沿线。在“十一五”期间，2008 年中水三污分厂顺利投产，并于当年向大唐陕西发电有限公司灞桥热电厂开始供水，主要用于电厂冷却循环用水，截至 2017 年该用户已累计使用再生水约 4030 万吨；随着中水三污分厂的顺利投产，西安市清远中水有限公司也积极拓展浐灞区域再生水潜在用户，并于 2009 年将再生水推广利用至浐灞区域的湖泊（桃花潭）补水及绿化杂用、道路冲洗等方面。在“十二五”期间，浐灞区域的再生水利用工作更是取得了长足的发展与进步，区内部分住宅小区及汽车 4S 店均已使用再生水用于园林绿化及车辆冲洗；2015 年，浐灞管委会相关职能部门在区内部分主要道路设置试点提供再生水共享自助洗车服务，为再生水的深度利用拓展了新的途径，并取得了良好的社会效益及经济效益。

（三）未央区

中水四污分厂坐落于西安市朱宏路北段第四污水处理厂内，其生产工艺为滤布滤池，日处理能力为 10 万吨，在 2016 年底开始投产运营，供水主要用户为大唐陕西发电有限公司渭河热电厂，主要用于冷却循环用水。截至

2017年已累计供水约150万吨；随着厂区周边管网的不断建设，2017底，西安市清远中水有限公司已与西安城运公园及文景公园达成用水协议，并顺利向公园内水系补水，取得了较好的使用效果。

四、陕西省在城市污水再生利用中存在的问题

虽然陕西省在城市污水再生利用工作中取得了不错的成绩，但仍然存在着不少制约再生水利用深入推进的问题。在2017年4月11日中央第六环境保护督查组向陕西省反馈的督查情况中显示，“六、现场督察发现，西咸新区每天有4万吨工业废水和生活污水未经处理直排渗坑或河流；在西安市西北郊饮用水水源二级保护区内违法建设沣东北污水处理厂；三十二、西安市因部分区域污水管网建设不到位，第四、第九、第十污水处理厂，以及临潼区污水处理厂、户县第二污水处理厂等采取‘河道纳污、抽取河水’方式收集处理污水，污水处理效果大打折扣；三十四、咸阳市永寿县、旬邑县、乾县、三原县污水处理厂，以及纺织工业园区污水处理厂2016年长期超标排放；长武县、泾阳县、彬县生活污水处理能力不足或管网覆盖率低，每天约4000吨生活污水直排；三十六、宝鸡市金信安水务有限公司2015年6月提标改造时将大量污泥直排渭河，陈仓区阳平镇部分生猪养殖场不但位于禁养区，每天还有约上千吨废水超标排入渭河；三十七、目前榆林市主城区还有52个排污口，每天近2万吨生活污水直排榆溪河。榆林市污水处理厂2016年上半年长期超标排放，严重污染榆溪河。在米脂银河水务有限公司改造期间，约有37万吨污水直排无定河。”

2017年5月26日，陕西省人民政府发布了《关于贯彻落实中央环境保护督察反馈意见整改方案》及《任务清单》，针对中央第六环保督查组反馈的情况，提出了如下整改意见：

> 六、现场督察发现，西咸新区每天有4万吨工业废水和生活污水未经处理直排渗坑或河流；在西安市西北郊饮用水水源二级保护区内违法建设沣东北污水处理厂。
>
> 整改目标：加快基础设施配套建设，封堵沿河排污口，彻底解决4万吨污水直排问题；完成沣东北污水处理厂影响到的西安市西北郊地下饮用水源地调整工作。

整改时限：2017 年 12 月底。

责任单位：西咸新区党工委、管委会。

三十二、西安市因部分区域污水管网建设不到位，第四、第九、第十污水处理厂，以及临潼区污水处理厂、户县第二污水处理厂等采取“河道纳污、抽取河水”方式收集处理污水，污水处理效果大打折扣。

整改目标：加快污水管网建设，推进雨污分流改造，实现城市建成区污水全收集、全处理。

整改时限：2017 年 12 月底。

责任单位：西安市委、市政府。

三十四、咸阳市永寿县、旬邑县、乾县、三原县污水处理厂，以及纺织工业园区污水处理厂 2016 年长期超标排放；长武县、泾阳县、彬县生活污水处理能力不足或管网覆盖率低，每天约 4000 吨生活污水直排。

整改目标：生活污水实现全收集、全处理，污水处理厂稳定达标排放，彻底解决污水直排问题。

整改时限：2017 年 12 月底 。

责任单位：咸阳市委、市政府。

三十六、宝鸡市金信安水务有限公司 2015 年 6 月提标改造时将大量污泥直排渭河，陈仓区阳平镇部分生猪养殖场不但位于禁养区，每天还有约上千吨废水超标排入渭河。

整改目标：严格落实污水处理厂提标改造管理措施；实施综合整治，控制养殖规模，完善处理设施，严控直接排放。

整改时限：2017 年 9 月底。

责任单位：宝鸡市委、市政府。

三十七、目前榆林市主城区还有 52 个排污口，每天近 2 万吨生活污水直排榆溪河。榆林市污水处理厂 2016 年上半年长期超标排放，严重污染榆溪河。米脂银河水务有限公司改造期间，约有 37 万吨污水直排无定河。

整改目标：完成主城区 52 个污水直排口治理，加大对违法企业监管力度，有效解决污水直排问题。

整改时限：2017 年 12 月底。

责任单位：榆林市委、市政府。

第二节　青海省城市污水再生利用概况

一、青海省城市污水再生利用的总体概况

青海省城市污水再生利用的总体模式与陕西省相似，即均以国有污水处理厂为主要载体和依托推进再生水的生产和利用。近年来，青海省各级政府制定了一系列行政规范性文件来保障和推进城市污水的再生利用工作（见表 3–4）。

表 3–4　青海省政府制定的有关再生水利用的行政规范性文件及内容要求

行政规范性文件名称	文件内容和要求
《青海省人民政府办公厅关于实行最严格水资源管理制度的意见》（青政办［2012］330 号）	（十三）加强节水技术改造。加大农牧业节水力度，加强灌区节水改造，建设用水计量设施，认真落实支持节水灌溉的各项政策措施，大力发展高效节水灌溉技术。积极开展企业水平衡测试，加大工业节水技术改造，建设工业节水示范工程。加大城市生活和服务业节水力度，大力推广节水型生活用水器具，降低管网漏损率。鼓励并积极发展污水处理回用、雨水、微咸水等非常规水源开发利用。严格执行建设项目节水设施与主体工程同时设计、同时施工、同时投产“三同时”制度。
《青海省水污染防治工作方案》（青政［2015］100 号）	31. 促进再生水利用。在湟水流域和柴达木内陆河流域加快实施再生水工程建设，完善再生水利用设施，在工业生产、城市绿化、道路清扫、车辆冲洗、建筑施工以及生态景观等方面优先使用再生水。西宁市第四污水处理厂和平安县、德令哈污水处理厂中水作为城市杂用水全部加以利用。2016 年底前华能热电全部利用污水处理厂中水，2017 年底前华电、宁北、桥电全部利用污水处理厂中水。到 2020 年，西宁、格尔木再生水利用率达到 20%以上。积极推动新建住房安装建筑中水设施，在海湖新区开展中水回用试点。自 2018 年起，单位建筑面积超过 2 万平方米的新建公共建筑，应安装建筑中水设施。 41. 完善法规标准。结合国家水污染防治等相关法律法规修订工作，围绕水环境质量改善目标，研究制定环境质量目标管理、鼓励再生水利用等办法……

续表

行政规范性文件名称	文件内容和要求
《青海省国民经济和社会发展第十三个五年规划纲要》	第二节　加强环境综合整治 一、推进污染防治和减排 ……以还青海人民一条清澈的母亲河为目标，加大湟水河等重点流域和水域水生态综合整治力度，强化源头控制、水陆统筹兼顾，系统推进水污染防治、水生态保护和水资源管理，完善污水处理厂和外部管网，建设中水回用设施……
《青海省"十三五"水利发展规划》	（四）总体布局 1. 东部地区。以"高效利用，提高承载能力"为水利重点任务……以西宁市水生态文明城市建设为契机，加强湟水河流域综合整治，保护与修复水生态环境，打造人水和谐生态城市群……
《青海省"十三五"节能减排综合工作方案》（青政［2017］53号）	（二十六）主要水污染物重点减排工程。实施西宁市城区第五污水处理厂，大通、湟中县城污水处理厂，格尔木市污水处理厂的中水回用工程；实施县城污水处理厂污泥处理设施建设；开展城镇建成区黑臭水体的排查整治。完成海晏、湟源、互助、乐都、民和、祁连、刚察县城污水处理厂和民和县官亭镇、大柴旦行委大柴旦镇、玛沁县拉加镇污水处理厂尾水人工湿地深度治理工程。实施西宁市教场河、石惠沟，海东市巴州沟、引胜沟，海北州大通河青石嘴镇德庆营下游河段，海南州青海湖南岸黑马河及周边，果洛州黄河源区柯曲河等流域水环境综合整治及水生态修复工程。加快推进工业园区（工业集聚区）工业废水集中处理和畜禽规模养殖场（小区）污染治理。（牵头单位：省环境保护厅、省住房城乡建设厅、省农牧厅，参加单位：省发展改革委、省经济和信息化委、省财政厅等）
《青海省贯彻落实西部大开发"十三五"规划实施方案》（青政办［2017］195号）	……严格执行《青海省"十三五"水资源消耗总量和强度双控行动落实方案》。积极开展国家海绵城市试点工作，实施再生水利用工程，统筹做好多蓄水、供好水、治污水、节约水工作。加大湟水河等重点流域和水域水生态综合整治力度，实施黄河、湟水河、大通河综合治理工作，强化源头控制、水陆统筹兼顾，系统推进水污染防治、水生态保护和水资源管理，完善污水处理厂和外部管网，建设中水回用设施。

注：根据青海省政府制定的有关再生水利用的行政规范性文件整理而得。

与陕西省相似，在青海省所辖的各地州市中，西宁市在城市污水再生利用方面走在前列。目前，西宁市污水处理有限公司所辖的各污水处理厂均已具备再生水的生产能力，此外，该公司还兴建了西宁市第一再生水厂以实现再生水的生产和商业化运营（见表 3-5）。

表 3-5　西宁市污水处理有限公司所辖各污水处理厂及再生水厂

厂名	运营概况
西宁市第一污水处理厂	该厂位于青海省西宁市八一东路 60 号，占地面积 150 亩，于 2000 年 8 月 10 日开工建设，2002 年 5 月 10 日正式投产运营，工程总投资 1.72 亿，建设规模为日处理城市生活污水 8.5 万吨，主要吸纳的水体区域为城东区、城中区及经济开发区，提标改造后采用 JS-BC+紫外线消毒污水处理工艺，出水水质达到《城镇污水处理厂污染物排放标准》（GB18918-2002）一级 A 类排放标准。
西宁市第三污水处理厂	该厂总占地面积 133 亩，建设规模为日处理污水 10 万吨，于 2008 年 12 月 25 日开工建设，2010 年 9 月 28 日正式投入运营，工程总投资 2.68 亿元；2015 年 10 月 20 日提标改造项目开工建设，项目设计投资 8896 万元，采用 MBBR+一体化深度处理车间（高密池+转盘滤池）+污泥脱水机房处理工艺，出水水质由《城镇污水处理厂污染物排放标准》（GB18918-2002）一级 B 类标准提升至一级 A 类标准。
西宁市第四污水处理厂	该厂位于城北区西川三其村，湟水路西侧，西川河北岸，占地面积 52 亩，于 2013 年 4 月开工建设，2014 年 10 月正式投入运营，设计总投资 1.68 亿元，建设规模为日处理城市生活污水 3 万吨，主要收纳的水体区域为西钢生活污水和多巴生活污水，采用多段多级 A2O 工艺。
西宁市第五污水处理厂	该厂位于城北区二十里铺双苏堡村，北川河东岸，占地面积 54 亩，于 2012 年 12 月开工建设，2015 年 8 月正式投入运营，设计总投资 1.72 亿元，建设规模为日处理城市生活污水 3 万吨，主要收纳水体区域为长宁工业园区、大学科教园区、农副产品加工区及西宁经济技术开发区生物科技产业园，采用多段多级 A2O 工艺。

续表

厂名	运营概况
西宁市第一再生水厂	该项目为西宁市第一个中水回用项目，位于西宁市八一路以北、滨河路以南，占地面积约30亩，项目总投资1.58亿元，于2011年12月6日开工建设，2014年5月正式投入运营。该厂生产工业及景观用水两种再生水，主要用于东川经济开发区工业用水、城市绿化用水及浇洒道路用水和宁湖湿地补充水，建设规模为日处理污水3.5万立方米，其中景观用再生水8000立方米/日，工业用再生水27000立方米/日，工业水配套5.4公里再生水管道。
西宁市城南污水处理厂	该厂位于距西宁市中心7公里处，南川河畔，占地面积73亩，于2006年6月开工建设，2009年8月正式投入运营，建设规模为日处理城市生活污水2.25万吨，项目总投资4743.69万元。主要收纳水体区域为西宁市以南地区的生活污水；2013年9月实施日处理量为1.2万吨的提标改造项目，该项目总投资2114万元，采用JS-BC污水处理工艺，出水水质由二级标准提升至一级A标准。

注：根据西宁市污水处理有限公司相关资料整理而得。

二、再生水利用实践中反映出的问题

笔者在2017年8月赴青海调研期间，有幸参观了西宁市污水处理有限公司及所辖的西宁市第一污水处理厂、西宁市第三污水处理厂和西宁市第一再生水厂，专门就再生水的生产和利用情况与以上企业的主要负责人和主管人员进行了深入交流。

正如表3-5所反映的，以上企业主要生产工业及景观用水两种再生水，主要用于东川经济开发区工业用水、城市绿化用水及浇洒道路用水和宁湖湿地补充水，青海电子材料产业发展有限公司和亚洲硅业（青海）有限公司是两家用水量较大的企业。

（一）青海电子材料产业发展有限公司再生水利用情况

青海电子材料产业发展有限公司（以下简称“青海电子材料”）原名为青海西矿业联合铜箔有限公司（以下简称“西联铜箔”），成立于2007年4月，由中科英华高技术股份有限公司上海中科英华科技有限公司（中科英华全资子公司）与西宁经济技术开发区发展集团合资组建，经营范围为各种电解铜箔产品的开发、研制、生产、销售，以及电解铜箔专用设备的开发。2009年6月，青海西矿联合铜箔公司更名为青海电子材料产业发展有限公司，入驻西宁（国家级）经济技术开发区东川工业园区。铜箔是现代电子行业不可替代的基础材料，按制造工艺的不同分为压延铜箔和电解铜箔两类。根据应用领域及功率规格不同，电解铜箔可分为锂电铜箔（7微米~20微米）、标准铜箔（12微米~70微米）、超厚铜箔（105微米~420微米），其中：锂电铜箔主要应用于锂离子电池领域，标准铜箔、超厚铜箔根据其自身厚度和技术应用于不同功率的印制电路板（PCB）。在印制电路板上，电解铜箔用来充当电子元器件之间互连的导线。印制电路板（PCB）在电子整机产品中起到支撑、互连元器件的作用，被广泛应用于通讯、光电、消费电子、汽车、航空航天等众多领域，其技术水平亦随着电子产品日新月异的发展而不断提高。作为PCB不可缺少的主要原材料，电解铜箔也一直追随PCB技术的发展而得到广泛应用。此外，随着大功率PCB在高档汽车安全性、稳定性方面体现出其独特的性能和优势，应用于大功率PCB的高档电解铜箔也受到了汽车行业的高度关注。目前，我国的电解铜箔生产已逐步实现规模化生产，随着动力锂离子电池的推广应用，电解铜箔作为锂离子电池的主要原材料，也同样呈现出广阔的市场前景。锂离子电池是一种新型的二次电池，它的研究始于20世纪80年代。20世纪90年代初，日本索尼公司首先推出了第一代锂离子电池。到了20世纪90年代末期，聚合物锂电池已成为了新一代的锂离子电池。近年来，石油价格的大幅波动给世界各国经济发展带来了许多负面影响，因此改变以石油为主的传统能源结构、开发利用新能源显得尤为迫切。而高容量动力锂离子电池凭借其单位电池工作电压高、比能量大、循环寿命长、无记忆效应、体积小、质量轻等诸多优点，受到市场的普遍关注，并成为未来动力电池的主要发展方向之一，发展潜力巨大。

笔者在调研中发现，再生水的利用情况并不理想，其中一个重要的原因是像青海电子材料产业发展有限公司这样的企业，其经营的电解铜箔类产品的市场波动较大，影响电解铜箔类产品市场销售的积极和消极因素交织叠加：(1) 积极因素。①产业政策的支持。能源与环境已成为当前全球最为关注的问题，中国作为能源消费大国，近几年来能源需求持续快速增长，供求形势十分严峻。在2005年国务院发布的《国家中长期科学和技术发展规划纲要(2006~2020年)》中将“重点研究高效二次电池材料及关键技术，发展高效能量转换与储能材料体系”作为重点发展方向，以缓解我国能源供求紧张的局面。而高容量动力锂离子电池材料与国家重点扶持的新能源、新材料产业方向吻合，并且随着产品应用性能的提升，也使锂离子电池的应用领域得到了进一步的拓展。由于电解铜箔同时是我国信息产业及高容量动力锂离子电池的重要材料之一，因此国家在《产业结构调整指导目录（2005 年）》及《产业结构调整指导目录（2007 年）》中将高精铜板、带、箔、管材生产及技术开发列为鼓励类项目（有色金属行业）。在《战略性新兴产业重点产品和服务指导目录》中，电解铜箔也被列入其中；②电解铜箔在电子工业中的重要地位。电解铜箔是现代电子工业的重要基础材料，是印制电路板、覆铜板和锂离子电池等产品不可或缺的关键材料。因此，电解铜箔产品的发展是印制电路板制造业乃至整个电子工业发展的基础；③高档电解铜箔国内市场空间较大。目前国产高档电解铜箔尚不能满足国内电子行业发展的需求，市场供求尚存在较大的缺口，该缺口主要依靠进口解决。故我国高档电解铜箔的发展前景广阔，而对于产品技术含量高、品质优良的高档电解铜箔生产企业具有较强竞争优势及较大发展空间；④技术的不可替代性。铜箔（包括压延铜箔和电解铜箔）目前还没有替代产品，由于铜导电的优良性和价格上的经济性，在相当长的时间内很难找到替代产品，因此，铜箔产品的生命周期很长；（2）消极因素。①全球竞争的压力。我国加入 WTO 后，国内企业正面临国际厂商越来越大的竞争威胁。日本及我国台湾的企业以各种方式进入并抢占我国大陆市场，通过直销、在大陆独资或合资建厂等方式大力发展电解铜箔的生产经营，国内企业正面临国际厂商越来越大的竞争威胁。目前国内电解铜箔生产企业与欧美、日本等生产强国的企业相比，生产技术相对落后，导致产品的技术附加值较低，生产规模较小，尚未形成规模竞争能力；②受国际经济形势变化的影响较大。电解铜箔是现代电子工业的基础材料，而电子工业的景气度与全球经济形势的变化密切相关，受宏观经济周期波动的影响较大。

目前，西宁市第一污水处理厂、西宁市第三污水处理厂和西宁市第一再生水厂的制水成本为 4.8 元/吨~5.3 元/吨。根据西宁市发展和改革委员会《关于对西宁市城市供水价格调整的通知》（宁发改价格［2012］727 号文件），供水价格调整后的征收标准从 2012 年 12 月 1 日起（抄见水量）执行。另根据西宁市发展和改革委员会《关于取消城市公用附加费的函》（宁发改价格［2017］394 号文件）、《关于调整西宁市城市污水处理费征收标准的通知》

（宁发改价格［2017］418 号文件），供水价格调整后的征收标准以 2017 年 7 月份抄见表量执行，青海电子材料产业发展有限公司供水价格执行非居民用水价格，即按照 3.65 元/吨的标准执行。从用水成本考虑，该公司直接使用自来水价格要低于再生水利用价格，在企业市场销售情况不佳的情况下当然会严重影响再生水利用的积极性。

（二）亚洲硅业（青海）有限公司再生水利用情况

亚洲硅业（青海）有限公司于 2006 年 12 月在青海省注册成立，现有注册资本 2.54 亿美元，是由亚洲硅业有限公司和西宁经济技术开发区投资控股集团有限公司合资成立。公司作为多晶硅制造企业，开发和采用国际先进的设备和工艺，专业从事半导体多晶硅材料、高效晶体硅太阳能电池组件的研发和生产，并进行大型地面光伏电站和分布式光伏电站的承建和开发。该公司于 2014 年进入工信部首批光伏制造行业准入企业名单，解决了多项制约低成本、低能耗、低污染高纯多晶硅生产的技术关键。亚洲硅业（青海）有限公司主要以降低光伏发电成本、提高光伏产品质量为主要目标建设超高纯多晶硅生产基地。

虽然半导体多晶硅材料、高效晶体硅太阳能电池组件的市场行情看好，但该类产品的市场价格波动也较大。例如，继 2014 年 1 月份，我国实施了“对美国进口太阳能级多晶硅征收 53.3%~57%反倾销税”“对韩国进口太阳能级多晶硅征收 2.4%~48.7%反倾销税”，以及 2014 年 5 月 1 日对自欧盟进口太阳能级多晶硅采取贸易救济措施（与德国瓦克达成价格协议）后，鉴于 2014 年 1 月份~8 月份我国加工贸易项下多晶硅进口出现激增的情况，商务部和海关总署决定自 2014 年 9 月 1 日起暂停太阳能级多晶硅加工贸易进口业务申请的受理（58 号文）。然而，从 2014 年 8 月起，我国自欧、美、韩进口加工贸易项下太阳能级多晶硅以及贸易总量非但没有减少，反而呈现激增并维持高位。在 2014 年 8 月份“58 号文”发布与执行日（9 月 1 日）之间的半个月空档期内，出于种种考虑，各地突击审批了总量超过 10 万吨的太阳能级多晶硅加工贸易进口订单（2014 年全年多晶硅总进口量仅为 10.2 万吨）。一般来说，进口商与海外出口商即便签订了加工贸易订单，价格也会随行就市。双方会针对下一个季度，甚至是下个月的价格提前进行协商。有了 58 号文，光伏下游用料企业便多了一项谈判筹码，以后进口无法借道加工贸易，而通过一般贸易扣除相应反倾销税费后，海外出口商以拿到的更少为由，进行压价。这一系列因素的重叠，最终造成 2015 年以来，太阳能级多晶硅的价格累计跌幅达到了 21.37%。[1]

目前，西宁市第一污水处理厂、西宁市第三污水处理厂和西宁市第一再生水厂生产的再生水电导率为20秒/米~30秒/米，远远低于西宁市自来水电导率水平，虽然再生水管网已经敷设进入亚洲硅业（青海）有限公司，但该公司仍然更加倾向于使用自来水。由此，目前西宁市再生水利用中工业用途的使用情况并不理想，再生水利用境况堪忧。

第三节　甘肃省城市污水再生利用概况

一、甘肃省城市污水再生利用的总体概况

甘肃省城市污水再生利用的总体模式与青海省和陕西省不同，即并非主要以国有污水处理厂为载体和依托推进再生水的生产和利用，采用公私合作模式（PPP）的污水处理厂在甘肃省的城市污水再生利用中扮演了较为重要的角色。近年来，甘肃省各级政府制定了一系列行政规范性文件来保障和推进城市污水的再生利用工作。

表 3-6　甘肃省政府制定的有关再生水利用的行政规范性文件及内容要求

行政规范性文件名称	文件内容和要求
《甘肃省加快实施最严格水资源管理制度试点方案》（甘政办发［2013］6号）	7. 鼓励非常规水源利用。加强城镇污水处理及中水利用，有条件的地区建设公共中水管网，统筹调配中水的使用。制订矿井疏干水利用管理办法，合理调配矿井水，解决城市及矿井周边工业、农业和市区绿化、生态用水。对规模以上住宅小区、企事业单位、学校、医院、宾馆等配套建设小型水循环系统，将生活污水用于厕所冲洗等。在有集雨条件的地区，因地制宜修建小水窖、小塘坝等雨洪集蓄工程，所集雨水直接用于城市绿化、道路喷洒等城市公共用水、村镇人畜饮水及农业生产用水，有效缓解山区饮水困难，改善生产生活环境。在马莲河实施苦咸水淡化和高含砂水利用工程，有效增加当地水资源可利用量。为了使

[1] “多晶硅加工贸易进口‘限令’实施一周年”，载国际能源网 http://www.in-cn.com/finance/html/energy-2232366.shtml，访问日期：2018 年 1 月 20 日。

续表

行政规范性文件名称	文件内容和要求
	马莲河苦咸水资源得到很好的利用，计划先开展苦咸水淡化处理中试项目，中试取得成功后，在马莲河上游的环县洪德张南湾建设大型河流苦咸水集中淡化工程，日处理7万吨，年处理2100万立方米。
《甘肃水污染防治工作方案》（甘政发［2015］103号）	（五）促进经济结构转型 3. 推进循环发展。加强工业水循环利用。推进矿井水综合利用，煤炭矿区补充用水、周边地区生产和生态用水应优先使用矿井水，加强洗煤废水循环利用。推行企业循环式生产，鼓励钢铁、纺织印染、造纸、石油、化工、制革等高耗水企业废水深度处理回用，不断提高中水回用率。加快推进国家级、省级循环化改造试点园区实施进程，引导工业集聚区通过专业化运营模式，推动建立绿色低碳循环发展产业体系，实现统一供水、废水集中治理和水资源梯级优化利用。（省工信委牵头，省发展改革委、省水利厅等参与） 促进再生水利用。缺水地区要加快建设再生水利用设施，工业生产、城市绿化、道路清扫、车辆冲洗、建筑施工以及生态景观等用水要优先使用再生水（省建设厅牵头，省发展改革委、省工信委等参与）。推进高速公路服务区污水处理和利用（省交通运输厅负责）。具备使用再生水条件但未充分利用的钢铁、火电、化工、制浆造纸、印染等项目，不得批准新增取水许可（省水利厅负责）。鼓励再生水利用，利用再生水不受用水总量和用水计划限制，不征收水资源费（省水利厅牵头，省发展改革委等参与）。2018年起，各地单体建筑面积超过2万平方米的新建公共建筑应安装建筑中水设施，积极推动其他新建住房安装建筑中水设施；到2020年，缺水城市再生水利用率达到20%以上（省建设厅负责）。
《甘肃省国民经济和社会发展第十三个五年规划纲要》（甘政发［2016］23号）	第十七章 建设生态安全屏障综合试验区 第三节　加大环境整治力度 ……加强工业污水、城镇生活污水防治，实现达标排放…… 第十八章 促进资源节约循环高效利用 第二节　全力推进资源节约 落实能源和水资源消耗、建设用地等总量和强度双控行动，推进资源节约和循环高效利用……加强重点行

续表

行政规范性文件名称	文件内容和要求
	业节水技术改造，严格控制地下水开采，推动污水再生利用和苦咸水、矿井水、雨洪资源综合利用……
《甘肃省“十三五”环境保护规划》	2. 精细防治提升水环境质量 （2）深化重点流域水环境管控 ……强化城镇水污染防治，完善城镇污水管网建设，提升污水收集与处理效率。建成区水体水质达不到地表水功能区标准的城市，新建城镇污水处理设施要执行一级 A 排放标准且要同步设计、同步建设、同步投运配套管网。加强水资源利用，提高工业节水与再生水利用率……
《甘肃省“十三五”节能减排综合工作方案》（甘政发［2017］54 号）	六、实施节能减排重点工程 （二十六）主要水污染物重点减排工程。加强城市、县城和重点建制镇生活污染减排设施建设。加快污水收集管网建设，实施城镇污水、工业园区废水、污泥处理设施建设与提标改造工程，推进再生水回用设施建设，到 2020 年缺水城市再生水利用率达到 20% 以上。加快规模化畜禽养殖场（小区）污染治理，75% 以上的规模化畜禽养殖场（小区）配套建设固体废弃物和污水贮存处理设施。（牵头单位：省环保厅、省建设厅、省农牧厅、省发展改革委；参加单位：省工信委、省财政厅等）
甘肃省人民政府办公厅关于印发《甘肃省六盘山片区区域发展与扶贫攻坚实施规划（2016～2020 年）的通知》（甘政办发［2017］89 号）	第二节　水利 合理开发利用和保护水资源。统筹水资源开发和保护，实行严格的水资源管理制度，大力推广使用先进节水技术和节水设施，提高水重复使用率和灌溉水有效利用率。大力发展节水农业，推进大中型灌区节水改造，建设高效输配水设施，因地制宜推广滴灌和渠道衬砌、管道输水等节水措施。推进自然降水的收集、储存，积极建设循环用水系统，加快重点企业节水改造，鼓励利用再生水。
《甘肃省“十三五”西部大开发实施意见》（甘政办发［2017］89 号）	第三节　加大环境污染综合防治力度 加大水资源及河湖生态保护力度，加强流域水环境综合治理，重点实施黄河兰州及白银段水环境保护和综合治理，渭河、泾河等水污染治理；加大城市黑臭水体治理力度，加快工业污水、城镇生活污水处理设施建设……

注：根据甘肃省政府制定的有关再生水利用的行政规范性文件整理而得。

与陕西省和青海省略有不同的是，在甘肃省所辖的各地州市中，除了兰州市在持续利用再生水外，其他一些地州市在再生水利用方面也颇有建树。例如，甘肃省酒泉市所辖的玉门市，近年来大力实施“蓝天碧水”生态工程，不断改善全市生态环境质量，城市再生水利用率达到59%。[1]酒泉市所辖的瓜州县也于2016年9月13日启动城市污水处理再生利用建设项目，该项目由兰州交大设计研究院有限公司设计，利用混凝沉淀过滤处理工艺，采用一体化设备。项目总投资2078万元，计划新建再生水处理车间1座，再生水蓄水池、水泵房各一间，架设PE100级再生水主管道14.5千米，建成投用后，可实现日供再生水5000立方米，每年可减少地下水开采180万立方米。[2]

表3-7　兰州市所辖部分污水处理厂概况

污水处理厂名称	公私合作（PPP）形式	概况
兰州市七里河安宁污水处理厂	TOT	自2007年10月正式投入运行以来，污水处理设备运转良好，日平均处理污水量为16.92万立方米。该项目采用先进的污水处理设备，厂区主体工艺采用活性污泥法处理工艺，经处理后的污水水质排放标准为《城镇污水处理厂污染物排放标准》（GB18918-2002）一级B标准。2009年12月，成都市排水有限责任公司（现成都市兴蓉集团有限公司）获得该厂TOT项目的特许经营权。
兰州市盐场污水处理厂	BOT	中铁一局获得该厂BOT项目的特许经营权后成立兰州中铁水务有限公司，该厂于2010年9月底建设，采用的污水处理工艺为TCBS序批式（改良SBR），其设计规模为8万立方米/日，先期日处理规模达到

〔1〕“甘肃省玉门市：全力推进生态文明建设 着力打造绿色宜居新玉门”，载新华网 http://www.xinhuanet.com/city/2017-11/10/c_1121934390.htm，访问日期：2018年1月20日。

〔2〕“瓜州污水处理再生利用建设项目开工年内投用”，载甘肃新闻网 http://www.gs.chinanews.com/news/2016/09-13/278426.shtml，访问日期：2018年1月20日。

续表

污水处理厂名称	公私合作（PPP）形式	概况
		4万立方米/日，项目投资近7569.6936万元，该厂建设规模：近期4万吨/日，远期8万吨/日。主要收集兰州市盐场分区和九州分区范围内的污水。
兰州市雁儿湾污水处理厂	BOT	北京恩菲环保股份有限公司获得该厂BOT项目特许经营权后成立兰州中投水务有限公司，该厂于2014年建设，采用污水处理工艺为改良A/A2O，其设计规模为36万立方米/日，先期日处理规模达到18万立方米/日，项目投资近37000万元。设计规模：现有设计处理能力16万吨/日，实际处理能力为14万吨/日。出水水质执行《城镇污水处理厂污染物排放标准》（GB18918-2002）一级标准的B标准。

注：根据有关资料整理而得。

除了以上这些采用PPP模式的污水处理厂外，兰州市西固污水处理厂是由兰州建设投资（控股）集团有限公司旗下的兰州建投环保节能产业有限公司投资建设，该厂位于兰州市西固区陈坪乡，设计规模近期10万立方米/日，占地8.51公顷。污水厂服务范围包括西固区黄河以南、南山路以北以及河口南区域、崔家大滩区域内的生活污水和部分工业废水，规划服务面积约28.4平方千米，服务人口为30万人。污水处理工艺采用多模式A2O法，污泥采用机械脱水后卫生填埋。污水出水控制指标按《城镇污水处理厂污染物排放标准》GBl8918-2002一级B标准执行。工程概算总投资为35 486万元，其中污水厂为30 556.56万元，厂外配套污水管网工程费用为4929.44万元。该厂2012年12月1日投入正式运行，进厂污水100%处理，安全稳定运行，达标排放。截至2015年底已累计处理污水4303万吨，外运卫生填埋脱水污泥64 471吨，减少排放BOD 7932吨、COD 18 942吨、SS 4380吨、氨氮1449

吨、磷286吨；利用再生水向范坪电厂供应再生水583万吨。

二、甘肃省在城市污水再生利用中存在的问题

虽然甘肃省在城市污水再生利用工作中取得了一定的成绩，但是相较于水资源节约的迫切情势以及社会经济的高速发展，仍然具有不小的滞后性。2017年4月中央第七环保督查组向甘肃省反馈的督查情况中显示："十三、全省《水污染防治2016年度工作方案》于当年11月才印发各地各部门，直到督察进驻甘肃后，才与各市（州）签订水污染防治目标责任书，致使2016年底计划完成的'全省缺水城市再生水利用率达到18%'等目标任务无法落实到位；二十四、全省城市污水管网建设滞后，一些城市生活污水直排问题突出，造成部分河流污染严重。"[1]

2017年6月，中共甘肃省委办公厅、甘肃省人民政府办公厅印发了《甘肃省贯彻落实中央环境保护督察反馈意见整改方案》，针对中央第七环保督查组反馈的情况，提出了如下整改意见：

十三、《甘肃省水污染防治2016年度工作方案》计划完成的"全省缺水城市再生水利用率达到18%"目标任务至今没有落实到位。

整改目标：2017年底前，嘉峪关市、金昌市、张掖市、酒泉市、庆阳市、定西市6个缺水城市再生水利用率达到18.5%。

整改时限：2017年底前。

责任单位：嘉峪关市、金昌市、张掖市、酒泉市、庆阳市、定西市人民政府。

责任领导：嘉峪关市、金昌市、张掖市、酒泉市、庆阳市、定西市政府主要负责人。

责任人员：嘉峪关市、金昌市、张掖市、酒泉市、庆阳市、定西市政府分管建设、发改负责人。

督导单位：省建设厅、省发展改革委。

整改措施：（一）选择合理成熟的再生水生产工艺，因地制宜确定再生水

〔1〕"甘肃省贯彻落实中央环境保护督查反馈意见整改措施清单"，载甘肃经济信息网 http://www.gsei.com.cn/html/1318/2017-07-27/content-175791.html，访问日期：2018年1月30日。

生产设施工艺及配套再生水管网的规模和布局。(二）加快对现有城镇污水处理设施因地制宜地进行改造升级，缺水城市及处于具备饮水功能湖库等敏感区域上游的临夏市、岷县、永昌县污水处理设施加快改造升级，新建污水处理项目按照一级 A 排放标准设计并实施，通过改造和配建等方式，强化再生水利用设施。(三）各缺水城市促进再生水利用，拓宽再生水使用范围，工业生产、城市绿化、道路清扫、车辆冲洗、建筑施工以及生态景观等优先使用再生水，并纳入再生水利用统计范围。

二十四、全省城市污水管网建设滞后，一些城市生活污水直排问题突出，造成部分河流污染严重。

整改目标：2017 年底前，全省新建污水配套管网及改造雨污合流管网 1000 公里；到 2020 年，新建污水配套管网及改造雨污合流管网 4976 公里。

整改时限：2020 年。

责任单位：省建设厅，各市州人民政府。

责任领导：省政府分管建设工作领导，各市州政府主要负责人。

责任人员：省建设厅主要负责人，各市州政府分管建设工作负责人。

督导单位：省委督查室、省政府督查室。整改措施：(一）按照《甘肃省实施污水处理厂运营达标和生活垃圾无害化处理设施建设突破行动实施方案》要求，进一步加大污水收集管网建设投入力度，重点是加快雨污分流改造和污水收集支管及小街巷污水收集系统的建设，完善干、支管网，污水管网收集能力与污水处理设施能力相匹配。加快推动“十三五”全国城镇污水处理建设规划管网项目的落实与建设，2020 年，根据《“十三五”全国城镇污水处理及再生利用设施建设规划》要求，地级城市基本实现污水全处理全收集。(二）加快项目前期工作和建设进度，根据污水进水特点和再生水利用要求，科学选择提标改造工艺，合理确定建设时序，在提标改造期间加大监管力度，避免污水直排。(三）进一步加强工业企业废水排放监管，规范工业企业排污行为，加大点源排污整治力度，确保进入市政污水管道的污水符合污水处理厂进水水质要求，同时杜绝城市生活污水直排。

第四节　宁夏回族自治区城市污水再生利用概况

一、宁夏回族自治区城市污水再生利用的总体概况

宁夏回族自治区城市污水再生利用的总体模式与甘肃省相似而与青海省和陕西省不同，即并非以国有污水处理厂为主要载体和依托推进再生水的生产和利用，采用公私合作模式（PPP）的污水处理厂在宁夏回族自治区的城市污水再生利用中扮演了较为重要的角色。近年来，宁夏回族自治区各级政府制定了一系列行政规范性文件来保障和推进城市污水的再生利用工作。

表 3-8　宁夏回族自治区政府制定的有关再生水利用的行政规范性文件及内容要求

行政规范性文件名称	文件内容和要求
《宁夏回族自治区水污染防治工作方案》（宁政发［2015］106号）	（七）重点突破，推进循环发展 27. 促进再生水利用。完善再生水利用鼓励政策及管网等配套设施，确保工业生产、城市绿化、道路清扫、车辆冲洗、建筑施工以及生态景观等用水优先使用再生水。具备使用再生水条件但未充分利用的钢铁、火电、化工、制浆造纸、印染等项目，各地均不得批准其新增取水许可。自 2018 年起，单体建筑面积超过 2 万平方米的新建公共建筑应安装建筑中水设施。全区范围内各高速公路服务区均要建设污水处理回用设施，积极推进再生水利用。到 2017 年年底，全区共建成 20 座再生水利用设施。到 2020 年，全区再生水利用率达到 25% 以上。（自治区住房城乡建设厅牵头，发展改革委、经济和信息化委、环境保护厅、交通运输厅、水利厅等参与） （十七）典型带动，推广示范适用技术 48. 加快技术成果推广应用。建设一批饮用水净化、节水、水污染治理及循环利用、重点行业废水深度处理、生活污水低成本高标准处理、工业高盐废水脱盐、再生水安全回用、水生态修复、畜禽养殖污染防治等先进适用技术示范工程。发挥企业的技术创新主体作用，推动水处理重点企业与科研院所、高等学校组建产学研技术创新战略联盟或园区，示范推广控源减排和清洁生产先进技术。（自治区科技厅牵头，发展改革委、经济和信息化委、环境保护厅、住房城乡

续表

行政规范性文件名称	文件内容和要求
	建设厅、水利厅、农牧厅等参与）
《宁夏回族自治区环境保护“十三五”规划》（宁政发［2017］45 号）	4. 实施工业园区污水综合整治。强力推进工业园区环境保护基础设施建设，新建、升级工业园区应同步规划、建设污水集中处理等设施。实施工业园区废水分类收集、分质处理。深度处理造纸、农副食品加工、食品制造和石油化工行业废水，提高废水重复利用率。2017 年底前，依法设立的 32 个工业园区全部改造或建成污水集中处理设施。宁东能源化工基地高盐水、矿井排水得到有效处理并实现资源化利用，到 2020 年高盐水回用率达到 95%以上，矿井水回用率达到 85%以上。（第一节　深化工业污染源全面达标） 4. 加强城镇基础设施建设与运行。现有 34 座城镇污水处理厂在 2017 年底前完成提标改造，出水达到一级 A 排放标准。继续扩大城镇污水管网配套建设，推动雨污分流改造，提高集污能力。到 2020 年，全区所有重点镇具备污水收集处理能力，地级城市、县城污水处理率分别达到 95%、90%。提高污泥稳定化、无害化和资源化处理水平，2020 年地级市污泥无害化处理处置率达到 90%以上。污水处理再生利用工程及配套管网同步规划、同步建设，到 2020 年，全区再生水利用率达到 25%以上。（第二节　深化重点污染物总量减排）
《宁夏回族自治区国民经济和社会发展第十三个五年规划纲要》	第七节　强化水资源支撑保障 坚持“节水优先、空间均衡、系统治理、两手发力”治水方针和“北部节水高效、中部调水集蓄、南部涵养开源”治水方略，着力破解水资源制约瓶颈，为经济社会发展提供支撑保障。 一、推进资源水利建设 以水定产、以水定城、量水而行，实行最严格水资源管理制度和水资源消耗总量、强度双控行动，开展水效领跑者引领行动。推行合同节水管理。调整用水结构，通过农业节水，优先保证城乡居民生活用水，适度增加工业、生态用水。加大再生水、矿井疏干水、雨洪水等非常规水综合利用，统筹配置黄河水、当地地表水、地下水、非常规水等多水源，建成全国省级节水型社会示范区。

续表

行政规范性文件名称	文件内容和要求
《宁夏水利发展“十三五”规划》（宁政办发［2017］43号）	三、推进资源水利建设，建设节水型社会示范区 （三）优化水资源配置 2. 开源并重。目前我区浅层地下水、中水等水资源利用量少，引黄灌区浅层地下水开采量占可利用量的45%左右，中水回用率不到污水处理量的20%。“十三五”期间，要把再生水、微咸水、矿井水、雨洪水等非常规水资源纳入区域水资源配置，制定地表水、地下水、非常规水统一调配方案、应急预案，加大再生水和引黄灌区浅层地下水利用量。2020年，力争引黄灌区浅层地下水开采量达到可开采量的70左右，中水回用率达到35%以上，力争达到50%左右。 四、加快工程水利建设，完善基础设施网络 （四）推进非常规水资源利用 完善非常规水利用鼓励政策。优先审批使用非常规水资源的建设项目。南部山区大力推广雨水集蓄利用，中部干旱带利用好雨水和苦咸水，北部地区加大再生水利用力度。宁东能源化工基地和工业园区积极利用再生水和矿井水疏干水。加强工业园区、新建小区、城市道路、公共绿地等城市非常规水利用基础设施建设，新建宁东矿井水利用工程，到2020年底，全区共建成20座再生水利用设施，确保工业生产、城市绿化、道路洒扫、车辆冲洗、建筑施工以及生态景观等优先使用非常规水。具备使用再生水等非常规水条件但未充分利用的火电、化工、造纸、钢铁等项目，不得批准新增取水许可。
《宁夏回族自治区“十三五”节能减排综合工作方案》（宁政办发［2017］43号）	六、实施节能减排工程 （二十六）主要水污染物重点减排工程。加强城市、县城和其他建制镇生活污染减排设施建设。加快污水收集管网建设，实施城镇污水、工业园区废水、污泥处理设施建设与提标改造工程，推进再生水回用设施建设。加快畜禽规模养殖场（小区）污染治理，到2020年，规模化畜禽养殖场配套建设粪污贮存设施比例达到80%，综合利用率达到90%。（牵头单位：自治区环境保护厅、发展改革委、住房城乡建设厅，参加单位：自治区经济和信息化委、农牧厅、财政厅等）

续表

行政规范性文件名称	文件内容和要求
《宁夏重点流域水污染防治“十三五”规划（征求意见稿）》	（二）加大重点领域节水力度 实施城镇节水。积极推进再生水利用，完善再生水利用鼓励政策及管网等配套设施，工业生产、城市绿化、道路清扫、车辆冲洗、建筑施工以及生态景观等用水优先使用再生水。具备使用再生水条件但未充分利用的钢铁、火电、化工、制浆造纸、印染等项目，各地均不得批准其新增取水许可。以节水型城市建设为契机，开展节水宣传教育，鼓励居民家庭选用节水器具，到 2020 年，全区公共供水管网漏损率控制在 10%以内，5 个地级市全部达到国家节水城市标准要求，全区再生水利用率达到 25%以上。

注：根据宁夏回族自治区各级政府制定的有关再生水利用的行政规范性文件整理而得。

值得注意的是，2016 年 7 月 24 日，博天环境集团与宁夏回族自治区吴忠市人民政府共同举办吴忠市水环境治理 PPP 项目投资合作签约仪式，双方确认达成吴忠市污水处理厂提标改造和扩建项目合作，项目总规模为 13 万吨/日，涉及金额达 2.98 亿元。本项目采用 ROT+BOT 的运作方式，由吴忠市政府或其授权机构作为采购人，通过公开招投标，确定博天环境为中标人。作为吴忠市首次采用 PPP 模式建设的水环境整治项目，本项目是吴忠市政府引入优秀社会资本、多渠道供给公共服务产品的一次重要探索，对于切实改善吴忠地区水生态环境、提升城市现代化水平和居民生活水平具有重要意义。针对吴忠地区污水处理现状，博天环境提出了综合整治、整体提标的 PPP 综合解决方案，包含吴忠市第一污水处理厂水质提标改造项目、吴忠市第二污水处理厂水质提标改造项目、吴忠市城市西区（第三）污水处理厂水质提标改造项目、吴忠市城市西区生活污水处理厂扩建项目、吴忠市城市西区生活污水处理厂再生水利用项目等五个子项目。预计，本项目将着力解决吴忠市第一、二、三污水处理厂和第一污水处理厂再生水工程原部分构建设计标准偏低，部分水处理设备能耗大、效率低、自控程度低导致的污水处理厂出水水质不稳定等问题，最终实现三个污水处理厂出水水质全部提高至《城镇污水处理厂污染物排放标准》（GB18918-2002）中的一级 A 标准，两个再生水厂达到电厂循环水标准。

二、宁夏回族自治区在城市污水再生利用中存在的问题

与甘肃省相似，虽然宁夏回族自治区在城市污水再生利用工作中取得了一定的成绩，但是相较于水资源节约的迫切情势以及社会经济的高速发展，仍然具有不小的滞后性。

（一）中央环保督查中反映的问题

在2016年11月中央第八环保督查组向宁夏回族自治区反馈的督查情况中显示："七、自治区相关部门未有效组织实施'十二五'城镇污水处理厂和饮用水水源地保护项目建设任务，《国家重点流域水污染防治规划（2011~2015年）》中15个相关项目未按期完成；二十九、全区31个工业园区中，有12个未配套建设污水集中处理设施，6个未建成，3个建成未运行；三十、部分地区污水处理不到位。固原市污水处理厂污水收集管网不配套，每天约6400吨生活污水未经处理直排清水河。彭阳县污水处理厂出水长期超标，部分工业废水和生活污水未经处理直排茹河。西吉县污水处理厂提标改造工程未按期完成，出水不能稳定达标，对葫芦河水质造成影响；国家投资的葫芦河流域氧化塘及生态湿地工程未按期建成；三十九、宁夏华御化工、蓝丰化工2家企业地下水污染修复进展未达到方案要求。中卫市水务局、环境保护局违规审批，允许美利源水务有限公司污水处理厂将处理后废水外排至中卫市第一入黄排水沟，2016年1月6日至5月7日持续超标排放废水104.48万吨；该公司的中水厂建设迟缓，难以按预定时间建设投运。"〔1〕

2017年8月29日，宁夏回族自治区人民政府发布了《关于贯彻落实中央第八环境保护督察组督查反馈意见整改工作进展情况的报告》（宁政发［2017］71号），针对中央第八环保督查组反馈的情况，提出了如下整改意见：

七、自治区相关部门未有效组织实施"十二五"城镇污水处理厂和饮用水水源地保护项目建设任务，《国家重点流域水污染防治规划（2011~2015年）》中15个相关项目未按期完成。

牵头责任单位：自治区发展改革委、环境保护厅。

〔1〕 中华人民共和国环境保护部："宁夏回族自治区贯彻落实中央第八环境保护督察组督查反馈意见整改方案"，载 http://www.zhb.gov.cn/gkml/hbb/qt/201704/t20170428_ 413174.htm，访问日期：2018年1月30日。

配合责任单位：自治区住房城乡建设厅、水利厅、国土资源厅。

整改时限：2020 年底。

整改目标：2018 年底前完成规划的饮用水水源地保护项目，2020 年底前完成城镇污水处理厂的提标改造。

整改措施：按照《自治区人民政府关于印发宁夏回族自治区水污染防治工作方案的通知》（宁政发［2015］106 号）的要求，自治区发展改革委牵头，会同自治区住房城乡建设厅组织开展城镇污水处理厂提标改造工作，指导协助各市、县（区）实施城镇污水处理厂提高标准工作，确保 2017 年底前全部完成。自治区环境保护厅、水利厅、国土资源厅在 2017 年 3 月底前协助相关市、县人民政府编制饮用水水源地保护项目实施方案，督促指导各相关市、县人民政府实施饮用水水源地保护工程，在 2020 年底前完成。

二十九、全区 31 个工业园区中，有 12 个未配套建设污水集中处理设施，6 个未建成，3 个建成未运行。

牵头责任单位：各地级市人民政府、宁东基地管委会。

配合责任单位：自治区发展改革委、经济和信息化委。

整改时限：2017 年底。

整改目标：2017 年底前，全区 32 个工业园区均建成污水处理厂。

整改措施：

（一）按照《自治区人民政府关于印发宁夏回族自治区水污染防治工作方案的通知》（宁政发［2015］106 号）和《自治区人民政府关于印发重点入黄排水沟污染 2016 年~2018 年综合整治实施方案的通知》（宁政发［2016］28 号）的要求。2016 年，各市、县（区）人民政府和宁东基地管委会要编制完成工业园区污水处理厂建设和提标改造实施方案。

（二）2016 年，实施石嘴山市经济技术开发区、宁夏生态纺织园等 12 个工业园区污水处理厂建设。

（三）2017 年年底前，完成全区 32 个工业园区污水处理厂建设。

（四）2017 年年底前，未完成工业园区污水处理厂建设的工业园区，一律暂停审批和核准其增加水污染物排放的建设项目，并依照有关规定撤销其园区资格。

三十、部分地区污水处理不到位。固原市污水处理厂污水收集管网不配套，每天约6400吨生活污水未经处理直排清水河。彭阳县污水处理厂出水长期超标，部分工业废水和生活污水未经处理直排茹河。西吉县污水处理厂提标改造工程未按期完成，出水不能稳定达标，对葫芦河水质造成影响；国家投资的葫芦河流域氧化塘及生态湿地工程未按期建成。

责任单位：固原市人民政府，彭阳县、西吉县人民政府。

整改时限：2017年底。

整改目标：完成固原市第二污水处理厂和集污管网建设以及彭阳县、西吉县县城污水处理厂提标改造建设。

整改措施：

（一）按照《自治区人民政府关于印发宁夏回族自治区水污染防治工作方案的通知》（宁政发［2015］106号）的要求，固原市人民政府，彭阳县、西吉县人民政府要编制完成城镇污水处理厂提标改造实施方案。

（二）2017年底前完成污水处理厂建设和提标改造，达到一级A排放标准。2016年实施固原第二污水处理厂建设并于2017年6月底前运行。开展彭阳县污水处理厂提标改造，2017年8月底前完成。

（三）2017年实施西吉县污水处理厂提标改造工程。

（四）加强监管。严格按照网格化管理要求，加大对污水处理厂的监管，确保稳定达标排放。

三十九、宁夏华御化工、蓝丰化工2家企业地下水污染修复进展未达到方案要求。中卫市水务局、环境保护局违规审批，允许美利源水务有限公司污水处理厂将处理后废水外排至中卫市第一入黄排水沟，2016年1月6日至5月7日持续超标排放废水104.48万吨；该公司的中水厂建设迟缓，难以按预定时间建设投运。

责任单位：中卫市人民政府。

整改时限：持续整改。

整改目标：按时完成工作任务。

整改措施：

（一）按照宁夏华御化工、蓝丰化工原蒸发池地下水修复实施方案的要求及整改时限，扎实实施地下水污染修复工程，2017年底前完成中水厂建设。

（二）积极探索总结地下水修复工作经验，科学分析修复工作进程中出现的问题，不断优化修复方案。督促企业作为修复主体要全力保障投入，确保地下水修复工程顺利进行。

（三）加快美利源水务有限公司中水厂建设，确保2017年底前竣工验收并正常运行。

（四）完善工业园区规划环评，规范排污口设置。

（二）自治区自查自考中反映的问题

2017年7月，宁夏回族自治区政府办公厅发布通知，公布了2016年度全区实行最严格水资源管理制度和节水型社会建设考核情况：[1]按照自治区政府统一部署，2017年3月1日~13日，自治区水利厅会同发展改革委、经济和信息化委、教育厅、财政厅、国土资源厅、环境保护厅、住房城乡建设厅、农牧厅、审计厅、统计局、政府机关事务管理局组成考核工作组，依据《自治区人民政府关于实行最严格水资源管理制度的意见》和《自治区人民政府办公厅关于印发实行最严格水资源管理制度考核办法的通知》，对银川市、石嘴山市、吴忠市、固原市、中卫市人民政府和宁东管委会、宁夏农垦集团有限公司2016年度落实最严格水资源管理制度和节水型社会建设工作情况进行了考核。考核中发现以上地市在城市节水和再生水利用方面普遍存在不足，具体如下：

1. 银川市。节水型社会建设存在薄弱环节。部门协调联动工作有待加强，县（区）普遍缺少节约用水管理常设机构；再生水回用不足，节水型企业覆盖率不高，节水型事业单位建成率偏低，贺兰县、灵武市高效节灌工程运行不良，兴庆区、金凤区、西夏区、贺兰县尚未开展节水型县（区）达标建设。

2. 石嘴山市。节水型社会建设存在薄弱环节。县（区）都没有设立节约用水管理常设机构，部门协调联动工作有待加强；大武口区、惠农区尚未开展节水型县（区）达标建设；节水型企业覆盖率不高；再生水回用指标未完成，第二污水处理厂近1/3再生水直接排入黄河。

3. 吴忠市。节水型社会建设存在薄弱环节。政府主导、部门协调联动工

[1] “宁夏通报2016年实行最严格水资源管理制度考核情况”，载宁夏新闻网 http://www.nxnews.net/yc/jrww/201707/t20170707_4304247.html，访问日期：2018年1月12日。

作有待加强，市、县（区）均未设立节约用水管理常设机构；同心县、盐池县、红寺堡区尚未开展节水型县（区）达标建设；单位 GDP 用水量偏大，工业用水重复利用率偏低，再生水回用率不高。

4. 固原市。主体责任落实不到位。部门间协调不畅、联动不足，原州区、西吉县等对实施最严格水资源管理制度和节水型社会建设工作重视不够，西吉县、隆德县、彭阳县、泾源县均未设立节约用水管理常设机构。节水型社会建设有待提速。工业和城市节水工作严重滞后，公共机构节水型单位建设执行标准不严，再生水回用不足，原州区节水型县（区）达标建设推进力度不足，进展缓慢，泾源县尚未开展节水型县（区）达标建设。

5. 中卫市。节水型社会建设存在薄弱环节。部门协调联动有待加强，县（区）未设立节约用水管理常设机构；海原县尚未开展节水型县（区）达标建设；单位 GDP 用水量偏大，再生水回用不足，节水型企业覆盖率不高，城镇供水管网漏损率市区指标未完成；海原七营高效节水灌溉项目未完成。

6. 宁东管委会。对实行最严格水资源管理制度和节水型社会建设工作重视不够，没有水资源与节约用水管理机构，节水型企业达标建设推动不力，进展缓慢，单位工业增加值用水量未完成考核指标，工业用水效率总体不高。

7. 宁夏农垦集团。超指标用水情况依然突出；2016 年用黄河水总量超 0.50 亿立方米；节水型社会建设有待加强。

第五节　新疆维吾尔自治区城市污水再生利用概况

一、新疆维吾尔自治区城市污水再生利用的总体概况

新疆维吾尔自治区城市污水再生利用的总体模式与甘肃省、宁夏回族自治区相似而与青海省和陕西省不同，即并非以国有污水处理厂为主要载体和依托推进再生水的生产和利用，采用公私合作模式（PPP）的污水处理厂在新疆维吾尔自治区的城市污水再生利用中扮演了较为重要的角色。近年来，新疆维吾尔自治区各级政府制定了一系列行政规范性文件来保障和推进城市污水的再生利用工作。

表 3-9　新疆维吾尔自治区政府制定的有关再生水利用的行政规范性文件及内容要求

行政规范性文件名称	文件内容和要求
《新疆维吾尔自治区国民经济和社会发展第十三个五年规划纲要》	第六篇 坚持绿色发展，加强生态文明建设 第三章 全面节约和高效利用资源 实行最严格的水资源管理制度，严守水资源管理“三条红线”，加强用水总量控制……实施再生水利用工程，大力发展节水农业、节水工业、节水服务业，广泛开展节水型城市创建活动…… 第四章 加大环境保护和治理力度 ……严禁在水源涵养区和河流、湖泊周边建设重化工、涉重金属等工业污染项目，全面实施水污染防治行动计划。深度治理和管控纺织、化工、有色金属、制浆造纸等重点行业废水污染。大力推进达标生活废水、工业废水综合利用…… ……通过五年的生态环境治理，到 2020 年……城镇集中式饮用水源地水质达标率达到 90%以上；城市污水集中处理率达到 90%以上，县城污水集中处理率达到 80%以上……
《新疆维吾尔自治区水污染防治工作方案》（新政发［2016］21 号）	（六）推进循环发展。加强工业水循环利用。推进矿井水综合利用，煤炭矿区的补充用水、周边地区生产和生态用水应优先使用矿井水，加强洗煤废水循环利用。2016 年开始，在高耗水行业开展试点示范，筛选具有明显经济效益的节水治污技术。鼓励钢铁、纺织印染、造纸、石油石化、化工、制革等高耗水企业废水深度处理回用。（自治区发改委、经信委牵头，水利厅、环保厅等参与） 促进再生水利用。制定促进再生水利用的政策，以城市及产业集聚区为重点，实施再生水利用工程，完善再生水利用设施，工业生产、城市绿化、道路清扫、车辆冲洗、建筑施工以及生态景观等用水，要优先使用再生水。推进高速公路服务区污水处理和利用。具备使用再生水条件但未充分利用的钢铁、火电、化工、制浆造纸、印染等项目，不得批准其新增取水许可。 自 2018 年起，单体建筑面积超过 2 万平方米的新建公共建筑应安装建筑中水设施。积极推动其他新建住房安装建筑中水设施。到 2020 年，乌鲁木齐市再生水利用率达到 30%以上，其他城市再生水利用率达到 20%以上。（自治区住房城乡建设厅牵头，发改委、经信委、环保厅、水利厅、交通运输厅等参与）

续表

行政规范性文件名称	文件内容和要求
《新疆维吾尔自治区"十三五"节能减排工作的实施意见》（新政发［2017］111号）	（十三）强化生活源污染综合整治。对城镇污水处理设施建设发展进行填平补齐、升级改造，完善配套管网，提升污水收集处理能力。合力确定污水排放标准，加强运行监管，实现污水处理厂全面达标排放。伊犁河流域、额尔齐斯河流域、博斯腾湖流域、额敏河流域等敏感区域城镇污水处理设施全面提高至一级A排放标准；乌鲁木齐市、喀什市、博乐市等城市建成区水体水质达不到地表水Ⅳ类标准的城市，新改扩建城市污水处理设施要执行一级A标准。全面加强配套管网建设，加大对雨污分流、清污混流管网的改造力度，优先推进城中村、老旧城区和城乡接合部污水截留、收集、纳管……到2020年，城市、县城、重点镇污水处理率分别达到90%、80%和70%以上。促进再生水利用，完善再生水利用设施…… （二十六）主要水污染物重点减排工程。加强城市、县城和其他建制镇生活污染减排设施建设。加快污水收集管网建设，实施城镇污水、工业园区废水、污泥处理设施建设与提标改造工程，推进再生水回用设施建设……
《新疆维吾尔自治区环境保护十三五规划》（新环发［2017］124号）	二、指导思想、基本原则和规划目标 （三）规划目标 3. 污染防治目标 城市污水集中处理率达到90%以上，县城污水集中处理率达到80%以上…… 三、主要任务和重点工程 （二）全面推进水污染防治行动计划，持续改善水环境质量 3. 加快推进重点污染源治理 ……积极促进污水资源化利用。以城市、园区、工业集聚区为重点，大力推进节水和再生水利用，节约新鲜水消耗和减少污水排放，科学推进污水生态修复综合利用，避免次生环境污染和破坏。到2020年，乌鲁木齐市再生水利用率达到30%以上，其他城市再生水利用率达到20%以上。

续表

行政规范性文件名称	文件内容和要求
《关于加强园区环境保护工作的实施意见》（2017 年 11 月 23 日）	（八）加强水污染防治 园区企业要做到“清污分流、雨污分流，污污分治”，实现分类收集、分质处理，确保废（污）水稳定达到环评文件及其批复要求和现行排放标准，不得擅自停运或闲置污水处理设施，不得超标排放。园区集中污水处理厂应对废（污）水进行深度处理，确保尾水稳定达标排放；新建园区、现有园区的新建区域、新建企业及现有企业新建部分的废（污）水应经专用明管输送，在达到纳管标准后方可纳入园区污水管网送末端集中污水处理厂处理。园区化工、焦化、有色金属冶炼、医药、电镀以及涉及重金属污染产排的企业应对厂区初期雨水、地面冲洗水进行有效收集，处理达标后经污水管网外排，不得直接通过雨水管网排放；可能产生地下水污染物的园区企业须采取分区防渗措施，强化生产车间、危废暂存库、事故池、污水处理设施和污水管道（网）等区域防渗，定期排查风险，杜绝跑冒滴漏，避免污染地下水，同时认真落实地下水、土壤检测计划和要求。园区及园区企业不得以晾晒池、蒸发塘等替代规范的污水处理设施，对于现有不符合环保要求的晾晒池、蒸发塘等应立即清理整顿。入园企业污水集中处理率要达到 100%。鼓励园区积极实施区域中水回用和污水再生利用，将再生水纳入水资源统一配置，优先配置利用再生水作为生产水源，鼓励园区通过政策引导和价格调节等方式提高再生水资源利用率。

注：根据新疆维吾尔自治区政府制定的有关再生水利用的行政规范性文件整理而得。

值得注意的是，近年来，新疆维吾尔自治区加大了通过公私合作（PPP）模式建设城市污水处理再生利用设施的力度。

表 3-10　新疆维吾尔自治区所辖部分公私合作（PPP）模式再生水利用项目概况

污水处理厂名称	公私合作（PPP）形式	概况
1. 乌鲁木齐河西污水处理厂 2. 城北再生水厂一期 3. 七道湾污水处理厂 4. 乌鲁木齐河东污水处理厂 5. 城北新区污水处理厂 6. 甘泉堡经开区北区污水处理工程 7. 雅玛里克山污水处理厂	BOT TOT 乌鲁木齐再生水利用系列项目（由乌鲁木齐昆仑环保集团有限公司与北京碧水源科技股份有限公司共同投资成立新疆昆仑新水源科技股份有限公司，该公司于2016年6月28日与乌鲁木齐市水务局签订特许经营协议）	1. 河西污水处理厂（乌鲁木齐河西水务有限公司），坐落于新疆乌鲁木齐市，厂区具体位于乌鲁木齐安宁渠镇东戈壁村东四支路1号，设计处理能力为日处理污水10.00万立方米。该厂自2011年5月正式投入运行以来，污水处理设备运转良好，日平均处理污水量为4.73万立方米。厂区主体工艺采用氧化沟处理工艺，经处理后的污水水质排放标准为《城镇污水处理厂污染物排放标准》（GB18918-2002）一级B排放标准。2015年4月起开始对该厂二期进行扩建，扩建后，日处理污水量达到20万立方米。 2. 城北再生水厂一期（日处理能力10万立方米）。 3. 七道湾污水处理厂。该厂是为配套神华热电联产项目工业中水使用需求，在七道湾污水处理厂对处理过的污水进一步深化处理，使之满足工业用水需求。该项目采用了先进的Biofor © CN生物滤池+Densadeg ©高密度沉淀池和Aquazur © V型滤池组合工艺，出水可达到循环冷却水补充水水质标准，占地仅为常规工艺的40%。 4. 乌鲁木齐河东污水处理厂。2015年4月起开始建设该厂再生水利用工程。 5. 2015年4月起开始建设城北新区污水处理厂。 6. 2015年4月起开始建设甘泉堡经开区北区污水处理工程。4~6项目建成后，日处理污水能力均可达到10万立方米，出水水质均达到主要污染物地表四类水标准。 7. 2015年4月起开始对雅玛里克山

续表

污水处理厂名称	公私合作（PPP）形式	概况
		污水处理厂进行提标改造，建成后，日处理能力达到7.5万立方米。
玛纳斯县塔西河工业园区污水处理厂	BOT	中国核工业集团于2013年12月获得该厂BOT项目的特许经营权，设计处理规模为建6万吨/日，2015年完成一期3万吨/日，含降盐处理设施，外排水达到污水综合排放一级A标准。配套建设库容1850万立方米的冬季再用水蓄水库和103公里输水管线。主要对塔河产业园内各企业工业和生活污水经过自有污水处理系统处理达标后的国家二级标准污水进行处理，处理后水质将达到国家一级A标准，并用于玛纳斯县北部荒漠造林。同时污水处理厂配套的84.6公里排污管线将与塔河工业园区规划区域内的排水主管网连接。
奇台县喇嘛湖梁工业园区污水处理及再生利用工程	BOT	北京碧水源科技股份有限公司于2016年4月获得该厂BOT项目特许经营权，该项目总投资3.6亿元。一期建设用地面积106.722亩，一期规模2.5万立方米/日；二期水厂用地10.35亩。远期配套建设生态塘，建设用地面积415.95亩。可集中收集喇嘛湖梁工业园区内的生产、生活排水，解决园区企业的尾水排放问题，有效控制污水环境的污染；缓解园区工业用水的缺水问题，再生水网管使污水资源化。

注：根据有关资料整理而得。

表 3-11　新疆维吾尔自治区所辖部分国有模式再生水利用项目概况

污水处理厂名称	概况
博乐市污水再生利用工程	2012 年 5 月，博乐市开始实施城区污水再生利用工程。去年 10 月，污水再生利用工程运行，日处理再生水 1.5 万立方米，经过处理后的水可直接用于灌溉南城区生态林。
新疆哈密南部工业再生水供水工程	该项目可研阶段概算 1.37 亿元，工程由 2×4000 立方米蓄水池、全长 49.6 公里的输水管道、供水水厂及穿越铁路南环线、哈罗公路等附属建筑物组成，其再生水工程水源引自哈密市污水处理厂和工业园区污水处理厂经深度处理的再生水，水质达到城市污水排放一级标准，年最大可供水水量 1225 万立方米。该项目是一项与地表水供水工程联合调度、互为调节、保障“疆电东送”电源点用水安全的“姊妹工程”。项目建成后将成为疆内第一个集多类水源为一体、联合调度、信息化自动调节的现代化工业供水系统。承担向“疆电东送”电源点神华国能 4×660MW 电厂、国电 2×660MW 电厂、国投 2×660MW 电厂和其他重点企业生产的供水任务。
新疆克拉玛依油田再生水利用项目	新疆油田公司 6 年中先后投资 7 亿余元，新建和改建了 16 座工业污水处理装置，采用“水质改性”技术工艺或类似工艺，使再生水循环利用，累计产生直接经济效益近 5 亿元。克拉玛依油田原油年产量 1200 万吨，由此产生的 3600 万立方米工业污水全部得到处理。其中 3000 万立方米被油田循环利用，600 万立方米再生水用于灌溉原玛湖古河道百余平方公里芦苇带。在 2007 年 6 月，芦苇区被自治区认定为生态保护区。

注：根据有关资料整理而得。

二、新疆维吾尔自治区在城市污水再生利用中存在的问题

（一）中央环保督查中反映的问题

近年来，新疆维吾尔自治区在推进城市污水再生利用工作中取得了不错的成绩，但是仍然存在一些制约发展的瓶颈问题。在 2018 年 1 月 2 日中央第八环境保护督查组向新疆维吾尔自治区反馈的督查情况中显示：“二是局部区域大气和水环境问题突出……河东威立雅至今没有建设除磷脱氮设施，每天近 10 万吨超标污水排入老龙河。米东区政府及其相关部门违规同意中德丰

泉、河东威立雅将污泥长期倾倒在北沙窝区域，不仅侵占破坏国家级公益林，而且带来环境污染和隐患……四是一些地方突出环境问题没有得到彻底解决。乌鲁木齐米东化工工业园区 19 家钢铁铸造企业，11 家无环保手续、4 家无污染治理设施。昌吉州呼图壁天山工业园区至今未按要求建成污水处理厂，园区多家企业长期将污水违法排入园区外渗坑。乌拉泊饮用水源是乌鲁木齐市主要地表饮用水水源地，但 2013 年以来，市政府及其发展改革、规划等部门先后批准乌拉泊污水处理厂选址并建设在该饮用水水源二级保护区，并在其内设置排污口，对水源安全带来严重威胁。"〔1〕

2018 年 1 月 8 日，针对中央第八环境保护督查组向新疆维吾尔自治区反馈的督查情况，新疆维吾尔自治区各有关部门、单位和相关地（州市）纷纷对照中央环保督察组指出的问题，立行立改、坚决落实：

自治区发展改革委党组书记、副主任杜鲁坤·托乎提表示："完善主体功能区制度，落实重点生态功能区产业准入负面清单，严格工业项目准入标准，强化工业园区污水治理工程建设，加大生态保护建设修复力度，加强城镇污水和垃圾处理设施、节能、节水、循环经济和资源综合利用等项目建设，切实把发展建立在生态安全的基础上。"

昌吉回族自治州政府召开会议，对整改工作进行全面安排和部署。会议要求，各有关单位要认真对照督察反馈意见整改任务清单和责任分工，抓紧研究制定整改方案。要牢固树立"四个意识"，深刻理解把握中央环境保护督察整改工作的严肃性和重要性，践行绿色发展理念，以高度的思想自觉和行动自觉做好督察整改工作。针对督察反馈意见整改任务清单，要虚心接受，照单全收，及时把督察反馈意见转化为推进督察整改工作的动力，做到坚决整改、彻底整改。

（二）再生水利用实践中反映的问题

根据新疆住建厅出台的指导意见，2013 年起，达到一定规模的新建小区必须同步配套建设回用水管网。2013 年，乌鲁木齐将在有条件的 4 个小区以及西山片区连片小区建设再生水处理站示范工程。然而，再生水在住宅小区中的应用确并不尽如人意。早在 2006 年，为建设节水型城市、改善城市生态

---

〔1〕"中央第八环境保护督查组向新疆维吾尔自治区新疆生产建设兵团反馈督查情况"，载新疆生产建设兵团网 http://www.xjbt.gov.cn/c/2018-01-03/5132562.shtml，访问日期：2018 年 1 月 12 日。

环境，乌鲁木齐市政府筹集资金 740 余万元用于设立住宅小区再生水回用试点。试点选择了两所高校、一座酒店、一家公司和一个居民小区，水务部门在这些地方建造了日处理 500 吨至 2000 吨不等的再生水处理设施，主要用于绿化、学生公寓冲厕、洗车、喷洒马路和景观用水，新疆医科大学一栋 26 层的高层建筑即是试点之一。以一家三口作为标准计算单位，户均每月用水量在 5 立方米左右。因为节水设备的使用，户均每月节约的水量在 2 立方米左右。如果该栋建筑内的 192 户都在使用，一年可节水 4608 立方米。按照乌鲁木齐市节水办核定的绿化用水量，一亩地每月用水 83 立方米计算，这些水可供 3.7 万平方米（相当于 5 个世界杯足球场的面积）的土地绿化一年。然而，每户卫生间内共有三个地漏，其中一个是通往下水道，另外两个通往水箱，分别位于洗衣机旁和洗脸池旁。倒漂洗衣服的水时，就需要人工将排水管插到地漏。在日常使用过程中，用户很难区分水的干净与否，在洗衣服或洗手时，要适时地将可重复利用的水排入地漏也不是件省心的事。此外，即使不用，时间一长地漏里也会冒出异味。与这栋 26 层的建筑相似，新疆大学内设置的小型再生水站也因为运行过程中出现的诸多问题而被闲置。〔1〕

因此，“小区再生水”由于布点分散，回用规模较小，并且设施运营不充分，导致成本相对较高。如果集中处理、规模经营，却又面临着管网缺失的制约。

第六节　本章讨论与小结

党的十九大报告指出：“必须树立和践行绿水青山就是金山银山的理念，坚持节约资源和保护环境的基本国策，像对待生命一样对待生态环境……”西北地区属于传统水资源匮乏地区，水作为社会经济发展的控制性要素，其重要性尤为突出。从水资源量、水资源开发利用强度、水资源质量等角度衡量，西北地区水资源与社会经济发展之间的矛盾相较于全国平均水平更为突出。因此，再生水的推广和利用对于西北地区的意义尤为重大。

本章通过对“助推再生水利用的行政规范性文件”“再生水推广和利用实践”以及“中央对西北五省环保督查的结论和意见”等三方面的梳理，基本

〔1〕“再生水如何流入乌鲁木齐百姓家”，载天山网 http://xj.ts.cn/2013-07/08/content_8394259.htm，访问日期：2018 年 1 月 12 日。

廓清了西北地区再生水利用的总体概况，并可从中得出如下规律性认识：

第一，西北各省助推再生水利用的行政规范性文件均基本由“最严格水资源管理”“水污染防治方案”和“国民经济和社会发展十三五规划”等构成。作为“国民经济和社会发展十三五规划”的分项规划和地域特色规划，“水利发展规划”“生态环境保护规划”“节能减排规划”和“落实西部大开发十三五规划”在各省的行政规范性文件中均有不同程度的体现。联系本书第一章关于再生水利用存在于专门性再生水立法、排水/污水处理和再生水混合立法、抗旱立法、循环经济促进立法、水资源立法、供水用水立法、生态文明建设促进立法、水法配套性立法、水环境保护立法、城市建设管理立法、节约用水立法等十一种立法体例的归纳总结，说明无论是立法还是行政规范性文件，均从不同角度强调了再生水利用的重要性，并被作为人与自然和谐共生的重要衡量指标。

第二，通过对西北各省助推再生水利用的实践的梳理不难发现，公私合作（PPP）模式在再生水利用中扮演着越来越重要的角色。本章虽然提到陕西省与青海省在再生水利用方面主要是以国有污水处理企业为主要载体和依托推进相关工作，但是，一方面，这种认识是基于西安市和西宁市作为两省的省会城市，在再生水利用的前提方面（如城市规划、管网配套、污水处理和再生利用的规模、时间长短以及在全国或区域的影响力等）具有较为厚实的积淀和令人瞩目的成绩。另一方面，陕西省能够生产和提供再生水的污水处理厂并非只有本章提到的一些国有模式的污水处理和再生利用企业，实际上，很多采用公私合作（PPP）模式的污水处理厂也同样具有再生水的生产和供应能力。但是，受限于多种因素，[1]这些企业的再生水供应和利用未能形成规模，主要满足污水处理企业自身的绿化和洒扫等需求，因此，无法形成再生水利用的主流。而青海省比之于陕西省和西北其他三省，在利用公私合作（PPP）模式推进再生水利用方面仍处于起步阶段。除了原西宁鹏鹄环保运营的污水处理厂外，[2]截至 2017 年 9 月笔者在青海省调研期间，青海省新上马的采用公私合作（PPP）模式的污水处理厂就只有海东市乐都区污水处理项目。该项目于 2015 年 7 月 7 日开工建设，2016 年 12 月 9 日完成项目

〔1〕 这些因素将在第四章中予以归纳和总结。

〔2〕 目前，该污水处理厂也已通过临时接管变为国有运营模式。

整体竣工验收，2017年5月13日厂外配套管网竣工通水并运行。作为一家新厂，在再生水利用方面也仅仅是满足企业自身的绿化和洒扫等需求。

第三，中央环保督查对于促进西北五省再生水利用工作的改进具有积极而深远的意义。通过本章对中央环保督察组督查西北五省特别是污水处理和再生利用方面的结论和意见的梳理，我们不难发现，“污水直排自然水体”“饮用水源区建设污水处理厂”“污水处理与再生利用管网建设不到位”“用河道纳污抽取河水等方式处理污水”“企业超标排污”“污水处理厂借提标改造之机直排污水”“工业园未配套建设污水处理设施”“再生水利率用不达标”等八个方面的问题普遍存在于西北五省的城市污水和再生利用实践中。这一方面说明，城市污水再生利用工作仍然任重道远。虽然西北五省的很多城市制定了保障再生水利用的地方性法规并发布了一系列助推再生水利用的行政规范性文件，但是，实践中再生水利用率偏低的事实一再告诉我们，如果不从体制和机制上破除阻碍再生水利用的障碍，打造西北五省各城市“人水和谐”的美丽图景将长期是美好的愿景。另一方面说明，再生水的生产、供应和商业化运营并不是孤立的，再生水利用的前端至少包括如下环节：首先，各个排污企业的稳定达标排放；其次，污水处理厂的规范运营（包括达标排放、提标改造等）；再次，配套管网的建设（包括管网对污水收集的全覆盖、再生水管网的配套建设等）。此外，通过中央环保督查帮助西北五省各级政府监管部门及时发现问题的做法非常必要，应该长期坚持。当然，理性、客观、科学、严谨地看待督查中存在的问题，真正从体制和机制上破除阻碍再生水利用的障碍，才是构建长效机制的“治本之道”。

公私合作（PPP）背景下城市污水再生利用实证调研及法律问题梳理

第一节 城市污水再生利用实证调研思路与结果（PPP 模式）

一、城市污水再生利用实证调研思路

鉴于前文中对现行立法有关城市污水再生利用法律关系主体权利义务界分的归纳，以及前文中对西北地区城市污水再生利用总体概况的梳理，本书对城市污水再生利用的实证调研思路做了如下考虑：

首先，再生水作为污水处理的“衍生品”，以城市污水集中处理设施为载体建设的“集中式再生水利用设施”是再生水生产、供应的“主力军”，同时也是现行立法规制的重点。由于公私合作（PPP）模式已在包括城市污水处理及再生利用在内的市政公用事业领域中全面铺开实施。由此，有必要将以城市污水集中处理设施为载体建设的“集中式再生水利用设施”区分为“国有模式”和“PPP 模式”分别予以研究和探讨。

其次，无论是政府及其所属部门还是再生水利用项目的经营者、再生水用户抑或是再生水利用中的其他法律关系主体，其权利义务均是围绕再生水的“水质”“水量”和“水费”展开，而这三点也恰恰与采用 PPP 模式的城市污水集中处理设施在运营中反映出的突出问题相吻合。换句话说，对于以城市污水集中处理设施为载体建设的“集中式再生水利用设施”的实证调研，其调研重点并不是直接针对附设于其上的再生水利用设施的运营，而在于城市污水集中处理设施本身的运营，这是由再生水作为污水处理“衍生品”的特征决定的。

最后，无论是对于城市污水集中处理设施本身运营实践的考察还是对于附设于其上的再生水利用设施运营实践的考察，“水质”“水量”和“水费”问题从根本上来说涉及的是经济绩效和环境绩效的优劣。这就要求实证调研必须讲求“定量研究”与“定性研究”的有机结合。

二、城市污水再生利用的实证调研结果

（一）经济绩效

本书以7座城市污水集中处理设施2013年~2015年的运营数据作为评价对象（表4-1）。7座污水处理设施的基本情况如下：第一，运营模式。除B厂采用国有模式外，其余污水处理厂采用的均为PPP模式。D厂、F厂采用的是TOT模式，A厂、C厂、E厂、G厂采用的是BOT模式。第二，在采用PPP模式的污水处理厂中，A厂、C厂和D厂位于城市远郊区/县，B厂、E厂、F厂和G厂位于城市主城区。

表4-1　研究中调研的7座污水处理设施2013年~2015年的经济投入及产出　（万元）

污水处理设施	年限	动力费	药剂费	工资及福利	日常维护费用	年污水处理量（万吨）
A	2013	321.35	233.60	84.00	30.00	1095
	2014	342.43	233.60	93.24	35.00	1460
	2015	349.40	233.60	109.44	40.00	1460
B	2013	950.05	156.05	399.51	93.03	4961.18
	2014	1094.41	262.17	489.83	123.88	5396.52
	2015	1078.78	397.89	520.33	203.94	5728.71
C	2013	525.09	66.38	90.32	64.30	2222.60
	2014	679.43	82.85	106.55	76.40	2603.50
	2015	614.21	88.79	122.23	75.20	2739.20
D	2013	129.87	17.33	118.01	6.22	403.10
	2014	160.02	22.74	128.03	7.96	518.68
	2015	176.04	20.29	131.90	1.89	700.30

续表

污水处理设施	年限	动力费	药剂费	工资及福利	日常维护费用	年污水处理量（万吨）
E	2013	869.11	25.71	158.10	442.07	4766.58
	2014	729.75	18.56	152.46	803.11	5273.83
	2015	932.91	46.38	174.63	1083.14	6463.75
F	2013	807.78	46.24	228.04	0.80	6119.00
	2014	711.44	52.28	233.63	4.91	5381.00
	2015	627.92	27.88	272.20	9.89	5904.00
G	2013	90.91	19.35	136.72	20.28	584.16
	2014	102.45	29.68	149.56	29.63	1121.7
	2015	106.79	27.41	196.4	31.1	1301.21

注：以上数据经过调研取得。

对表4-1中的投入产出数据，运用数据包络分析（DEA方法），通过构建CCR模型对其经济绩效进行评价，得到的各年度7座污水处理厂的效率评价表及松弛变量值如下（表4-2~表4-7）：

表4-2 2013年各污水处理厂效率评价

企业名称	综合技术效率	纯技术效率	规模效率
A污水处理厂	0.478	1.000	0.478
B污水处理厂	0.689	0.692	0.996
C污水处理厂	0.889	1.000	0.889
D污水处理厂	0.410	1.000	0.410
E污水处理厂	1.000	1.000	1.000
F污水处理厂	1.000	1.000	1.000
G污水处理厂	0.848	1.000	0.848

注：以上数据运用数据包络分析方法计算而得。

表 4-3　2014 年各污水处理厂效率评价

企业名称	综合技术效率	纯技术效率	规模效率
A 污水处理厂	0.658	1.000	0.658
B 污水处理厂	0.622	1.000	0.622
C 污水处理厂	0.995	1.000	0.995
D 污水处理厂	0.401	1.000	0.401
E 污水处理厂	1.000	1.000	1.000
F 污水处理厂	1.000	1.000	1.000
G 污水处理厂	1.000	1.000	1.000

注：以上数据运用数据包络分析方法计算而得。

表 4-4　2015 年各污水处理厂效率评价

企业名称	综合技术效率	纯技术效率	规模效率
A 污水处理厂	0.593	1.000	0.593
B 污水处理厂	0.559	0.564	0.992
C 污水处理厂	0.842	1.000	0.842
D 污水处理厂	0.621	1.000	0.621
E 污水处理厂	1.000	1.000	1.000
F 污水处理厂	1.000	1.000	1.000
G 污水处理厂	1.000	1.000	1.000

注：以上数据运用数据包络分析方法计算而得。

表 4-5　2013 年各污水处理厂 DEA 分析的松弛变量

污水处理厂	S1-	S2-	S3-	S4-	S1+
A	1.437	103.793	0.000	0.000	0.000
B	0.000	70.085	90.519	63.483	0.000
C	142.594	43.558	0.000	0.000	0.000
D	0.000	4.055	33.332	2.496	0.000

续表

污水处理厂	S1-	S2-	S3-	S4-	S1+
E	0. 000	0. 000	0. 000	0. 000	0. 000
F	0. 000	0. 000	0. 000	0. 000	0. 000
G	0. 000	12. 000	94. 205	17. 126	0. 000

注：以上数据运用数据包络分析方法计算而得。

表 4-6　2014 年各污水处理厂 DEA 分析的松弛变量

污水处理厂	S1-	S2-	S3-	S4-	S1+
A	31. 204	140. 310	0. 000	0. 000	0. 000
B	0. 000	98. 789	0. 000	0. 000	0. 000
C	328. 592	60. 127	0. 000	0. 000	0. 000
D	0. 000	2. 300	19. 264	0. 000	0. 000
E	0. 000	0. 000	0. 000	0. 000	0. 000
F	0. 000	0. 000	0. 000	0. 000	0. 000
G	0. 000	0. 000	0. 000	0. 000	0. 000

注：以上数据运用数据包络分析方法计算而得。

表 4-7　2015 年各污水处理厂 DEA 分析的松弛变量

污水处理厂	S1-	S2-	S3-	S4-	S1+
A	46. 947	131. 248	0. 000	0. 000	0. 000
B	0. 000	191. 21	0. 000	98. 739	0. 000
C	250. 302	62. 613	0. 000	0. 000	0. 000
D	34. 785	9. 287	49. 582	0. 000	0. 000
E	0. 000	0. 000	0. 000	0. 000	0. 000
F	0. 000	0. 000	0. 000	0. 000	0. 000
G	0. 000	0. 000	0. 000	0. 000	0. 000

注：以上数据运用数据包络分析方法计算而得。

结合表 4-2~表 4-7，根据 DEA 有效性判定原则，分析如下：

（1）从 2013 年~2015 年来看，E、F、G 污水处理设施综合技术效率值为 1.000（G 污水处理厂 2013 年除外），与其他 5 座污水处理设施相比 DEA 是有效的，效率水平位于这 7 座设施的前列。从实证调研来看，这 3 座设施位于城市主城区，建设之前就有较为详尽成熟的排水规划，管网建设、污水处理设施、处理规模和技术选择、污水处理设施所在地政府对污水处理设施出水标准要求等都与当地排水实际较为匹配。因此，3 家企业财务成本结构合理，成本费用得到有效利用，经济绩效较优。

（2）从 2013 年~2015 年来看，A、B、C、D 污水处理厂都不同程度地存在松弛变量，综合技术效率在 0.401 到 0.995 之间变动，DEA 相对无效，说明投入要素存在减少的余地，而且综合技术效率值越小意味着减少的余地越大，其相对有效性越低。在这 4 座污水处理设施中，D 污水处理设施的相对有效性最低，表明 D 污水处理设施投入要素的减少余地最大，意味着 D 污水处理设施的成本费用最不合理，超出保证正常运营的合理花费最多。此外，规模效率偏低使得 A、D 污水处理设施综合技术效率值小于 1，要使其综合技术效率提高，应对其规模进行改进。从实证调研来看，位于城市远郊区/县的 A、C、D 污水处理设施存在以下几个方面的问题：第一，A 污水处理设施由于所服务区域是工业园区，园区内的排水户数量近两年增长较快，排水量逐年增加，目前 A 污水处理设施现有的一期工程已经不能满足污水排放要求。第二，D 污水处理设施服务区域的排水户排放的水量逐年增加，另外由于排水管网滞后，大部分污水是直接排入河流接入到该厂，河流沿岸村庄的养殖污水和工业污水都增大了污水处理设施的运行负荷。

（3）从图 4-1~图 4-3 可知，从 2013 年~2015 年各项投入指标的改进幅度来看，A 污水处理设施和 C 污水处理设施药剂费和动力费所占的比重较大；B 污水处理设施药剂费和维修费所占的比重较大；D 污水处理设施药剂费和工资所占的比重较大。药剂费改进幅度大成为 4 座 DEA 相对无效的污水处理设施所面临的共同问题。结合实证调研的情况来看，“进水”水质差是造成药剂费用和维修费用高并有较大改进幅度的原因。

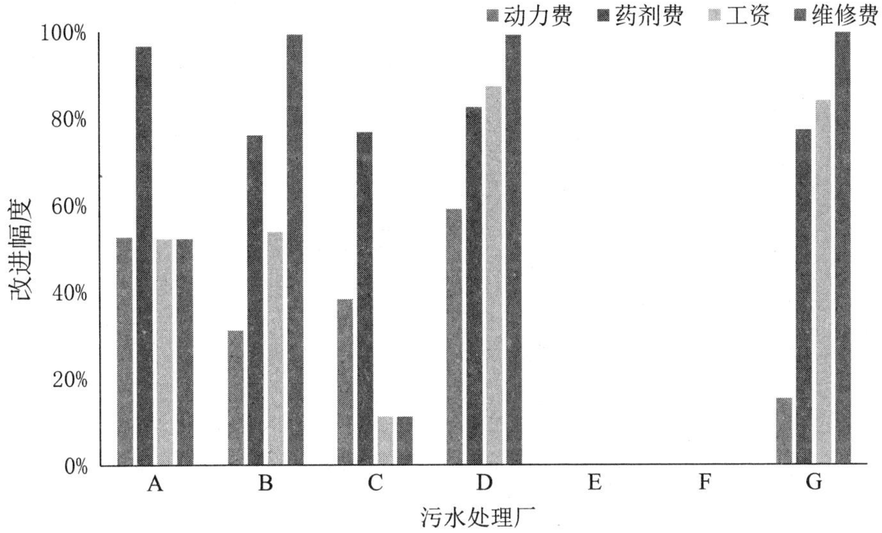

图 4-1　2013 年 A～G 污水处理设施各项投入指标的改进幅度

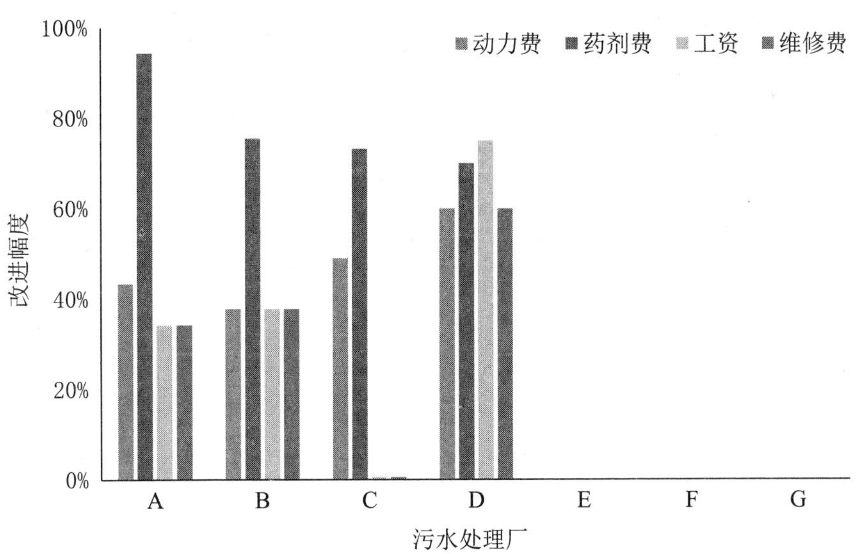

图 4-2　2014 年 A～G 污水处理设施各项投入指标的改进幅度

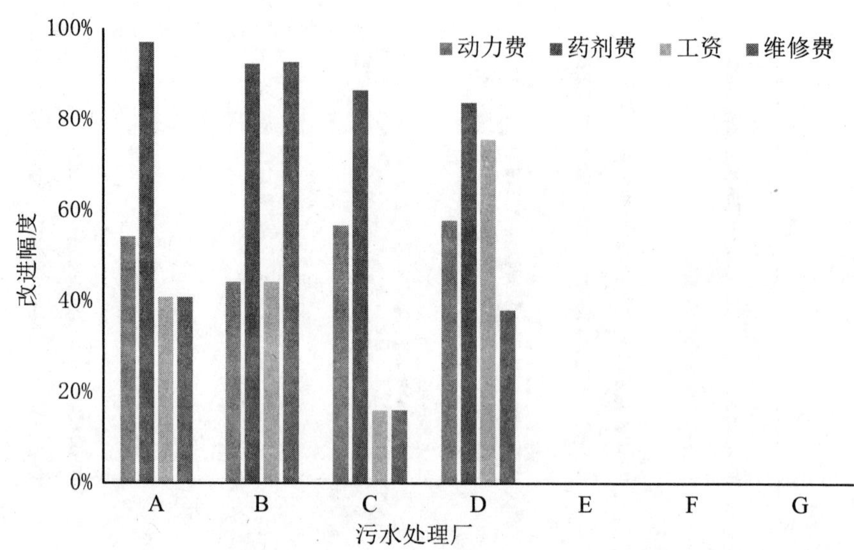

图 4-3　2015 年 A ~ G 污水处理设施各项投入指标的改进幅度

（4）通过计算得出了 2013 年 ~ 2015 年 A ~ G 污水处理厂的单位运营总成本（万元/吨）（表 4-8）。从数据计算结果来看，由于 B 厂、C 厂和 D 厂处理的是生活污水，按照现有 0.8 元/吨的居民污水处理费征收标准，均无法覆盖三座污水处理设施的单位污水处理总成本。

表 4-8　不同污水处理设施不同年份的单位污水处理成本　（元/吨）

污水处理设施	2013 年	2014 年	2015 年
A	1. 13	0. 89	0. 93
B	0. 93	1. 11	1. 10
C	0. 84	0. 82	0. 82
D	1. 28	1. 11	1. 06
E	0. 93	0. 86	0. 84
F	0. 65	0. 74	0. 63
G	1. 62	0. 88	0. 78

注：以上数据经过调研取得。

（二）环境绩效

由于调研数据所限，本书从上文中提到的 7 座污水处理设施中选取了有共同数据的 D、E、F、G 污水处理设施（均为 PPP 模式）并加入 H 污水处理厂（PPP 模式）作为评价对象，对其进出水水质选取能够有数据支撑的 BOD、COD、氨氮、总磷和 SS 五项评价指标，以《污水排入城镇下水道水质标准》（CJ343-2010）和《城镇污水处理厂污染物排放标准》（GB18918-2002）为对照依据进行了评价：

1. D 污水处理设施

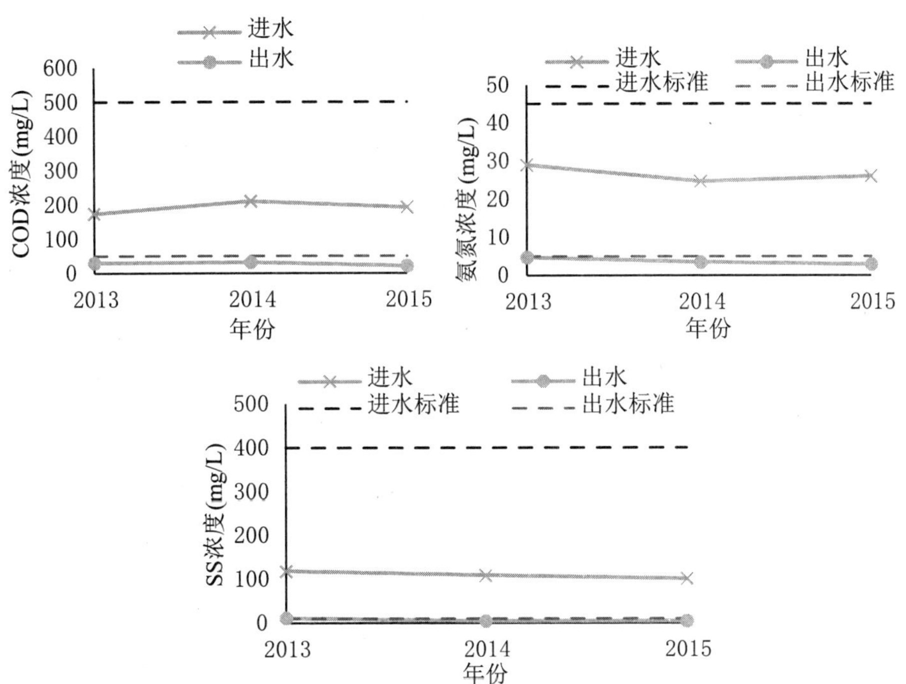

图 4-4 D 污水处理设施进出水污染物浓度与国家及行业标准值的对比[1]

从图 4-4 可以看出，D 污水处理设施无论是进水水质还是出水水质，COD、氨氮和 SS 三项指标与国家及行业标准值相比较均处于标准值要求以下。然而，结合环保行政主管部门公布的执法监督检查结果来看，D 污水处理设施仅在 2015 年 1 月~10 月就因水质超标问题被省级通报 5 次，水质超标的主要指标是总氮和总磷。这也与 D 污水处理厂所服务的区域特征较为吻合。

〔1〕 图 4-4 中 BOD 是生化需氧量的缩写，COD 是化学需氧量的缩写，SS 是悬浮物的缩写。

由于管网配套的滞后，D污水处理设施所服务区域的大部分排水户均是将污水直接排入河流，然后接入该厂进行处理，这使得河流中的污染物有以下来源：首先，排水户排放的生活污水以及餐饮废水；其次，河流沿岸居民的养殖废水以及生活污水；再次，河流沿岸化肥企业产生的废水；最后，河流沿岸村庄农业生产中的面源污染。

2. E污水处理设施

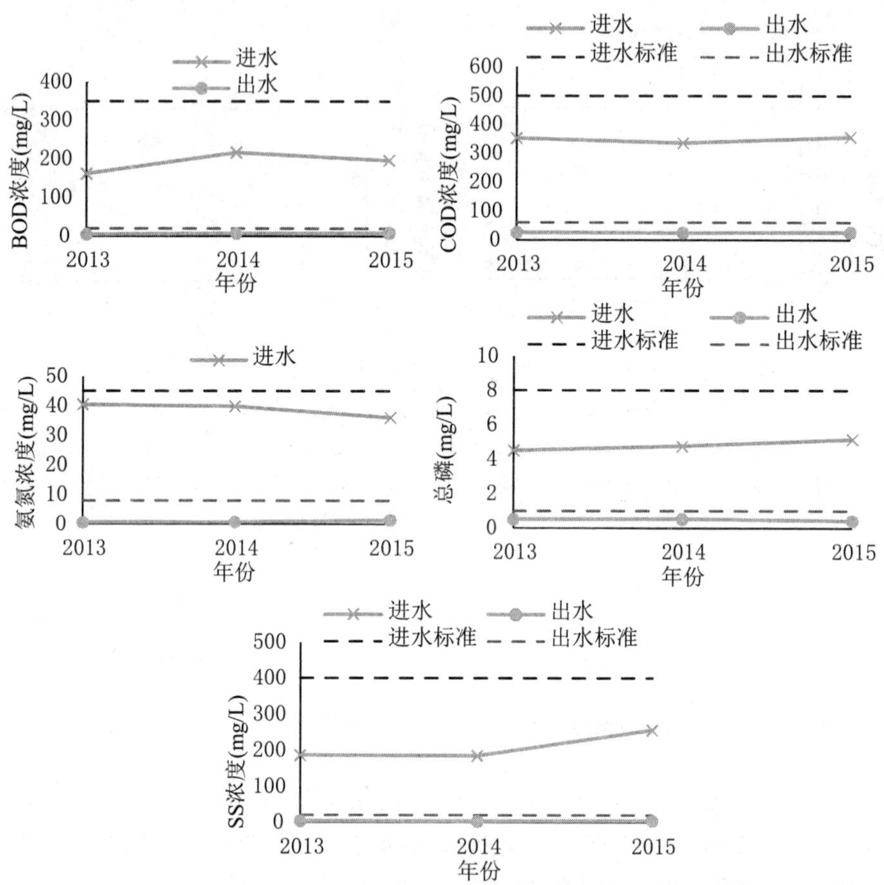

图4-5　E污水处理设施进出水污染物浓度与国家及行业标准值的对比[1]

从图4-5可以看出，E污水处理设施无论是进水水质还是出水水质，

[1] 图4-5中BOD是生化需氧量的缩写，COD是化学需氧量的缩写，SS是悬浮物的缩写。

BOD、COD、氨氮、总磷和 SS 五项指标与国家及行业标准值相比较均处于标准值要求以下，这也与环保行政主管部门的执法监督检查结果相吻合。此外，E 污水处理设施出水水质的达标也与当地对于污水处理厂污染物排放标准级别的选择有较大关系。E 污水处理设施在与当地政府签订的 PPP 协议中对于污水处理厂污染物排放标准级别的约定是一级 B 标准，这使得 E 污水处理设施在 2013 年~2015 年出水水质全部达标。

3. F 污水处理设施

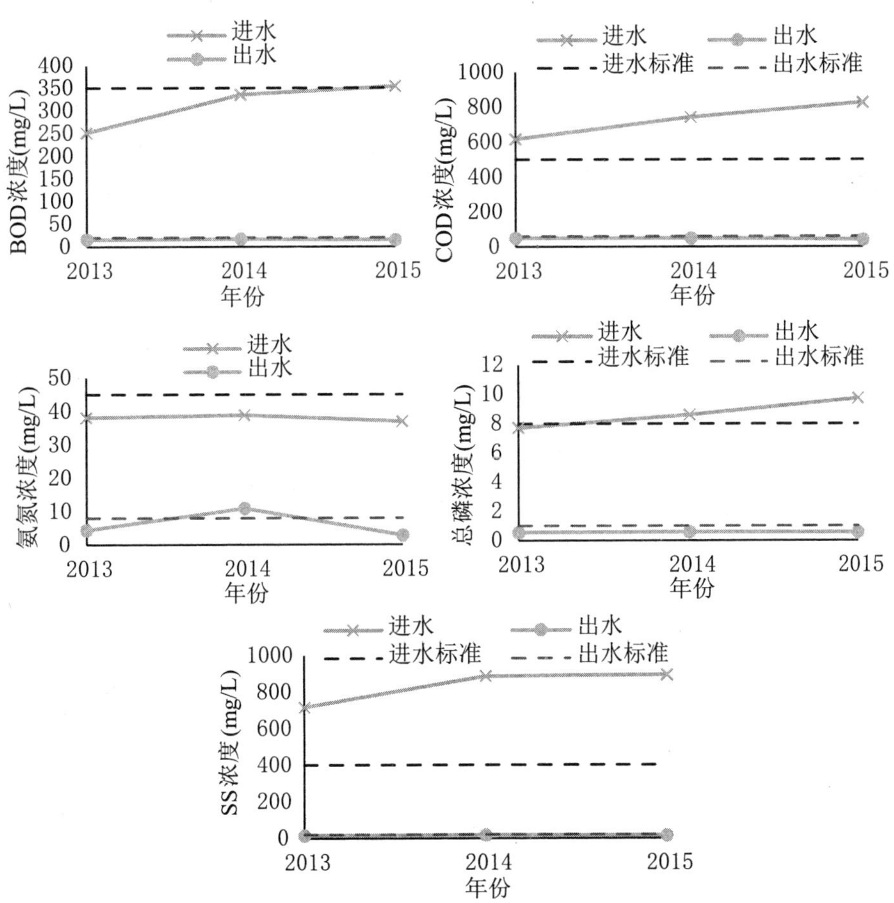

图 4-6 F 污水处理设施进出水污染物浓度与国家及行业标准值的对比〔1〕

〔1〕 图 4-6 中 BOD 是生化需氧量的缩写，COD 是化学需氧量的缩写，SS 是悬浮物的缩写。

从图 4-6 可以看出，F 污水处理设施在进水水质方面，COD、总磷和 SS 三项指标与行业标准值相比较，均不同程度地存在超标问题，其中 SS 最为严重，其次是 COD，最后是总磷。由于 F 污水处理设施服务区域范围较大，覆盖了城市两个主城区，所在区域近年来人口迅速增长，生活污水排放量大。该区域也是工业企业较为集中的区域，工业污水大量排放，COD 和总磷浓度较高。F 污水处理设施的各项出水指标已基本上接近国家标准值，且氨氮浓度指标在 2014 年~2015 年间上升较快，在 2014 年超出了国家标准值。与 E 污水处理设施一样，F 污水处理设施在与当地政府签订的 PPP 协议中对于污水处理厂污染物排放标准级别的约定也是一级 B 标准，这使得 E 污水处理设施在 2013 年~2015 年出水水质全部达标。但如果以《城镇污水处理厂污染物排放标准》一级 A 标准来衡量，则 F 污水处理设施在 2013 年~2015 年出水水质 BOD、总磷和 SS 三项指标全部超标，其中 BOD 超标 58.4%（以出水 BOD 浓度三年平均值计算），总磷超标 34.0%（以出水总磷浓度三年平均值计算），SS 超标 70.8%。

4. G 污水处理设施

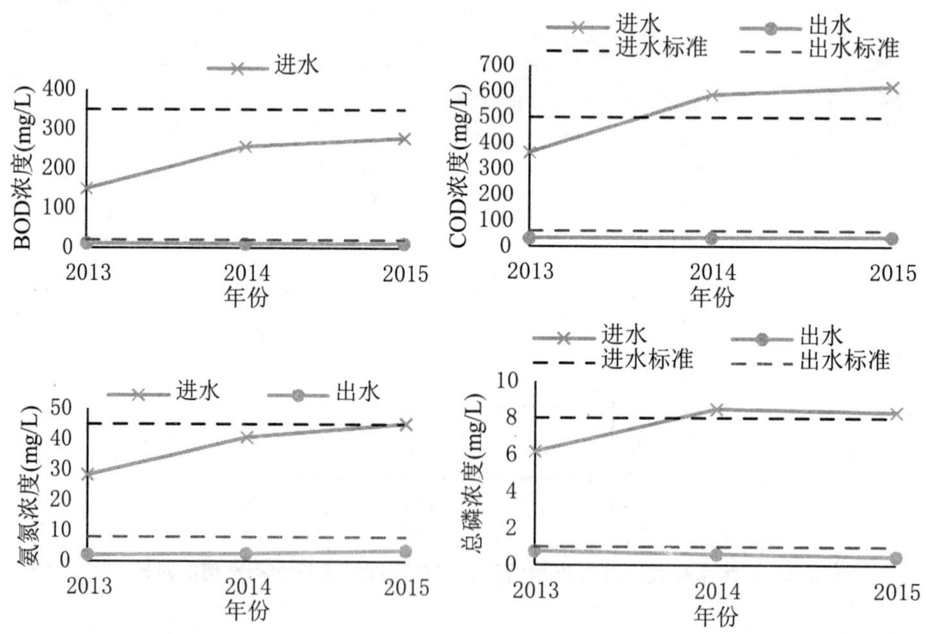

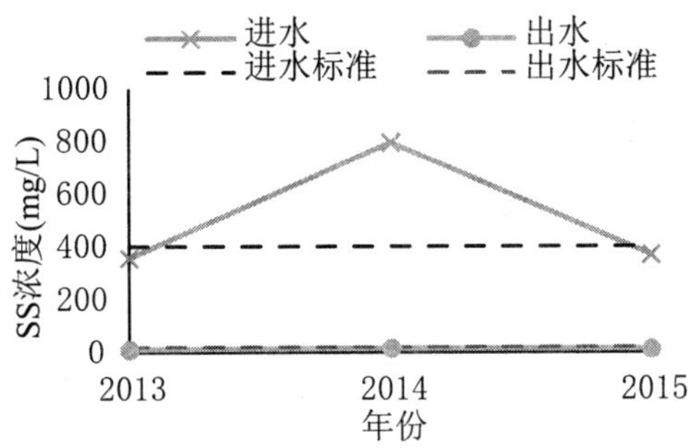

图 4-7 G 污水处理设施进出水污染物浓度与国家及行业标准值的对比[1]

从图 4-7 可以看出，G 污水处理设施在进水水质方面，COD、总磷和 SS 三项指标与行业标准值相比较，均不同程度地存在超标问题，其中 SS 最为严重，其次是 COD，最后是总磷。结合实证调研来看，G 污水处理设施服务区域私设排污口问题较为突出，生活污水和工业污水直排造成水质污染。与 E、F 污水处理设施相似，G 污水处理设施在与当地政府签订的 PPP 协议中对于污水处理厂污染物排放标准级别的约定也是一级 B 标准，这使得 E 污水处理厂在 2013 年~2015 年出水水质全部达标。但如果以《城镇污水处理厂污染物排放标准》一级 A 标准来衡量，则 G 污水处理设施在 2013 年~2015 年出水水质 BOD、总磷和 SS 三项指标全部超标。其中 BOD 超标 12.3%，总磷超标 24.0%，SS 超标 38.2%。

5. H 污水处理设施

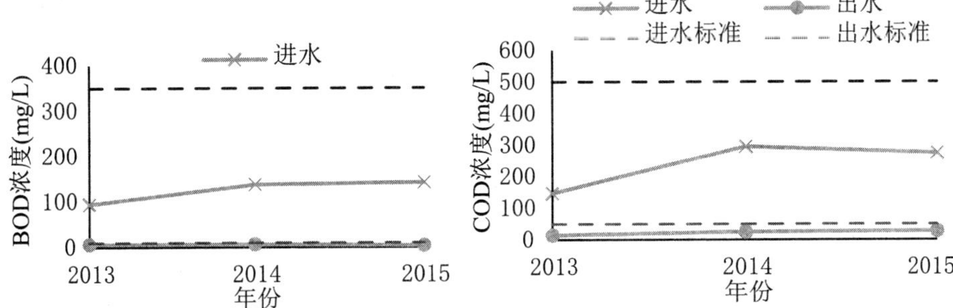

〔1〕 图 4-7 中 BOD 是生化需氧量的缩写，COD 是化学需氧量的缩写，SS 是悬浮物的缩写。

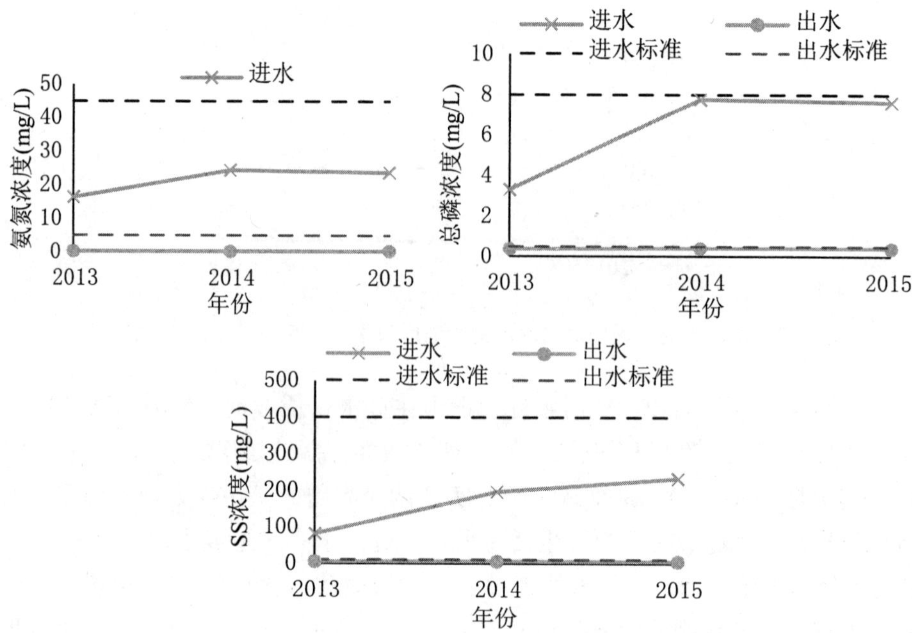

图 4-8　H 污水处理设施进出水污染物浓度与国家及行业标准值的对比〔1〕

从图 4-8 可以看出，H 污水处理设施在进水水质方面，五项污染物指标均低于行业标准值，从实证调研来看，H 污水处理设施所在地区属于国家级生态区，当地在河流治理和水生态系统修复方面工作力度较大，加之该地与城市主城区相比人口少、历史遗留问题少，因此虽然 H 污水处理设施在与当地政府签订的 PPP 协议中对于污水处理厂污染物排放标准级别的约定也是一级 A 标准，但其出水水质全部达标。

从实证调研数据来看，关于五项污染物浓度的行业平均去除率如下：BOD 为 96.4%，COD 为 91%，氨氮为 88.6%，总磷为 91.7%，SS 为 97.8%。从图 4-9 来看，在 BOD 浓度去除率方面，E 和 H 污水处理厂达到并超过行业平均水平，F 和 G 污水处理厂则低于行业平均水平，结合图 4-6 来看，F 厂在 BOD 指标上的进水水质差可能是影响其去除率的原因之一；在 COD 浓度去除率方面，E~H 污水处理厂均达到并超过了行业平均去除率，唯独 D 污水处理厂低于行业平均水平。结合图 4-4 来看，其进水水质有关 COD 浓度一项是

〔1〕 图 4-8 中 BOD 是生化需氧量的缩写，COD 是化学需氧量的缩写，SS 是悬浮物的缩写。

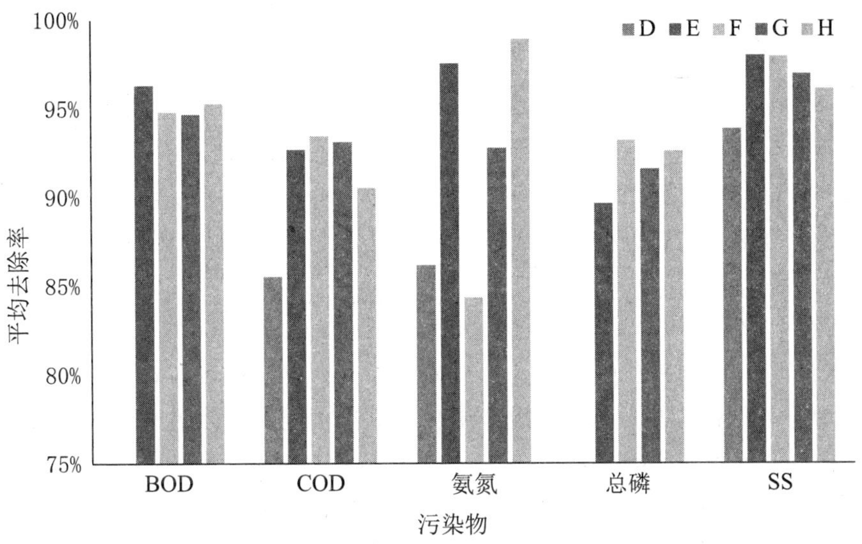

图 4-9　D~H 污水处理设施五项污染物的平均去除率

远低于行业标准值的，因此其原因可能与排水管理（雨污分流、取消自备水源、改造管网收集系统）以及排水设施维护有关（邹顺利，2011 年）；在氨氮浓度去除率方面，E、G 和 H 污水处理厂均达到并超过了行业平均去除率，而 D 和 F 污水处理厂则低于行业平均去除率。结合图 4-4 和图 4-6 来看，两厂的进水水质有关氨氮浓度一项均是低于行业标准值的，因此其原因可能与工艺技术调整（补充碳源、提高活性污泥质量）有关（管小乐等，2014 年）；在总磷浓度去除率方面，F、G 和 H 污水处理厂均达到并超过了行业平均去除率，唯独 E 污水处理厂略低于行业平均去除率，结合图 4-5 来看，该厂的进水水质有关总磷浓度一项是低于行业标准值的，因此其原因可能与工艺技术调整（沉淀效率、泥龄）以及药剂的投加有关（邱慎初，2002 年）；在 SS 浓度去除率方面，E 和 F 污水处理厂均达到并超过了行业平均去除率，D、G 和 H 污水处理厂则略低于行业平均去除率。结合图 4-4、图 4-7 和图 4-8 来看，G 污水处理厂在 SS 指标上的进水水质差可能是影响其去除率的原因之一，D 和 H 污水处理厂则可能与工艺技术调整（活性污泥浓度）以及药剂的投加（铝铁盐、聚合氯化铝和硫酸铝）有关（倪璟叶等，2014 年）。

三、小结

采用 PPP 模式的城市污水集中处理设施经济绩效与环境绩效特征的归结，是运用相关法律制度对其运营中出现的法律问题实施规制的前提和基础，也是在 PPP 背景下探讨“集中式再生利用设施”运营的基本前提。本节采用访问研究法和数据包络分析法相结合的研究方法，通过对实证调研数据的分析，得出了如下结论：

（1）从被调研的 7 座污水处理设施 2013 年~2015 年的经济绩效数据来看，6 座采用 PPP 模式的污水处理设施（A、C、D、E、F、G）的纯技术效率值均为 1，显示 DEA 相对有效，说明这些污水处理设施的工艺技术可以满足目前污水处理的实际需要。

（2）从被调研的 7 座污水处理设施 2013 年~2015 年的经济绩效数据来看，6 座采用 PPP 模式的污水处理设施中有 3 座（A、C、D）的综合技术效率值均小于 1，显示 DEA 相对无效，说明这些污水处理设施的投入要素存在减少的余地。此外，规模效率偏低也是造成以上 3 座污水处理设施综合技术效率值小于 1 的重要因素。这些污水处理设施均位于城市远郊区/县，排水管网配套滞后、设施运行负荷率低/高的问题均不同程度地存在。此外，这 3 座污水处理设施的各项投入指标均不同程度地存在松弛变量值，意味着这些污水处理设施的投入存在冗余。药剂费成为各设施改进幅度最大的共通性指标，由于这些污水处理设施与当地政府签订的 PPP 协议中均执行的是《城镇污水处理厂污染物排放标准》（GB18918-2002）一级 A 标准，从一个侧面反映出以上 3 座污水处理设施普遍存在“进水”水质差的问题。

（3）从被调研的 7 座污水处理设施 2013 年~2015 年的经济绩效数据来看，6 座采用 PPP 模式的污水处理设施中有 3 座（E、F、G）的综合技术效率值均等于 1，显示 DEA 相对有效。这 3 座污水处理设施均位于城市主城区，有较为完善的排水规划，排水管网配套良好且设施运行负荷与排水实际衔接较好。

（4）从被调研的 7 座污水处理设施 2013 年~2015 年的经济绩效数据来看，6 座采用 PPP 模式的污水处理设施除 F 污水处理设施外，单位污水处理总成本均超过了 0.8 元/吨的污水处理费征收标准，显示现有污水处理费无法覆盖污水处理全成本，政策补贴成为采用 PPP 模式的污水处理设施的主要收入来源。

（5）从被调研的5座污水处理设施2013年~2015年的环境绩效数据来看，有2座污水处理设施进水水质存在相关污染物浓度超标问题：F污水处理设施进水中的BOD、COD和总磷在2013年~2015年均存在超标；G污水处理设施进水中的COD、总磷在2014年和2015年存在超标，氨氮在2015年存在超标，SS在2014年存在超标。

（6）从被调研的5座污水处理设施2013年~2015年的环境绩效数据来看，有3座污水处理设施出水水质存在相关污染物浓度超标问题：D污水处理设施虽然从实证调研收集的数据分析来看其出水水质是达标的，但环保执法监督检查则证明其出水水质并未达标，超标问题还较为严重。F和G污水处理设施从调研数据分析结果来看，其出水水质之所以达标，是因为其与当地政府在PPP协议中关于出水水质标准约定执行的是《城镇污水处理厂污染物排放标准》一级B标准。在"水十条"发布后，污水处理设施的污水排放标准提高是大势所趋，以一级A标准来衡量，则F污水处理设施在2013年~2015年出水水质BOD、总磷和SS三项指标全部超标，其中BOD超标58.4%（以出水BOD浓度三年平均值计算），总磷超标34.0%（以出水总磷浓度三年平均值计算），SS超标70.8%（以出水SS浓度三年平均值计算）。G污水处理设施在2013年~2015年出水水质BOD、总磷和SS三项指标全部超标，其中BOD超标12.3%（以出水BOD浓度三年平均值计算），总磷超标24.0%（以出水总磷浓度三年平均值计算），SS超标38.2%（以出水SS浓度三年平均值计算）。

总的来说，从采用PPP模式的城市污水集中处理设施经济绩效与环境绩效的分析结果来看，问题集中在"水质"（进水水质超标和出水水质超标问题并存）、"水量"（管网配套滞后和设施运行负荷率过高或过低问题并存）和"水费"（城市污水处理费无法覆盖城市污水集中处理设施的全运营成本）三个方面。那么，这些问题既然都集中于"PPP污企"运营本身，与城市污水再生利用的逻辑关联又表现在何处呢？拿"水质"来说，进水水质的超标，势必增加"PPP污企"的运营成本并增大经过处理的污水水质超标的风险。出水水质超标，势必影响再生水水质的优劣，因为再生水是以经过处理的污水作为"原水"加工制作而得的。拿"水量"来说，管网配套滞后，势必影响"PPP污企"的运行负荷，因为在无法对排水户排放的污水做到"应收尽收”的前提下，进入“PPP 污企”的“进水”水量过小无法满足“PPP 污企”的设计负荷，造成“PPP 污企”被称为“晒太阳工程”。这种情况下“PPP 污企”自身的运行尚且无法保证，更遑论附设于其上的再生水利用设施的正常运转。拿“水费”来说，城市污水处理费无法覆盖城市污水集中处理设施的全运营成本，城市污水处理费的支付常出现迟延或拖欠，“PPP 污企”无法保证正常运营，由此，再生水利用设施的运转也无法提上议事日程。

第二节　城市污水再生利用实证调研思路与结果（国有模式）

一、城市污水再生利用实证调研思路

对于以城市污水集中处理设施为载体建设的“国有模式”的“集中式再生水利用设施”的实证调研思路，与“PPP 模式”相比而言“有同有异”。二者的相同之处在于：

首先，实证调研的核心（相关法律关系主体权利义务围绕的对象）相似，即“水质”“水量”和“水费”；

其次，实证调研的方法相似，即围绕经济绩效和环境绩效的优劣，讲求“定量研究”与“定性研究”的有机结合。

二者的不同之处在于，“PPP 模式”调研的重点并不是直接针对附设于其上的再生水利用设施的运营，而在于城市污水集中处理设施本身的运营。与之相反的是，“国有模式”调研的重点恰恰是直接针对再生水利用设施的运营，即将运营放在再生水具体适用领域中来审视经济绩效和环境绩效的优劣。

二、城市污水再生利用的实证调研结果

（一）公园类

本书选取了西安市丰庆公园（以下简称“丰庆公园”）作为再生水利用——公园类的实证调研地，分别从再生水利用取得的经济和环境绩效、再生水利用中存在的法律问题两个视角展开了研究：

1. 再生水利用取得的经济和环境绩效

本书之所以选取丰庆公园作为调研地，一方面因为该公园是西安市最早

使用再生水的公园——2002年一期工程完工后不久就与“国有污企”[1]签订合同引入再生水作为景观用水使用，使用至今已有近十二年，是西安市所有已建成公园中使用再生水时间最长的公园；另一方面与公园自身的性质有关。丰庆公园是西安市公园改革的试点单位，即属于按照企业管理的自收自支的事业单位。丰庆公园所有可用于商业开发的门面及底商全部由政府财政统一核算招标拍卖并实行收支两条线管理，政府财政按照核算过的丰庆公园运营成本拨付资金。因此，比之于西安市其他运营中的公园，丰庆公园节约运营成本、减少开支项目的需求更为迫切。

本书通过调研发现，2014年丰庆公园全年用水量为17万吨/年，按照现有工商业用水价格4.9元/吨计算，用水成本在83.33万元/年。按照现有再生水价格1.24元/吨计算，用水成本在21.08万元/年，年节约62.25万元。鉴于再生水使用在节约成本方面的明显优势，园方在景观环境用水之外还将再生水用于园林绿化、冲厕和道路清扫、局部建筑施工和消防等用途上。由此，丰庆公园在再生水利用方面不仅实现了自身显著的经济绩效，而且为西安市城西居民提供了一个休闲娱乐的好场所并彰显了环境绩效。

2. 再生水利用中存在的法律问题——“丰庆公园5·12死鱼事件”

本书在就丰庆公园再生水利用的情况展开调研时，恰好遇到了“丰庆公园5·12死鱼事件”，由此，公园类再生水利用中存在的法律问题也随之浮出水面。事件的经过是，2015年5月12日在丰庆公园晨练的市民发现公园水体上漂浮有大量死鱼，因害怕死鱼流入市场给广大社会公众的饮食和身体健康造成损害，相关市民通知了新闻媒体，有关媒体在简单询问了在公园晨练的相关市民后以“西安市丰庆公园大量白鲢死亡，或与使用中水有关”为题进行了报道。事件发生后，西安市环保局、水务局和“国有污企”高度重视，专门聘请了陕西省水产研究院的相关专家对事件进行实地调研和会商分析，结论是：此次事件中死亡的基本上都是白鲢鱼，该鱼种属于浅层水体鱼类，体型较大且对水体含氧量要求较高。事件发生前西安市天气闷热且气压低，加之再生水比之于自来水，水体中如氨氮类的耗氧污染物更多；此外，丰庆公园建园之初在规划设计时就存在缺陷，由于该公园是在西安老机场的基础上改建而来，公园水体进水口与出水口的距离很近，公园水体中形成较多的

---

〔1〕从本节开始，将采用国有模式的城市污水处理设施称为“国有污企”。

死水区，因此造成了特定品种鱼类较大面积的死亡。

从专家结论可以看出，“丰庆公园5·12死鱼事件”是多种因素交互作用的结果，相关媒体在未进行深入调查和科学研判的基础上进行的报道显然存在误导。课题组在事后也对相关政府部门、“国有污企”和园方进行了走访，一方面，“国有污企”向丰庆公园提供的再生水符合国家标准——城市污水再生利用景观环境用水水质（GB/T18921-2002），属于合格产品；另一方面，鉴于“丰庆公园5·12死鱼事件”带来的不利影响，园方本着“多一事不如少一事”的态度，认为今后避免发生类似事件的最好办法是不在公园水体中养殖鱼类。“国有污企”也积极向园方提出改进措施和意见建议，但是由于丰庆公园独特的性质，增加预算必须经过公园主管部门以及财政部门的审核方可实施，至少在近期内，“国有污企”提出的改进方案无法实施。由此，再生水利用中的法律问题之一——由再生水用途引发的再生水水质争议就此形成。

（二）工业类

本书选取了西安热电有限责任公司（以下简称“热电公司”）作为再生水利用——工业类的实证调研地，分别从再生水利用取得的经济和环境绩效、再生水利用中存在的法律问题两个视角展开了研究：

1. 再生水利用取得的经济和环境绩效

本书之所以选取热电公司作为调研地，一方面是因为该公司是西安市最早使用再生水的工业企业——2003年5月公司成立后不久就于次年与“国有污企”签订合同引入再生水作为工业用水使用，使用至今已有近十一年，是西安市所有工业企业中使用再生水时间最长的企业；另一方面与用量有关。热电公司在用水峰值年份年用水超过500万吨，仅此一家企业在“国有污企”再生水的年供给量中所占比例就可达到近10%。

本书通过调研发现，热电公司2014年全年用水量为435万吨/年，按照现有工商业用水价格4.9元/吨计算，用水成本在2131.5万元/年。按照现有再生水价格1.24元/吨计算，用水成本在539.4万元/年，年节约1592.1万元。从2004年再生水投入使用至今，热电公司已累计使用再生水约3000万吨，节约成本10 980万元。鉴于再生水使用在节约成本方面的明显优势，热电公司在工业用水之外还将再生水用于园林绿化、冲厕和道路清扫、局部建筑施工和消防等用途上。由此，热电公司在再生水利用方面不仅实现了自身显著的经济绩效，也为缓解西安市水资源紧张作出了贡献并彰显了环境绩效。

2. 再生水利用中存在的法律问题——“合同纠纷”

根据《西安市城市污水处理和再生水利用条例》（以下简称《西安再生水条例》）第30条、第33条以及“国有污企”（甲方）和热电公司（乙方）签订的《再生水供用合同书》第1条的规定，“国有污企”负有的法定义务和约定义务包括：（1）供应符合国家标准的再生水；（2）与用户签订合同，不得擅自间断或者停止供水；（3）再生水利用系统的出水有多种用途时，其水质标准应当按照最高使用要求确定。甲乙双方之所以会出现纠纷，原因是热电公司在2010年以前将再生水主要用于循环冷却水系统，2010年以后开始引入再生水作为锅炉的补充水。锅炉水与循环冷却水相比对水质的要求更高，且在全国热电厂循环冷却系统和锅炉系统技术升级改造的大背景下，热电公司也相应地对技术进行了调整。然而，“国有污企”向热电公司提供的再生水仍然执行的是2005年制定的国家标准——城市污水再生利用工业用水水质（GB/T19923-2005）。热电公司认为“国有污企”提供的再生水水质不稳定，无法满足技术升级改造后的设备要求，导致热电公司必须使用额外的制水设备对再生水进行处理再作为循环冷却系统和锅炉系统的用水，增加了额外的经营成本，因此，在一个合同年度结束结算时只同意支付50%的费用。

一方面，“国有污企”向热电公司提供的是符合国家标准的再生水；另一方面，由于热电公司技术的升级改造，对再生水的利用提出了更高的要求，再生水利用中的法律问题之二——由技术升级改造引发的再生水水质争议就此形成。尤其值得关注的是，热电公司本身就身份特殊，属于所谓的“公用企业”。按照国家相关法律、法规的规定，公用企业负有“持续供应义务”，由此，即便热电公司不愿选择“国有污企”作为合作伙伴，也不能擅自停产而选择其他再生水经营单位。按照国家相关法律、法规的规定，“国有污企”实际上也负有“持续供应义务”，但并未享受与之相应的政策扶持或利益补偿，反倒是不相称的义务承担（如，再生水出水有多种用途时，其水质标准应当按最高使用要求确定），导致“国有污企”无法拒绝热电公司这样的合作伙伴，并需承担由合同履行带来的额外成本。

（三）汽车4S店类

本书选取了西安航空四站汽车4S店（以下简称“航空四站”）作为再生水利用——汽车4S店类的实证调研地，分别从再生水利用取得的经济和环境绩效、再生水利用中存在的法律问题两个视角展开了研究：

1. 再生水利用取得的经济和环境绩效

本书之所以选取航空四站作为调研地，是因为该公司是西安市最早使用再生水的汽车4S店——在2005年就与“国有污企”签订合同引入再生水作为车辆冲洗使用，使用至今已有近十年，是西安市所有汽车4S店中使用再生水时间最长的企业。

本书通过调研发现，航空四站2014年全年车辆冲洗用水量为3.2万吨/年，按照现有特种行业用水价格17元/吨计算，用水成本在54.4万元/年。按照现有再生水价格1.24元/吨计算，用水成本在3.968万元/年，年节约50.432万元。鉴于再生水使用在节约成本方面的明显优势，航空四站在车辆冲洗之外还将再生水用于园林绿化、冲厕和道路清扫、局部建筑施工和消防等用途上。由此，航空四站在再生水利用方面实现了显著的经济绩效和环境绩效。

2. 再生水利用中存在的法律问题——“管网损坏”

本书在调研中发现，以2014年为例，“国有污企”停止供水多达7次，每一次时间最长的可达半月之久。这给航空四站在日常经营中带来极大不便，一方面，航空四站必须在再生水停止供应时将全部管网切换至自来水系统；另一方面，车辆冲洗用水属于特殊行业用水且价格高昂，使得航空四站增加了额外的经营成本。笔者通过走访发现，造成“国有污企”停止供水的主要原因是其管网屡遭损坏。上文中提到的热电公司就曾数次在自己管网的建设挖掘中损坏了“国有污企”的再生水管网。根据《西安再生水条例》第34~37条、第45~46条的规定，再生水设施（包括管网）的管理和维护义务主体是再生水经营单位，当出现未在政府相关主管部门划定的再生水利用设施的安全保护范围内侵占设施、设备或者未经批准在安全保护范围内进行建设活动的情形时，由政府相关主管部门处以责令停止违法行为、采取补救措施、行政罚款的法律责任。

然而，实践中的问题是，一方面，像热电公司这样的企业在施工前都履行了法定报备义务。另一方面，从上文中有关实际调研的统计数据中可知，热电公司属于“国有污企”的用水“大户”，出现相关设施损坏事件时只要其事后进行修复，“国有污企”作为再生水设施的管理和维护义务主体也不愿将再生水设施受到损害的情况上报给政府相关主管部门，而政府相关主管部门限于日常监管面广、人员和资金有限的实际，可能根本不知道再生水设施受损，当然也无法依法对像热电公司这样的企业进行行政处罚。此外，现有法条中也没有因管网受损造成再生水用户的损失，由损害设施单位承担民事责任的条款，而实践中如果像航空四站这样的用户以此要求“国有污企”承担违约责任，“国有污企”就只能承担由此给用户造成的损失并进而增加运营成本。

（四）住宅小区类

本书选取了西安高新区枫林华府小区（以下简称“枫林华府”）作为再生水利用——住宅小区类的实证调研地，分别从再生水利用取得的经济和环境绩效、再生水利用中存在的法律问题两个视角展开了研究：

1. 再生水利用取得的经济和环境绩效

本书之所以选取枫林华府作为调研地，一方面因为该小区是西安市最早使用再生水的小区——2006 年建成后就与“国有污企”签订合同引入再生水作为杂用水（园林绿化、道路清扫）和景观环境用水，使用至今已有近十年，是西安市所有住宅小区中使用再生水时间最长的小区；另一方面与“再生水入户”有关。目前，西安市所有的住宅小区均未做到“再生水入户”，而北京等城市已有先例，《西安再生水条例》第 17 条规定：“本条例施行前已建成使用的建筑物，应当根据城市污水处理和再生水利用区域规划，逐步进行改造，配套建设再生水利用设施。”枫林华府即属于条例规定范围内的建筑物，通过实证调研可检证法条的现实适应性。

2. 再生水利用中存在的法律问题——“已建成建筑物的再生水设施配套改造”与“再生水用户权益保护”

（1）已建成建筑物的再生水设施配套改造。笔者在调研中发现，已建成建筑物的再生水设施配套改造在实践中困难重重：A. 已建成建筑物在规划建设时就没有将再生水配套设施建设考虑在内，另外，之所以未能较早就考虑“再生水入户”，仍然是与再生水水质相关。现有的再生水除了氮、磷、钾等指标外，粪大肠杆菌群数等指标也高于自来水，自来水与再生水的混用会给再生水用户带来潜在隐患；B. 如果对现有已建成建筑物进行改造，以枫林华府为例，建设再生水泵房占地在 400 平方米，投资在 300 万左右。反之，如果在以上区域面积上建设地下或地上停车场可容纳停车位 30 个，按一个车位 25 万元~26 万元的销售价格，加上每个月 150 元~300 元不等的管理费计算，对于小区的开发商和物业公司来讲都是一笔不菲的收入。在现有法律条款缺乏相应法律责任以及相应的经济激励措施的情况下，已建成建筑物的再生水设施配套改造遥遥无期。

(2)“再生水用户权益保护”。按照《西安再生水条例》第32条第2款的规定：“再生水设施和管线应当有明显标识，再生水利用设施的取水口应当有防护措施，并标有‘非饮用水’字样。”本书在调研中发现，不仅是枫林华府小区，在本书调研的西安城墙景区等其他再生水使用单位，都未能加装明显标识，这对于不熟悉再生水的人群，尤其是老人、儿童和外来务工者的身体健康都是潜在的隐患。

三、小结

本节通过对“国有污企”再生水利用中的经济与环境绩效的调研，对公园类、工业类、汽车4S店类和住宅小区类再生水用户在再生水使用中出现的法律问题进行了归纳和梳理。“国有污企”在再生水利用中出现的法律问题虽然也可以归纳为“水质”“水量”和“水费”，但与“PPP污企”不同的是，在“水质”方面，“国有污企”除了会遇到“PPP污企”运营中出现的作为再生水“源水”的污水的“进出水水质超标”问题以外，在再生水利用实践中更是会直面由于水质标准引发的再生水水质问题，也折射了在再生水使用中如何处理“安全”与“效率”的价值选择与判断；在“水量”方面，“国有污企”与“PPP污企”不同的是，前者较少会出现由管网配套严重滞后造成的再生水运营障碍问题。虽然从再生水利用的整体层面来看，再生水的管网配套滞后于发展是一个现实问题，但鉴于“国有污企”与政府之间的紧密关系，只要“国有污企”提出请求，政府财力许可资金配套到位，管网配套并不是“国有污企”需要面对的最主要问题。目前困扰其再生水“水量”的恰恰是再生水管网损坏造成的再生水用户损失问题。

第五章 CHAPTER5

城市污水再生利用法律问题的制度成因分析（PPP模式）

第一节 城市污水再生利用中的“水质” 问题

一、“PPP 污企”的进水水质无法得到政府规制的保障

在以“PPP 污企”为载体建设的“集中式再生水利用设施”的运营中，可将其“水质”形成的全过程划分为三个阶段：第一个阶段是指工业污水、生活污水和降雨径流进入市政排水管网或自然水体[1]的阶段；第二个阶段是指直接排入市政排水管网或通过自然水体进入市政排水管网接入到“PPP 污企”的“进水”的阶段；第三个阶段是指接入到“PPP 污企”的“进水”经过处理后排放至自然水体的阶段（图 5-1）。

如图 5-1 所示，影响“PPP 污企”的进水水质的关键节点存在于“排水户排放接入到市政排水管网的污水”和“通过市政排水管网接入到特许污企的污水”两点上：

在第一个节点上，根据 2013 年 10 月颁布的《城镇排水与污水处理条例》和 2015 年 1 月颁布的《城镇污水排入排水管网许可管理办法》（以下简称“一条例一办法”）中有关城市排水主管部门的界定，中央层面的排水主管部门指的是住房和城乡建设部，但从省、市、县行政审批权和行政处罚权的行使来看，实践中大多是由水务部门作为城市排水的主管部门负责核发城市排

[1] 在有的地方，由于市政排水管网未能覆盖，排水户排出的污水会直接进入自然水体。

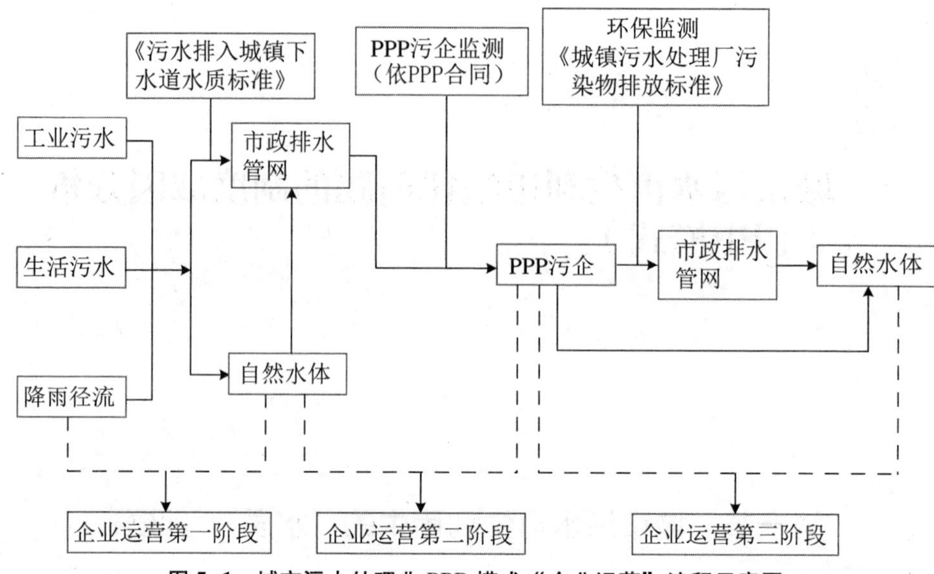

图 5-1　城市污水处理业 PPP 模式“企业运营”流程示意图

水许可证，对各种违规排水行为进行行政处罚。这种管理体制在实践中出现的问题是，市、县辖区范围内的排水管网大多是由市政部门负责建设和维护的，对于排水户的超标排污情况通常可以通过日常维护巡查在第一时间发现，但由于其并非是城市排水的主管部门，没有行政处罚权，因此只能向水务部门报告。水务部门接到报告会委托其下属的污水监测中心赶赴现场检测水质并固定证据，由于目前大多数城市的污水监测中心主要是对城市污水处理厂的进水水量和出水水量依托厂方上报的数据进行核定以作为日后城市污水处理服务费核发的依据，对于排水户排放进入排水管网的污水水质、污水处理厂的进水水质和出水水质，主要是依托环保部门对于“国控”和“省控”重点污染源的在线监测数据。由此，一方面排水户的超标排污行为是不定时的，污水监测中心无法实现与违法排污现场证据固定的实时对接，这进一步增加了“PPP 污企”对进水水质污染源的回溯及证据固定的困难；另一方面环保部门监控的重点污染源仅是排水户尤其是工业排水户中的一个组成部分，对于其他排水户排放进入排水管网的水质监测目前是逸出于分权体制下政府规制的范围之外的（表 5-1～表 5-5）。

表 5-1　建设行政主管部门的权力义务分担

	权利	义务
工业污水 生活污水	核发排水许可证（《城市排水许可管理办法》第 8 条）	1. 对排水户排放污水的情况实施监督检查（《城市排水许可管理办法》第 15 条），委托有资质的排水监测机构定期对排水户排放污水的水质检测，并向社会公开检测结果（《城市排水许可管理办法》第 17 条）。 2. 将监督检查的情况及有关问题的处理结果向社会公开（《城市排水许可管理办法》第 20 条）。 3. 加强对排放口设置以及预处理设施和水质、水量检测设施建设的指导和监督；对不符合规划要求或者国家有关规定，要求排水户采取措施，限期整改（《城镇排水与污水处理条例》第23 条）。

注：根据城市排水许可法规资料整理而得。

表 5-2　环境保护行政主管部门的权力义务分担

	权利	义务
工业污水 生活污水	1. 核发排污许可证（《水污染防治法》第 20 条） 2. 对国控、省控重点污染源企业进行监督（《国家重点监控企业污染源监督性监测及信息公开办法（试行）》）	1. 不依法作出行政许可或者办理批准文件的，发现违法行为或者接到对违法行为的举报后不予查处的，或者有其他未依照本法规定履行职责的行为的，对直接负责的主管人员和其他直接责任人员依法给予处分（《水污染防治法》第 69 条）。 2. 对国控、省控重点污染源企业进行监督后的信息公开［《国家重点监控企业污染源监督性监测及信息公开办法（试行）》］。

注：根据水污染防治和信息公开法律法规资料整理而得。

表 5-3　政府及其他有关组成部门的权力义务分担

	权利	义务
工业污水 生活污水	1. 要求造成水污染的企业进行技术改造，采取综合防治措施，提高水的重复利用率，减少废水和污染物排放量（《水污染防治法法》第 40 条）。 2. 对严重污染水环境的落后工艺和设备实行淘汰制度（《水污染防治法法》第 40 条）。 3. 禁止新建不符合国家产业政策的严重污染水环境的生产项目（《水污染防治法法》第 42 条）。	1. 合理规划工业布局（《水污染防治法》第 40 条）。 2. 通过财政预算和其他渠道筹集资金，统筹安排建设城镇污水集中处理设施及配套管网，提高本行政区域城镇污水的收集率和处理率（《水污染防治法》第 44 条）。

注：根据水污染防治法律法规资料整理而得。

表 5-4　“排水户”需要履行的法定环境义务

	法定环境义务
《城市排水许可管理办法》	1. 申请领取城市排水许可证书（第 3 条）。 2. 按照城市排水规划等有关要求，将污水排入城市排水管网及其附属设施（第 6 条）。 3. 办理城市排水许可证书（第 8 条）。 4. 排放的污水符合《污水排入城市下水道水质标准》（CJ3082）（第 8 条）。 5. 按照许可的规定排放污水（第 12 条）。
《城镇排水与污水处理条例》	1. 按照国家有关规定将污水排入城镇排水设施（第 20 条）。 2. 向城镇排水主管部门申领污水排入排水管网许可证（第 21 条）。 3. 按照国家规定缴纳污水处理费（第 32 条）。
《水污染防治法》	1. 排放水污染物，不得超过国家或地方规定的水污染物排放标准和重点水污染物总量控制目标（第 9 条）。 2. 保护水环境（第 10 条）。 3. 应当取得排污许可证（第 20 条）。 4. 不得无排污许可证或违反排污许可证的规定向水体排放污水（第 20 条）。 5. 作为直接或间接向水体排放污染物的企事业单位和个体工商户，应当向环保部门申报登记（第 21 条）。 6. 按照法律、法规和环保部门的规定设置排污口，不得私设暗管或采取其他规避监管的方式排放水污染物（第 22 条）。

续表

	法定环境义务
	7. 特殊排水户的水污染防治义务（油类、酸液、碱液或者剧毒废液；放射性固体废物或者含有高放射性和中放射性的物质；热废水；含病原体的；含有汞、镉、砷、铬、铅、氰化物、黄磷等的可溶性剧毒废渣）（第 29~33 条）。 8. 国控、省控重点污染源自行监测及信息公开［《国家重点监控企业自行监测及信息公开办法（试行）》］。 9. 缴纳排污费（第 24 条）。 10. 配合监督检查、提供必要资料（第 27 条）。 11. 采用原材料利用效率高、污染物排放量少的清洁工艺（第 43 条）。 12. 向城镇污水集中处理设施排放水污染物的，应当符合国家或地方规定的水污染物排放标准（第 45 条）。

注：根据城市排水、水污染防治和信息公开法律法规资料整理而得。

表 5-5　市政排水管网维护运营单位的主要职责

1. 贯彻执行市政基础设施建设维护、公用事业管理方面的法律法规和方针政策，起草地方性法规和规章草案，拟订中长期发展规划和年度计划，并组织实施。 2. 会同有关部门编制市政基础设施、公用事业建设维护年度投资计划；负责市政投资计划的组织实施，指导公用事业投资计划的实施；参与拟订市、区、开发区共同投资市政公用项目计划，并负责落实。 3. 负责城市道路、排水、桥梁、隧道、城市照明设施等市政基础设施项目建设、维护和管理；负责市政、公用事业建设维护单位的资质管理。 4. 负责城市道路、桥梁、隧道、城市照明等市政设施安全运营；组织、协调、指导市政工程、综合管线突发事故处理。 5. 负责城市地下管线综合管理，负责道路范围内各类综合管线项目的监督管理。 6. 负责城市供热、燃气等公用事业行业管理工作。 7. 负责城市户外广告设置与管理。 8. 负责市政公用基础设施建设维护方面的科学研究，组织科学技术交流与合作；会同有关部门组织对重大科技成果的鉴定、推广和应用。 9. 其他事项。

注：根据城市排水法规资料整理而得。

在第二个节点上，由于在现有的法律制度框架下，排水户的排水行为主要是通过申领各类许可证、[1]符合各类标准、[2]缴纳各类费用[3]和配合检查提供资料等方式实现的，其内在的制度逻辑是，只要“排水户”申领了各类许可证并缴纳了各类费用就可以排污，即便是出现了超标排污的情形，其查处也有赖于政府相关部门法定环境义务的履行，当政府相关部门“怠于履行”或“不依法履行”等法定归责情形出现时，政府机构仅承担“责令改正”的法律责任，政府人员仅承担“行政处分”的法律责任。由于前文中提到的环保部门、水务部门和市政部门在水质规制方面的衔接漏洞，此时在第二个节点上虽然“PPP 污企”对于接入到企业的污水也加装了在线监测装置，但一方面上游排水户的偷排行为是不定时的，且由于来水成分复杂很难进行污染源回溯而锁定偷排的排水户。另一方面在 PPP 合同中只有关于接入到“PPP 污企”“进水”的笼统约定，即对于“进水”水质超标情况，“PPP 污企”在做好日常记录的基础上要及时向主管部门报备，以作为日后核发污水处理费的参考性因素。由于无法确定具体的责任主体，“进水”水质差给“PPP 污企”造成的损失也自然没有了赔偿主体，实践中只要“进水”水质超标问题没有超过“PPP 污企”的承受负荷，考虑到 PPP 合同的长期性和投资回报收益的长期性，“PPP 污企”只能选择自我消化这部分额外增加的成本；此外，在有些市政排水管网未能覆盖到的区域，或者由于地理原因排水户将污水排入自然水体再进入“PPP 污企”处理的地方，同样存在政府规制力度不足、对于“PPP 污企”进水水质无法有效保障的情况。比如，实践中仍然存在一部分工业排水户向自然水体偷排的现象。虽然《环境保护法》第 338 条和最高人民法院、最高人民检察院《关于办理环境污染刑事案件适用法律若干问题的解释》中都对此类偷排行为进行了规制，意味着偷排行为的入刑，同时水行政主管部门对重点河湖断面通过加装监控装置强化取证和行政执法力度，但是这些“排水户”通过货运车辆将污染物直接偷排至自然水体行为一般都发生在夜间，选择的地点也都是较为偏僻的水域，限于执法力量，无论是环保部门还是水行政部门都很难查处。现有制度对于公民水环境保护的法定义务“偏软”（表 5-6~表 5-7）。特别是对于很多个体工商

〔1〕 包括城市排水许可证、污水排入排水管网许可证、排污许可证等。
〔2〕 包括污水排入城市下水道水质标准、水污染物排放标准等。
〔3〕 包括污水处理费、排污费等。

户，现有制度下依赖其主动申报，但很多从事畜禽饲养等行业的排水户不主动履行义务。虽然这些行为对自然水体造成的污染影响较小，但在“PPP污企”运营中，这些倾倒在自然水体中的各类杂物严重影响“PPP污企”诸如粗格栅等机器设备的运行并加速了折旧，由此也增大了“PPP污企”的运营成本。

表5-6　自然水体沿岸居民的法定环境义务

1. 公民应当增强环境保护意识，采取低碳、节俭的生活方式，自觉履行环境保护义务（《环境保护法》第6条）。 2. 任何单位和个人都有义务保护水环境，并有权对污染损害水环境的行为进行检举（《水污染防治法》第10条）。

注：根据水污染防治和环境保护法律法规资料整理而得。

表5-7　水行政主管部门的法定环境义务

1. 拟定水功能区划（《水法》第32条）。 2. 核定水域纳污能力，向环境保护行政主管部门提出该水域的限制排污总量意见（《水法》第32条）。 3. 对水功能区的水质状况进行监测，发现重点污染物排放总量超过控制指标的，或者水功能区的水质未达到水域使用功能对水质的要求的，应当及时报告有关人民政府采取治理措施，并向环境保护行政主管部门通报（《水法》第32条）。

注：根据《水法》整理而得。

二、政府的选择性规制有失公平

由实证调研可知，目前几乎所有的“PPP污企”都将“活性污泥法”作为主要的污水处理技术与工艺。所谓“活性污泥法”，就是由繁殖的微生物群体构成的污泥，通过沉淀与水分离，使得污水得到净化和澄清（李亚峰和晋文学，2011年），由此，微生物群体成为“活性污泥法”发挥效用的关键。如图5-1所示，在“PPP污企”的企业运营的第一个阶段和第二个阶段中遗留的问题，在企业运营的第三个阶段被放大了，原因是，环保行政主管部门对“PPP污企”的“出水”加装了“在线监测装置”，24小时不间断地将“出水”的相关指标传输至环保部门，一旦出现超标问题，就会依据相关法律法规对“PPP 污企”施以重罚。尤其值得注意的是，每一次对于“PPP 污企”的处罚都会被记录在案，作为日后核发城市污水处理服务费的依据。政府财政部门在核发城市污水处理服务费时，会依据水务部门提供的“PPP 污企”处理污水的“水量”和环保部门提供的“PPP 污企”处理污水的“水质”，如果有处罚记录，则会根据合同相应核减污水处理服务费。承担了重罚的“PPP 污企”拿到的是经过核减的城市污水处理服务费，进一步增加了日常运营的困难。实际上，回顾“PPP 污企”的企业运营的全流程我们会发现，政府规制体现了鲜明的“选择性”特点，对于排水户的规制侧重于“国控”和“省控”重点污染源，对于排放到自然水体的污水水质规制则主要侧重于对于“PPP 污企”的规制。这种规制模式在分权制结构下政府部门限于财力、人力和物力的限制实现规制绩效的最大化本无可厚非，但在“PPP 污企”的企业运营的全流程不能科学界分有关法律关系主体的权利义务的条件下，片面通过选择性规制实现规制绩效一方面有失公平，另一方面在有些权利义务矛盾较为突出的地方，这种规制模式也是不可持续的（表 5-8～表 5-9）。

表 5-8　“PPP 污企”需要履行的法定环境义务

	法定环境义务
《城市排水与污水处理条例》	1. 与城镇排水主管部门签订维护运营合同，明确双方权利义务（第 28 条）； 2. 依照法律、法规和有关规定以及维护运营合同进行维护运营，定期向社会公开有关维护运营信息，并接受相关部门和社会公众的监督（第 28 条）； 3. 保证出水水质符合国家和地方规定的排放标准，不得排放不达标污水（第 29 条）。 4. 按照国家有关规定检测进出水水质，向城镇排水主管部门、环境保护主管部门报送污水处理水质和水量，主要污染物削减量等信息，并按照有关规定和维护运营合同，向城镇排水主管部门报送生产运营成本等信息（第 29 条）； 5. 为进出水在线监测系统的安全运行提供保障条件（第 34 条）； 6. 保证按照法律、法规和有关规定以及维护运营合同进行维护运营，不得擅自停运或者部分停运（第 36 条）。

续表

	法定环境义务
《水污染防治法》	1. 保护水环境（第 10 条）； 2. 取得排污许可证（第 20 条）； 3. 申报登记（第 21 条）； 4. 设置排污口（第 22 条）； 5. 配合监督检查、如实提供资料（第 27 条）； 6. 按照国家规定向排污者提供污水处理的有偿服务（第 44 条）； 7. 对出水水质负责（第 45 条）。
《水污染防治法实施细则》	1. 向所在地县级以上地方政府环保部门提交《排污申报登记表》（第 4 条）； 2. 出水水质，按照国家规定的或者地方规定的污染物排放标准执行；对出水水质负责（第 15 条）。

注：根据城市排水和水污染防治法律法规资料整理而得。

表 5-9　政府所属部门的法定环境义务

	法定环境义务
《环境保护法》	企业事业单位和其他生产经营者违法排放污染物，受到罚款处罚，被责令改正，拒不改正的，依法作出处罚决定的行政机关可以自责令改正之日的次日起，按照原处罚数额按日连续处罚。

注：根据《环境保护法》整理而得。

第二节　城市污水再生利用中的“水量”问题

“PPP 污企”的正常运营，除了满足“水质”要求外，“水量”也是不可偏废的。原因在于，首先，排水户排放的足够当量的污水是“PPP 污企”正常运营的前提。城市污水处理有“分散式”和“集中式”两种模式。虽然《环境保护法》第 41 条和《水污染防治法》第 17 条等法律法规中均规定了建设项目的“三同时”制度，但鉴于“分散式”治污模式覆盖范围的有限性和治污能力的非专业性，“集中式”治污模式有其自身特有的优势。其次，排水户排放的污水当量是“PPP 污企”的设计规模和工艺选择的重要前提。如果研究不能建立在对城市供水数据、城市排水数据、城市社会经济发展数据等大量详细可靠的资料、基础数据占有并进行深入细致分析的基础上，是无法采用科学的方法对未来发展进行预测，并考虑多种影响因素综合确定污水处理规模的。如果“PPP 污企”的设计规模过小，一方面不能满足城市污水处理要求，另一方面不具有规模效益，建设不经济。相反，如果建设规模过大，实际污水量无法达到设计处理水量，造成污水处理能力闲置，污水处理价格将会大幅度升高（李明，2010 年）。由此，对于“PPP 污企”项目的规划就显得非常重要。

城乡规划是政府一定时期内城市、镇、乡、村庄的建设布局、土地利用以及经济和社会发展有关事项的总体安排和实施措施，是政府指导和调控城乡建设和发展的规划体系。城乡规划一方面在统筹城乡发展、协调区域发展方面发挥其自身效用使得各类建设行为实现经济绩效的最大化；另一方面，城乡规划通过对城市空间和土地使用的控制或调节，改变城乡各组成要素之间及其与环境的相互作用关系，进而影响着城乡空间的环境绩效。城乡规划法决定了规划过程的“规则”，构成了城乡规划的决策过程、编制过程和行政过程的规划主体行为规范，影响着规划价值选择，也协调着经济绩效和环境绩效的有机统一。然而，在我国现有的社会经济发展过程中“快杂性”特征明显，在实践中，城乡规划更多地沦为地方政府追求 GDP 实现地方财政收入增加的工具，而环境影响评价作为一种嵌入式决策支持工具，就是在各类行为主体参与规划过程中，通过环境影响评价影响规划目标的制定、结果的审批以及实施和监督，使之从 GDP 为纲单纯强调对于内需的拉动，转而强调绿色、循环和可持续发展。要使城市污水处理业特许经营项目的“水量”与项目的规模与技术选择相匹配，一方面要有科学的规划作为先导，另一方面要通过严谨的环境影响评价机制使得规划最终实现经济绩效与环境绩效的有机统一。

“PPP 污企”的“水量”规制问题较少发生在城市主城区，这一方面是因为城市主城区包括排水规划在内的各类规划前期调研较为细致、规划之间的协调性较好，尤其是规划的环境影响评价较为到位，较好地兼顾了城市发展条件下城市污水处理设施运营的经济绩效与环境绩效；另一方面是因为城市主城区的管网配套相对完善、历史欠账少，建设资金配套更为充足。由此，实践中“PPP 污企”的“水量”规制问题，其高发区域主要集中在城市远郊区县、乡（镇）和位于其间的“两园一区”（产业园、工业园和经济开发区）。结合现有法律制度和“特许污企”的建设运营实际来看，存在的问题主要集中在如下几个方面：

一、规划环评的“广度”和“深度”有限

根据《城乡规划法》，“PPP 污企”的建设主要涉及城市总体规划、镇总体规划、专项规划和控制性详细规划等四类规划的编制：

首先，城市总体规划是对一定时期内城市的性质、发展目标、发展规模、土地利用、空间布局以及各项建设的综合部署、具体安排和实施措施，是引导和调控城市建设，保护和管理城市空间资源的重要依据和手段。经法定程序批准的城市总体规划，是编制近期建设规划、详细规划和专项规划的法定依据。为了贯彻落实城市总体规划，在城市总体规划制定完成后，城市政府还应当根据城市总体规划、土地利用总体规划和年度计划以及国民经济和社会发展规划，从本地实际出发，制定城市近期建设规划，以加强对城市详细规划制定工作的指导和控制。在城市近期建设规划中，要对城市重要基础设施、公共服务设施和中低收入居民住房建设以及生态保护等重点内容作出安排。而镇的总体规划是对一定时期内镇的性质、发展目标、发展规模、土地利用、空间布局以及各项建设的综合部署、具体安排和实施措施。由于镇是连接城乡的桥梁和纽带，是我国城乡居民点体系的重要组成部分，因此，城市总体规划和镇总体规划实际上构成了城乡规划的总纲。

其次，城市详细规划，是指以城市总体规划为依据，对一定时期内城市的局部地区的土地利用、空间布局和建设用地所作的具体安排和设计。城市详细规划分为控制性详细规划和修建性详细规划。前者是指以城市的总体规划为依据，确定城市建设地区的土地使用性质和使用强度的控制指标、道路和工程管线控制性位置以及空间环境控制的规划要求。控制性详细规划是引导和控制城镇建设发展最直接的法定依据，是具体落实城市总体规划各项战略部署、原则要求和规划内容的关键环节。后者则是以城市的总体规划或控制性规划为依据，制定用以指导城市各项建设和工程设施及其施工的规划设计。而镇的详细规划其内涵和分类与城市详细规划是基本一致的。

最后，根据《城乡规划法》第 5 条的规定：“城市总体规划、镇总体规划……的编制，应当制定国民经济和社会发展规划，并与土地利用总体规划相衔接。”本条中除指明城市总体规划和镇总体规划的编制要依据国民经济和社会发展规划并与土地利用总体规划相衔接外，还意味着城市总体规划、镇总体规划与其他专业规划的关系。城乡规划不是孤立和封闭的体系，城乡规

划的编制要以其他专业规划为基础，城乡规划应当与各个专业规划相协调。

综上，“PPP 污企”项目建设的规划除涉及当地国民经济和社会发展规划、城市总体规划、城市近期建设规划、城市控制性详细规划、镇总体规划、镇的控制性详细规划之外，根据其自身特点，依据《环境保护法》第 19 条的规定、《水污染防治法》第 15 条和《城镇排水与污水处理条例》第 3 条、第 7~13 条的相关制度规定，还应当与环境保护专项规划、水污染防治专项规划以及城镇排水与污水处理专项规划等专业规划相协调。

由此，根据《政府信息公开条例》第 10 条规定，县级以上各级人民政府及其部门应重点公开包括国民经济和社会发展规划、专项规划和区域规划在内的信息。那么，全国部分“晒太阳”的“PPP 污企”所涉及的规划文本的信息公开情况如何呢？笔者通过检索，发现在城市总体规划、城市近期建设规划、城市控制性详细规划、镇总体规划和镇的控制性详细规划的信息公开方面，镇的总体规划和镇的控制性详细规划的信息公开普遍不理想。在环境保护专项规划、水污染防治专项规划和城镇排水与污水处理专项规划的信息公开方面也不同程度地存在信息公开不足的问题（表 5-10~表 5-11）当然，根据《政府信息公开条例》第 12 条的规定，乡（镇）人民政府在其职责范围内应重点公开的信息并不包括以上两类规划。但鉴于我国工业化、城镇化进程的加快，“两园一区”大多位于乡（镇）辖区范围内，镇总体规划和镇的控制性详细规划的信息公开不到位，不利于通过公众参与汇集各方面智慧和意见，帮助当地政府克服“两园一区”污水处理设施的配套问题。即“两园一区”为吸引企业入驻，往往在园区建设初期就引入特许经营者花费大笔资金建设污水处理厂，但由于投资进程与园区发展速度不能完全匹配，建成的污水处理厂在相当一段时期内常常“吃不饱”。

表 5-10　“晒太阳”的“PPP 污企”项目涉及的五类规划信息公开情况

“晒太阳”的污水处理项目所在地	城市总体规划	城市近期规划	镇总体规划	城市控制性详细规划	镇控制性详细规划
金华市婺城区琅琊镇	Y	Y	N	Y	N
宁波市象山县贤庠镇	Y	Y	N	Y	Y
绍兴市嵊州市甘霖镇	Y	Y	N	Y	Y

续表

"晒太阳"的污水处理项目所在地	城市总体规划	城市近期规划	镇总体规划	城市控制性详细规划	镇控制性详细规划
绍兴市嵊州市长乐镇	Y	Y	N	Y	Y
徐州市邳州市	Y	Y	N	Y	N
南京市白下区	Y	Y	N	Y	N
南京溧水经济开发区	Y	Y	N	Y	N
南京市栖霞区新港开发区	Y	Y	N	N	N
重庆市两江新区	Y	Y	N	Y	N
陕西省礼泉县资源再生产业园	Y	Y	N	N	N
吉林省四平市梨树县梨树镇	Y	Y	N	N	N

注：根据以上地方规划局网站公布的网络资料整理而得。

表 5-11　"晒太阳"的"PPP 污企"项目涉及的五类规划信息公开情况

"晒太阳"的污水处理项目所在地	环境保护专项规划	水污染防治专项规划	城镇排水与污水处理专项规划
金华市婺城区琅琊镇	N	Y	N
宁波市象山县贤痒镇	N	N	Y
绍兴市嵊州市甘霖镇	Y	Y	N
绍兴市嵊州市长乐镇	Y	Y	N
徐州市邳州市	Y	Y	N
南京市白下区	Y	Y	Y
南京溧水经济开发区	Y	Y	Y
南京市栖霞区新港开发区	Y	Y	Y
重庆市两江新区	Y	Y	Y
陕西省礼泉县资源再生产业园	Y	Y	Y
吉林省四平市梨树县梨树镇	Y	Y	Y

注：根据以上地方规划局、环保局和水务局公布的网络资料整理而得。

根据《环境影响评价法》（以下简称《环评法》）和《规划环境影响评价条例》（以下简称《规划环评条例》）以及其后环保部门印发的作为“一法一条例”具体细化的《编制环境影响报告书的规划的具体范围（试行）》和《编制环境影响篇章或说明的规划的具体范围（试行）》（环发［2004］98号）文件规定，各地“晒太阳”的“PPP污企”所在地应该对城市总体规划、镇总体规划和控制性详细规划编制环境影响篇章或说明，而对专项规划编制环境影响报告书。本书对全国具有典型代表意义的“两园一区”的规划环境影响评价文本进行了搜集整理（表5-12），从文本内容与法定性内容的相符性角度分析来看，现有文本关于城市污水处理设施的建设运营规划，均不同程度地存在污染因子识别和资源承载力分析缺位、规划间协调不畅等问题。

表5-12　各地产业园区规划环境影响评价与法定性内容的相符性分析

规划环境影响评价的内容	省份	相符性	不相符的原因
规划实施可能对相关区域、流域、海域生态系统产生的整体影响	福建等八省产业园区	Y	
规划实施可能对环境和人群健康产生的长远影响	福建等八省产业园区	Y	
规划实施的经济效益、社会效益与环境效益之间以及当前利益与长远利益之间的关系	福建	Y	
	云南	N	在与总体规划和专项规划（特别是排水规划）协调不畅的基础上，缺乏对由园区长远发展带来的排水量增加和污染源因子增多情况下，如何与管网及污水处理设施协调的考量
	江苏	Y	
	广西	Y	

续表

<table>
<tr><th>规划环境影响评价的内容</th><th colspan="2">省份</th><th>相符性</th><th>不相符的原因</th></tr>
<tr><td rowspan="4"></td><td colspan="2">湖北</td><td>N</td><td>在与排水规划协调不畅的基础上，缺乏对由园区长远发展带来的排水量增加和污染源因子增多情况下，如何与管网及污水处理设施协调的考量</td></tr>
<tr><td colspan="2">河北</td><td>Y</td><td></td></tr>
<tr><td colspan="2">河南</td><td>N</td><td>问题同云南</td></tr>
<tr><td colspan="2">山西</td><td>N</td><td>问题同云南、河南</td></tr>
<tr><td rowspan="13">对规划实施后可能造成的环境影响作出分析、预测和评估</td><td rowspan="3">资源环境承载能力分析</td><td>福建、云南、江苏、广西、湖北、河北</td><td>Y</td><td></td></tr>
<tr><td>河南</td><td>N</td><td>未见对水、土、气等自然资源承载力的分析</td></tr>
<tr><td>山西</td><td>N</td><td>问题同河南</td></tr>
<tr><td rowspan="8">不良环境影响的分析和预测</td><td>福建</td><td>N</td><td>缺乏园区水污染源因子识别</td></tr>
<tr><td>云南</td><td>N</td><td>问题同福建</td></tr>
<tr><td>江苏</td><td>N</td><td>问题同福建</td></tr>
<tr><td>广西</td><td>Y</td><td></td></tr>
<tr><td>湖北</td><td>N</td><td>问题同福建</td></tr>
<tr><td>河北</td><td>Y</td><td></td></tr>
<tr><td>河南</td><td>N</td><td>问题同福建</td></tr>
<tr><td>山西</td><td>N</td><td>问题同福建</td></tr>
<tr><td rowspan="2">与相关规划的环境协调性</td><td>福建</td><td>Y</td><td></td></tr>
<tr><td>云南</td><td>N</td><td>缺乏与总体规划、各专项规划的协调性分析。其中，排水规划方面主要包括园区排水量核定、排污口设置、排水管网建设是否与污水处理设施处理规模相协调、污水处理水质要求等</td></tr>
</table>

续表

规划环境影响评价的内容	省份	相符性	不相符的原因
	江苏	Y	
	广西	Y	
	湖北	N	缺乏与专项规划的协调性分析，主要是指排水规划，即园区排水量核定、排污口设置、排水管网建设是否与污水处理设施处理规模相协调、污水处理水质要求等
	河北	Y	
	河南	N	问题同云南
	山西	N	问题同云南、河南
提出预防或者减轻不良环境影响的对策和措施	福建等八省产业园区	Y	

注：根据以上地方规划部门、环保部门和水务部门公布的网络资料整理而得。

实际上，环保部门通过的《关于规划环境影响评价有关问题的复函》（环函［2006］230号）和《关于加强产业园区规划环境影响评价有关工作的通知》（环函［2011］14号）文件强化了有关区域的建设开发规划的环评。然而，从法理上讲，这里会存在一对矛盾，即“一法一条例”和作为配套解释的环发［2004］98号文件对于规划编制机关、规划审查机关、环保部门等法律关系主体均具有拘束力，而环函［2006］230号和环函［2011］14号文件仅对环保部门具有拘束力。由此，通过部委行政规范性文件的形式将区域的建设开发规划的环评形式限定为环境影响报告书的做法，虽然主观上是有利于规划环境影响评价“广度”的拓宽和“深度”的加强，但在客观上很难发挥其应有效力。

二、规划环评主体间的权利义务配置不当

从理论上讲，规划环评是贯穿在规划的制定、实施、修改和监督检查的全过程的，作为一种嵌入式决策支持工具，需要在信息公开的前提下通过引入公众参与矫正规划中可能潜藏的偏差，使之不仅符合“市场规律”也更加

符合“自然规律”。由此，通过对相关法律制度的梳理和提炼，规划环评主体包括规划环评义务的承担者、规划环评信息的公开者和规划环评的监督者三类。本书以规划环评的全流程为主线，对相关主体的权利义务进行了梳理，发现了如下问题：

（一）规划及环评的编制阶段

1. 规划的前期调研及评估

从现有法律制度来看，规划及环评义务承担者的初始性义务即是组织综合规划和专项规划的编制并进行环评。根据《环境保护法》第 2 条的规定，包括大气、水、城市和乡村等在内的环境要素均应有相应的规划引导。作为人类使环境与经济社会协调发展而预先对自身活动和环境所作的时间和空间的合理安排，环境规划应该在各类规划中居于最高效力位阶，因为即便是《城乡规划法》，也仅仅是从空间尺度涉及了《环境保护法》第 2 条中规定的两种环境要素。正如汪劲教授所言：“战略环评并不是一开始确定你必须要做什么，必须要怎样做，而是根据环境规划经过一个筛选，再来决定要编制什么。”现有法律制度中未将“规划的前期调研及评估”作为规划编制中的法定阶段规定下来，由此，从逻辑关系上来讲，规划的编制机关编制规划后再进行环评，而并非是根据环境规划在环境容量许可的条件下来编制规划，这样，规划的编制从一开始就缺乏来自规划环评的监督者施加的“外部监督”，其程序具有鲜明的“封闭性”。

2. 规划及环评的编制

《环评法》及《规划环评条例》对于规划环评分为了综合规划和专项规划两条线索，从公众参与和信息公开角度来看，对于前者的法定性要求要明显弱于后者。对于综合规划，只要求编写有关环境影响的篇章或说明，规划环评义务的承担者对环评文件的质量负责，但未见有公众参与条款的任何规定。此外，当出现规划环评与法定性内容不符时，现有法律制度中也未见相应法律责任的规定。即便是有公众参与条款的专项规划，一方面规划环评的监督者只能对环境影响报告书草案提出意见，对于影响决策的环境影响报告书的定稿无从监督；另一方面在国家认为保密的情况下，这种对环境影响报告书草案提出意见的机会也会被剥夺。

根据《政府信息公开条例》的规定，“国民经济和社会发展规划、专项规划、区域规划及相关政策”是县级以上人民政府及其部门应重点主动公开的政府信息，乡（镇）人民政府应重点公开的政府信息从规划一项上说仅涉及土地利用总体规划。不论是综合规划还是专项规划，对其进行环评所编制的环境影响篇章或说明以及环境影响报告书，均属于《环境信息公开办法（试行）》所指的政府环境信息。然而，在环保部门向社会主动公开的十七类环境信息中，并未见到有关规划环境影响评价文件的编制、受理、审批等的任何规定。对于政府未主动公开规划信息的法律责任条款，虽然赋予了规划环评的监督者举报权和起诉权，但值得注意的是，规划比之于建设项目，对于利害关系人的影响更为间接，如果公民、法人或其他组织等规划环评的外部监督者怠于行使举报权和起诉权，则无从启动监察机关和上一级行政机关等规划环评的内部监督者对于信息公开义务主体的监督程序。对于规划环评的政府环境信息，由于其不属于政府应主动公开的信息，要获取只能通过公民、法人和其他组织等规划环评的外部监督者采用书面形式申请公开。当以上主体怠于行使举报权，则无从启动上一级环保部门等规划环评的内部监督者对于信息公开义务主体的监督程序。笔者对表 5-12 中各产业园区所在地相关规划信息公开进行了跟踪，发现结果与理想状态相差较大（表 5-13）。

表 5-13　各产业园区所在地相关规划信息公开一览

省份	县/乡（镇）总体规划	排水/污水专项规划	生态建设/环境保护专项规划
福建	Y（公示地点在当地镇政府）	N	N
云南	N	N	N
江苏	Y（仅有产业园所在镇总体规划图一张）	Y（可查询到该产业园所在设区市的规划）	Y（可查询到该产业园所在设区市的规划）
广西	Y（有产业园所在工业区总体规划图三张）	N（该产业园所在设区市的规划正在编制中）	Y（可查询到该产业园所在设区市的规划）
湖北	Y（有产业园所在新区总体规划图三张）	Y（可查询到该产业园所在设区市的规划）	Y（可查询到该产业园所在设区市的规划）
河北	N	N	Y（仅有报道未见规划全本）
河南	Y	N	N
山西	N	Y（仅有报道未见规划全本）	Y

注：根据规划部门、环保部门、水务部门和产业园管理部门公布的网络资料整理而得。

（二）规划及环评的审查批准阶段

1. 规划及环评的审查

《环评法》及《规划环评条例》仅对专项规划规定了审查程序，对于综合规划的环境影响篇章或说明无需单独审查，而“晒太阳”的污水处理设施所涉及的恰恰是该类规划，这使得相应的环评缺乏有效的外部监督并容易流于形式。此外，虽然现有制度规定由环保部门负责召集有关部门代表和专家组成审查小组，但鉴于其临时机构的身份，与专门性常设部门相比监督力度自然要差很多。

2. 规划及环评的审批

由于《环评法》及《规划环评条例》中未见有关于综合规划环评的审查程序，因此，报送审批机关的综合性规划只要具备有关环境影响的篇章或说明即可，至于其与法定性内容的相符性如何，现有法律制度中未见有相应法律责任的规定。专项规划在报送审批前有一个由环保部门主导的审查作为前置程序。此外，设区的市级以上人民政府或省级以上人民政府有关部门在审批专项规划草案时应当将环境影响报告书结论以及审查意见作为决策的重要依据。与专项规划环评不同，现有法律制度有关综合规划环评的审查审批程序规定则是能省就省，规定得十分粗疏。

（三）规划环评的公告、实施及跟踪评价阶段

1. 规划环评的公告

《环评法》及《规划环评条例》中未见有关于规划环评公告机关的规定，由于综合规划和专项规划是规划的审批机关在履行职责过程中制作或获取的，以一定形式记录、保存的政府信息，因此，如法无特殊规定，规划环评的公告机关即是规划的审批机关。由于《环境信息公开办法（试行）》将规划环评文件排除在十七类政府应主动公开的环境信息之外，因此，能够主动公开的只有县级以上人民政府公开的区域规划、专项规划。以污水处理设施为例，作为与综合规划配套的环境影响篇章或说明、与专项规划配套的环境影响报告书、乡（镇）区域规划和专项规划以及与之配套的环境影响篇章或说明和环境影响报告书均被排除在政府主动公开的信息之外。虽然《规划环评条例》中有对有关单位、专家和公众等规划环评的外部监督者对于专项规划环境影响报告书以及审查意见申请查阅权的规定，但在缺乏信息公开的前提下，这些规划环评的外部监督者从何知晓相关信息？申请查阅的法定理由是什么？

申请查阅被驳回产生争议时应如何处理？这些有关公众参与的问题在现有的《环境影响评价公众参与暂行办法》中是无法找到相应的制度依据的，因为该《办法》除了第四章的五个条款外，通篇都是关于建设项目环境影响评价的公众参与规定，即便是第四章的规定，也基本上是对《环评法》及《规划环评条例》相关规定的一种重述。

2. 规划及环评的实施及跟踪评价

《规划环评条例》中规定，对环境有重大影响的规划实施后，规划编制机关应当及时组织规划环境影响的跟踪评价。由于综合规划和大多数专项规划的编制机关并非政府专司环保的部门，其本身就缺乏组织规划环境影响跟踪评价的动力。现有制度规定在"规划实施过程中产生重大不良环境影响"时，规划编制机关应当及时提出改进措施向规划审批机关报告并通报环保等有关部门，由环保主管部门发现的应当及时进行核查，如果属实应向规划审批机关提出采取改进措施或者修订规划的建议。然而，"晒太阳"的污水处理设施的规划问题大都并非是由规划编制机关和环保部门跟踪发现的，而是在各地人大常委会专项督查后曝光出来的。笔者在实证调研中也发现，以城市污水处理设施为例，各行业部门、排水部门、环保部门在行政分权体制下"各扫门前雪"，在未对"重大不良环境影响"进行清晰界定的前提下，缺乏主动履行跟踪评价义务的积极性。特别是在现有制度对跟踪评价未规定相应法律责任的前提下，跟踪评价的相应制度设计更是呈现"虚置"状态。

三、城市污水处理 PPP 合同的履行及争议的解决

从表面上看，因城市污水处理业 PPP 合同的履行产生的法律纠纷通过行政诉讼的途径解决即可。然而，鉴于城市污水处理业 PPP 合同中行政特权的存在，在合同纠纷发生后没有独立客观的合同履行评价依据，城市污水处理业中采用 PPP 模式的经营者能否有效地保护自身权益？此外，现有的行政诉讼制度能否有效地发挥保障"PPP 污企"权益的作用？

（一）城市污水处理 PPP 合同的履行评价依据——绩效评估中存在的问题

前文中提到，评价"PPP 污企"运营效率的高低，经济绩效和环境绩效都是不可偏废的。从法学领域来看，绩效评估作为一种新型管制手段，相较于命令控制型和激励协商型管制手段而言具有其自身明显的优势。从六部委联合颁发的《基础设施和公用事业特许经营管理办法》（以下简称《特许办

法》）和各省、市颁布的《市政公用事业特许经营管理条例》《市政公用事业特许经营管理办法》来看（这其中包括 9 部地方性法规——北京市、贵州省、哈尔滨市、杭州市、湖南省、青海省、陕西省、深圳市、新疆维吾尔自治区，7 部地方政府规章——甘肃省、合肥市、河北省、河南省、吉林市、山东省、天津市），PPP 绩效评估已经作为一项重要的法律制度设计，发挥着逐步保障公共利益不因公私合作而减损的功能。然而，城市污水处理 PPP 绩效评价法律制度还远未发挥其应有的作用。结合现有立法和绩效评估制度现实操作来看，主要存在以下几个方面的问题（表 5-14~表 5-15）：

第一，绩效评估的目标取向不明确。依据《特许办法》的规定："定期对特许经营项目建设运行情况进行监测分析，会同有关部门进行绩效评价，绩效评价结果是对价格或财政补贴进行调整，保障公共产品和服务质量的依据。"绩效评估的对象确实涉及质量和价格，但如果仅局限于此就等于是将特许经营规制的范围进行了不适当的限缩。以城市生活污水管理的绩效评估而言，其评估内容除了质量、价格外，至少还应包括与城市生活污水处理设施运营相关的管网、运行负荷等。

第二，绩效评估的内容不明确。突出地表现在，对绩效评估的启动时间、启动条件缺乏明确的规定上，作为特许经营授权方的政府主管部门拥有极大的自由裁量权，这一方面导致"PPP 污企"的运营处于一种不稳定状态，另一方面也无法发挥绩效评估作为合同履行评价依据的作用。

第三，绩效评估的主体有失偏狭。城市污水处理关涉到公众的环境权益，城市污水处理特许经营项目绩效评估的内容必然包含特许经营者提供的污水处理服务质量和价格。然而，除了《特许办法》外，各地方性立法中普遍缺乏社会公众作为绩效评估主体的制度规定。即便是《特许办法》中有关于社会公众作为绩效评估主体的制度规定，其制度内容也非常含混，缺乏可操作性。例如，绩效评估中缺乏公众回应机制。《特许办法》只是规定"应当将社会公众意见作为监测分析和绩效评价的重要内容""社会公众有权对特许经营活动进行监督，向有关监督部门投诉，或者向实施机构和特许经营者提出意见建议"，但提出建议和进行监督后如何对采集的信息进行处理，如何给予公众以回应都没有下文。

表 5-14　公用事业特许经营地方性立法中绩效评估的启动及运用情况

地区	评估类型	启动时间	评估周期	评估内容
北京	定期评估	项目运营中	一般不短于两年，特殊情况下可以实施年度评估	项目运行情况
甘肃、合肥、青海	中期评估	同北京	同北京	同北京
贵州	终期评估	特许经营期届满之前半年内		项目运行情况（特别突出了运行设备设施状况应当符合特许经营协议的要求）
哈尔滨	终期评估	投资者或者经营者将其经营的项目交回市人民政府时		项目运行情况
杭州、湖南	中期评估 终期评估	项目运营中 特许经营期届满时		项目运行情况

注：根据市政公用事业特许经营地方性立法资料整理而得。

表 5-15　公用事业特许经营地方性立法中绩效评估制度的具体安排

地区	评估主体	评估标准	结果处理
北京	主管部门组织专业机构	法律、法规、规章规定	予以纠正并依法处理
甘肃、贵州、青海	主管部门组织专家		对评估中存在的问题督促其限期整改
哈尔滨	有关行业行政主管部门应当组织有关机构		向公众公布评估结果
杭州、湖南	市政公用事业行政主管部门		

注：根据市政公用事业特许经营地方性立法资料整理而得。

（二）城市污水处理 PPP 合同的争议解决中存在的问题

在明确了城市污水处理 PPP 合同行政合同的法律性质之后，对于在合同履行过程中发生的争议解决即使用行政争议的解决路径。问题是，从城市污水处理 PPP 的“水量”角度来讲，如果因接入到采取 PPP 模式的城市污水处理设施的“进水”水量过大或过小产生争议，实践中的特许经营合同一般是如何约定的？产生了纠纷之后应该如何寻求争议的解决？现有的行政诉讼制度是否给争议解决提供了相应的管道和途径？

第一，城市污水处理特许经营合同关于“水量”约定的缺失。对于城市污水处理特许经营合同，原建设部曾于 2007 年 2 月 7 日发布过一个《城市污水处理特许经营协议示范文本》（以下简称《示范文本》），其中关于进水“水量”的约定如下：甲方（即特许经营的授权方）“应确保在整个特许经营期内，收集和输送污水至污水处理项目交付点，如期达到本协议规定的基本水量和进水水质；甲方有权随时核查流量计读数及乙方的抄表记录”。乙方（即特许经营者）“如果进水水量超过本协议规定的污水处理项目设计处理能力，乙方应及时通知甲方，同时提出拟采取的对超量污水进行处理的措施。通知发出的若干个工作日内甲方没有表示意见，则被视为同意乙方的措施建议；乙方应按规定位置安装计量检测装置，计量污水厂的进水量和出水量。在开始商业运营日或双方约定的时间，双方应将所有安装的流量计设定一个基础读数，以确定每一流量计的原始值。出水流量由乙方抄表，以确定出水水量。水量以立方米计算。乙方应使用符合要求的流量计连续测量、计算和记录在进水计量点提取的进水量和在出水计量点提取的出水量。”此外，“如果甲乙双方就水量记录结果存在分歧，任何一方有权提请有资质的第三方进行检验确定。”从《示范文本》中我们可以发现，双方关于“水量”的约定是以“保底水量（即协议中提到的基本水量）”作为基准，对于超量的“进水”，规定了乙方的“建议权”和“报备义务”。由于超量的“进水”有增加“进水”水质超标的风险，《示范文本》对于“进水”水质超标的约定是：“如果由于甲方责任造成进水水质超标，甲方应向乙方给予适当补偿：（a）如果污水处理项目有能力处理，则甲方应补偿因增加处理负荷所造成的成本增加部分。（b）如果污水处理项目没有能力处理，并持续若干天，由甲乙双方共同协商处理办法，制订改造方案，经甲方同意后实施，改造费用应由甲方承担。在新的改造方案完成前，按本协议附件的规定调整出水指标，并豁免由此造成乙方的出水水质超标的责任。”综上，《示范文本》关于超量“进水”的约定基本上秉持了合意原则和诚信原则，不足之处在于对“不足量”的

"进水"并没有相应的约定条款。然而，从实践中城市污水处理特许经营合同的约定来看，一般都有关于"保底水量"的分年度约定，对于"不足量"的"进水"，按照"保底水量"支付城市污水处理服务费，对于超量"进水"，按照"实际处理量"支付污水处理服务费，但并没有因"进水"超量而豁免特许经营者出水水质超标的约定条款。

第二，合同约定缺失下特许经营者权益保障的不足。正因为实践中在城市污水处理特许经营合同中关于"水量"约定的缺失，虽然经过修改的《行政诉讼法》（2015 年 5 月 1 日施行）第 12 条和《最高人民法院关于适用〈中华人民共和国行政诉讼法〉若干问题的解释》（2015 年 5 月 1 日施行）第 11~16 条均对作为行政合同的特许经营协议作出了规定（包括纳入受案范围、诉讼时效、管辖、适用法律、赔偿与补偿、诉讼费用等），但特许经营者主张权益均必须以法律、法规规定和合同约定作为前提，实践中不论是行政执法机关还是司法机关均将采取特许经营模式的城市污水处理设施看作是《水污染防治法》意义上的"企业事业单位"，根据该法第 21 条第 2 款的规定："企业事业单位和个体工商户排放水污染物的种类、水量和浓度有重大改变的，应当及时申报登记；其水污染物处理设施应当保持正常使用；拆除或限制水污染物处理设施的，应当事先报县级以上地方人民政府环境保护主管部门批准。"由此，即便是存在超量"进水"并由此附带有"进水"水质超标问题，按照现有法律规定，在合同约定缺失的前提下，特许经营者除了"建议权"和"报备义务"是没有其他选择的，但其"出水"水质如果超标，照样要承担公法（违反《环境保护法》《水污染防治法》等）和私法（违约）的双重责任。

第三节　城市污水再生利用中的"水费"问题

价格机制是市场机制的核心，对于"PPP 污企"的经营者而言，只有合理的收费，才能保证城市污水处理设施正常的投资和运营，并使特许经营者赚取合理利润、获得合理收益。如果城市污水处理收费过低，就无法吸收民间资本进入污水处理行业，不能打破自然垄断形成竞争性市场格局，用水户也无法通过收费的杠杆作用自动节约水资源避免水资源浪费。反之，如果城市污水处理收费过高，特许经营者会因此获取超额利润，但社会公众可能无力承受，从而导致城市污水处理费征收困难甚至引起社会动荡。因此，合理的城市污水处理收费，既能保证“特许污企”经营者的正常运营和合理收益，又能保护用水户的合法权益，还能实现政府对污水处理行业的调控作用。公私合作（PPP）模式下的城市污水处理收费，可细分为“城市污水处理费”和“城市污水处理服务费”两种收费。前者是政府针对向城市污水集中处理设施排放污水的排水户征收的费用，其中包含了污水处理、污泥处置和污水管网维护等费用。后者是地方政府财政部门根据当地水务部门和环保部门对城市污水集中处理设施运营者“水质”和“水量”的核查结果，对其提供的有偿污水处理服务给付的对价。正所谓“大河不满小河干”，城市污水处理费的标准和征收关系着城市污水处理服务费的核定和支付，城市污水处理收费制度是否完善，直接关系到公私合作背景下“PPP 污企”和“国有污企”能否正常运营。因此，要探讨以“PPP 污企”为载体建设的“集中式再生水利用设施”的再生水价格，其前提也必须是对保障“PPP 污企”和“国有污企”运营的“城市污水处理收费”制度的研究。

回顾中国城市水务业近三十年的市场化改革进程，价格的调整也一直是改革的重点和难点：

首先，在城市水务业市场化改革的“萌芽期”（20 世纪 90 年代初期至末期），为了加快吸引外商投资的步伐，在城市水务业 BOT 项目的价格约定中承诺固定回报成为各地的通行做法，虽然原外经贸部于 1995 年 1 月 16 日颁行了《关于以 BOT 方式吸收外商投资有关问题的通知》（以下简称《BOT 通知》）。《BOT 通知》第 3 条规定：“政府机构一般不应对项目做任何形式的担保或承诺。如项目确需担保，必须事先征得国家有关主管部门的同意，方可对外作出承诺”，但愈演愈烈的固定回报项目并未因《BOT 通知》的出台而偃旗息鼓。依据原国家计委和原建设部于 1998 年 9 月 23 日联合颁行的《城市供水价格管理办法》（以下简称《水价办法》）第 11 条的规定，8%~12%的企业盈利水平成为将外资完全排除在市场风险和财务风险之外，却让中方公司和地方财政付出沉重代价的尚方宝剑。

其次，在城市水务业市场化改革的“整顿期”（20 世纪 90 年代末期~21 世纪初），作为特许经营授权方的政府有关部门和特许经营者的博弈仍然围绕价格问题展开。原建设部于 2000 年 5 月 27 日颁行了《城市市政公用事业利用外资暂行规定》（以下简称《利用外资规定》），《利用外资规定》在第 13 条中对在吸收外商投资项目中中方不得为的七种行为进行了具体列举，包括化整为零越权审批、保证或变相保证外方固定回报率、设定最低价格公式、以外币计价和结算、允许外方抽走资本金、向外方提供任何形式的担保、不当接受合营企业的委托进行经营管理等都在禁止之列。此后，国务院办公厅于 2002 年 9 月 10 日颁行了《关于妥善处理现有保证外方投资固定回报项目有关问题的通知》（以下简称《固定回报通知》），《固定回报通知》首先明确了处理固定回报项目的基本原则，即“保证外方投资固定回报不符合中外投资者利益共享、风险共担的原则，违反了中外合资、合作经营有关法律和法规的规定”（第 1 条），其次对于固定回报项目细分为“以项目自身收益支付外方投资固定回报的项目”“由于项目亏损或收益不足，以项目外资金支付外方部分或大部分投资回报，或者未向外方支付原承诺的投资回报的项目”和“仅通过购电协议形式实现外方投资预期回报的项目”三种类型，对于第一种类型采取在充分认识协商基础上修改合同或协议的形式处理，对于第二种类型采取“改、购、转、撤”等方式处理，对于第三种类型采取不纳入此次处理范围的方式处理（第 2 条）。《利用外资规定》和《固定回报通知》对于清理中国水务市场、保障整个行业的健康发展确实起到了积极的作用，但外资水务企业在华投资也随之转入低潮，特别是 2003 年“长春汇律水务事件”的发生，更是从实践的角度对“整顿期”的法制建设提出了挑战。

最后，在城市水务业市场化改革的“勃兴期”（21 世纪初~2008 年）和反思调整期（2008 年~2012 年），从勃兴期伊始，以威立雅水务为代表的外资水务集团在对浦东自来水公司、天津市北水业、兰州水务集团等大陆水务企业的股权收购中普遍采用“高溢价收购”模式，即以高出标底 2~3 倍的价格收购中方股权，在进入运营阶段又以企业在扩大供水、提高水质方面加大了建设投入、原材料价格上涨导致维护费用增加以及有利于水资源节约等多种理由大规模上涨水价，导致全国水价“涨声一片”。然而，与自来水价格大幅度上涨相映照的，却是污水处理价格的原地踏步。

《价格法》自 1997 年颁布以来，我国的经济形势及价格规制实践均发生了巨大变化，特别是党和国家发布的规范性文件近年来变动较大。《中共中央关于全面深化改革若干重大问题的决定》（2013 年）、《中共中央、国务院关于推进价格机制改革的若干意见》（2015 年）和《水污染防治行动计划》（2015 年）的密集出台即是明证。仔细梳理以上文件，可以厘清包括城市污水处理业在内的整个公用事业价格改革的基本思路：

第一，从理念上讲，再一次强调了“两手”的配合，即坚持“市场决定论”，凡是由市场形成价格的都交给市场，政府不进行不当干预。政府主动性干预领域被限定在重要公用事业、公益性服务、网络型自然垄断环节。

第二，从种类上讲，强调了水资源费、排污费和污水处理费的协调配合。加快自然资源及其产品价格和财税制度改革，全面反映市场供求、资源稀缺程度、生态环境损害成本和修复效益。对于水资源费，要求修订征收管理办法（地下水水资源费征收标准高于地表水，超采地区地下水水资源费征收标准应高于非超采地区），尤其是特别强调了对污水资源化利用实行鼓励性价格政策。对于排污费，不仅要求修订征收管理办法，还要求积极推进排污权有偿使用和交易试点，完善排污权交易价格体系。对于污水处理费，不仅要求修订征收管理办法，还要求合理提高征收标准（征收标准不应低于污水处理和污泥处理处置成本）。

第三，从运行环节上讲，全面涉及了价格形成机制、价格调整机制和价格支付机制。从价格支付和调整机制上讲，探索建立政府向污水处理企业拨付的污水处理服务费用与污水处理效果挂钩的调整机制。

第四，从功能上讲，强调了税、费、财政、信贷组合功能的发挥。对于水资源要求在适当的时候制定试行水资源税征收管理办法。中央财政加大水环境保护项目支持力度，向欠发达地区和重点地区倾斜，研究采取专项转移支付等方式，实施“以奖代补”。地方各级政府要重点支持重点项目和工作。将企业环境信用评价体系建设与绿色信贷结合在一起。

第五，重点对政府定价行为和定价权力进行了约束。通过推进政府定价项目清单化、规范政府定价程序和加强成本监审、成本信息公开使权力在阳光下运行。

伴随着党和国家发布的规范性文件的变化，城市污水处理收费的规范性文件也调整频繁：首先，国家财政部、发改委和住建部三部委于 2014 年 12 月 31 日联合发布了《污水处理费征收使用管理办法》（2015 年 3 月 1 日施行），紧接着三部委又于 2015 年 1 月 21 日联合发布了《关于制定和调整污水处理收费标准等有关问题的通知》。其次，各地方较为密集地出台了一批有关城市污水处理费的行政规范性文件（表 5-16），这也是继 2004 年~2009 年第一波城市污水处理收费的行政规范性文件出台高潮（以下简称“旧规”）之后的第二波高潮（以下简称“新规”）。可以预见，在不久的将来，将有更多省、市、自治区加入到城市污水处理收费行政规范性文件的出台行列中。

表 5-16　各地方出台的城市污水处理收费的行政规范性文件

年份	地方政府规章	地方规范性文件
1998	《重庆市污水处理费征收管理办法》	
2004	《陕西省城市污水处理费收缴办法》	《湖南省城市污水处理费征收使用管理暂行办法》
2005	《河南省城市污水处理费征收使用管理办法》 《安徽省城市污水处理费管理暂行办法》	《四川省城市生活污水处理费收费管理办法》
2006	《吉林省城市污水处理费管理办法》	《山东省城市污水处理费征收使用管理办法》
2008	《内蒙古自治区城市污水处理费征收使用管理办法》 《湖北省城市污水处理费征收使用暂行办法》 《海南省城镇污水处理费征收使用管理办法》	《河北省城市污水处理费收费管理办法》 《广西壮族自治区城镇污水处理费征收管理暂行办法》
2009	《辽宁省污水处理费征收使用管理办法》	《贵州省城镇污水处理费征收管理规定》
2014		《北京市污水处理费征收使用管理办法》
2015		《天津市污水处理费征收使用管理办法》 《青海省污水处理费征收使用管理实施办法》 《浙江省污水处理费征收使用管理办法》
2016		《上海市污水处理费征收使用管理实施办法》 《江苏省污水处理费征收使用管理实施办法》 《广东省污水处理费征收使用管理办法实施细则》（征求意见稿）

注：根据城市污水处理费的地方性立法资料整理而得。

从内容来看，新规比之于旧规，由制定依据发生较大变化（表 5-17）而带动的整体制度完善在诸多方面更加有利于公私合作（PPP）背景下城市污水集中处理设施运营者的权益保护。这体现在如下几个方面：

（1）从财政基本法的角度规范了城市污水处理费的征缴。在《预算法》于 2015 年 1 月 1 日正式实施的背景下，我国已开始实行全口径预算管理，明确要求编制一般公共预算、政府性基金预算、国有资本经营预算和社会保险基金预算四本预算。新规贯彻了财政法定原则，较为一致地规定："城市污水处理费属于政府非税收入，实行收支两条线管理。收入全额上缴国库，纳入政府性基金预算管理。"鉴于《预算法》在"预算公开入法从源头防止腐败""对细化预算编制提出更高要求""严格债务管理防范债务风险""预算支出进行绩效评价"和"权责发生制的政府综合财务报告"等方面的亮点（薛朝阳等，2015 年）以及在整个财政法律体系中"财政基本法"的地位（刘剑文，2014 年），从政府性基金预算管理的角度对城市污水处理费进行界定有利于实现征缴的全过程监管，也有利于与支付结算机制形成良性衔接。

此外，"政府性基金"的提法使得城市污水处理费"进退自如"：政府性基金与行政收费都属于政府的非税收收入，但前者比之于后者更加强调支持重大项目建设的特别目的、数额较大必须严格实行专款专用的特点（陈融，2013 年），这就为克服现有城市污水处理费的"闲置""滥用""违规减免"等问题[1]奠定了良好的制度基础，尤其对于饱受资金困扰的"PPP 污企"的权益保障意义重大。同时，政府性基金也兼顾了费的灵活性，政府及其相关部门可以根据实际情况变更费的项目和标准；政府性基金与税收都具有资金财政性、征收的强制性和无偿性，但前者比之于后者更加强调确保专项事业或特定产业的发展，在时机合适的情况下政府性基金与税并非不可能相互转化。

[1] 具体可见：2011 年审计署发布的《9 省市 2010 年度城镇污水垃圾处理专项资金审计结果》、2012 年度甘肃省级预算执行和其他财政收支审计结果、2014 年度广东省级预算执行和其他财政收支审计结果。

表 5-17　各地方有关“城市污水处理收费制度制定依据”的规定

年份	地名	立法依据
1998	重庆	《水污染防治法》①
2004	陕西	①
2005	河南	①
	安徽	①
	四川	《关于推进水价改革促进节约用水保护水资源的通知》② 《关于加大污水处理费征收力度建立城市污水排放和集中处理良性运行机制的通知》③
2008	湖北	①
	内蒙古	《预算法》④、《非税收入管理条例》⑤
	广西	①、《价格法》⑥
2009	辽宁	①
	贵州	①、②
2014	北京	①、《城镇排水与污水处理条例》⑦
2015	天津	①、⑦、《污水处理费征收使用管理办法》⑧
	青海	⑧
	浙江	①、⑦、⑧
2016	上海	⑦、⑧
	江苏	⑧
	广东	①、⑦、⑧

注：根据城市污水处理收费相关制度规定整理而得。

（2）定价原则、征收标准和计征方法较以前更为科学。在定价原则方面，旧规大多采取的是“总分式定价模式”：总则为“保本微利”，分则为“污水处理设施的建设、运行和维护的合理成本+国民经济和社会发展要求+社会承受能力”。新规在仍沿用该定价模式的基础上对其内容进行了修正，即将总则修正为“污染付费、公平负担、补偿成本、合理盈利”，将分则修正为“污水处理设施正常运营成本+污泥处理处置成本+合理盈利”（表 5-18）。值得注意的是，新规对作为定价关键要素的“本”进行了清晰明确地界定，即“本”

是指城市污水集中处理设施的正常运营成本和污泥处理处置成本。这一规定对于保障城市污水集中处理设施的正常运行确实恰逢其时，因为“不注重对污泥的处置，所有污水处理的投入和努力都将归于无效”。

此外，新规中定价原则的变化通过征收标准的调整得以具体实现：

（1）强化了作为《环境法》基本原则的“污染者治理”在城市污水处理收费制度中的体现。旧规多是以实际用水量作为征收标准，将排水户区分为“使用城市公共管网供水”和“使用自备水源”两类按月计征。新规中将“因大量蒸发蒸腾造成排水量明显低于用水量的排水行为、建筑施工临时排水行为、基坑疏干排水行为和产品以水为主要原料的企业的排水行为”等四类行为新增入排水户种类中，进一步丰富和拓展了城市污水处理费的征收范围，贯彻了“应收尽收”的原则。

表 5-18　各地方有关“城市污水处理费定价原则”的规定

年份	地名	污水处理费定价原则
2004	陕西	城市污水处理厂和排水设施的运行维护成本+部分建设费用+企业和居民等的承受能力。
2005	河南	同陕西。
	安徽	总原则：保本微利。 分原则：当地经济发展状况+城市污水集中处理设施建设和运行成本+用户的承受能力。
	四川	同陕西、河南。
2006	山东	同安徽。
2008	内蒙古	同安徽、山东。
	湖北	城市污水集中处理设施和城市排水管网的成本、利润、税金+单位、个人的承受能力。
	海南	同陕西、河南。
	河北	同安徽、山东、内蒙古。
	广西	同陕西、河南、海南。
2009	辽宁	同陕西、河南、海南、广西。
	贵州	排污管网和污水处理设施的建设投资及运行维护成本+合理盈利（净资产利润率原则上按照国内商业银行长期贷款利率加 1 至 3 个百分点确定）。

续表

年份	地名	污水处理费定价原则
2015	天津	覆盖污水处理设施正常运营+污泥处理处置成本+合理盈利。
	青海	总原则：污染付费、公平负担、补偿成本、合理盈利。 分原则：同天津。
	浙江	总原则：同青海。 分原则：（1）同天津、青海；（2）本地区水污染防治形式+经济社会承受能力。
2016	上海	同天津、青海。
	江苏	同天津、青海、上海。

注：根据城市污水处理收费的相关规范性文件整理而得。

（2）强化了作为环境法基本理念的“环境公平”在城市污水处理收费制度中的体现。城市污水处理设施的规模及工艺是根据污水排放系统的水量和水质确定的，其运行成本的高低与排水户排放污水的水量和水质关系密切，有鉴于此，城市污水处理收费针对不同的排水户也应有所不同。然而，旧规中大多规定了统一的最低征收标准，这种“一刀切”式的做法使得污水处理价格仅在污水处理“量”上有所体现，即排放的污水越多，缴纳的费用越高，但并未在污水处理“质”上有所体现，即污染越重，费用越高（江野军，2014 年）。新规中详细地区分了不同区域、不同排水户的城市污水处理收费标准，尤为引人关注的是，上海和江苏两省（市）的新规中还引入了“差别化收费”：上海规定根据排水户排放的水质情况（主要污染物排放情况）对超标排放的污水实行更高的收费标准；后者鼓励有条件的地区逐步按照环保部门开展的企业环境信用评价等级制定收费标准并建立动态调整机制。

（3）对污水处理服务费的核定、支付结算给予了专门性界定。旧规中并未将“污水处理费”与“污水处理服务费”予以区别，仅笼统地规定，由有关部门根据污水处理厂的运行负荷和出水水质情况核定并按月拨付。新规之所以对“城市污水处理服务费”给予专门界定，是因为以往旧规中城市污水处理费的核定和支付结算均是以政府有关部门为核心，城市污水集中处理设施的运营者处于协从位置。在公私合作制下，城市污水处理服务费的结算支付应以特许经营合同为依据，这样双方的权利义务方可得到较为科学合理的分配，也有助于在法律风险发生后为纠纷解决提供重要依据。青海、浙江和上海三省（市）的新规中对合同中应当包括的内容作出了明确要求。此外，为使城市污水处理服务费的核定和支付结算更加科学化、民主化，上述新规均对第三方绩效评估作出了要求，即“政府有关部门可以委托第三方评估机构，对城镇污水处理服务绩效进行评估，绩效评估结果应当与服务费支付相挂钩并向社会公开”。

虽然新规比之于旧规，在诸多方面有了明显的变化和进步，但仍有一些制度层面潜存的问题阻碍着城市污水处理收费制度在城市污水及再生利用中杠杆作用的发挥。本书总结如下：

一、城市污水处理收费的定（调）价机制问题

（一）城市污水处理收费价格形式的“单轨制”

仔细梳理表 5-16 中的各地方出台的城市污水处理收费的行政规范性文件可以发现，无论是 2004 年~2009 年第一波城市污水处理收费的行政规范性文件出台高潮还是 2014 年至今的第二波城市污水处理收费的行政规范性文件出台高潮，从《价格法》本体角度来讲，城市污水处理收费的价格形式一直存在着“政府定价”和“市场调节价”的所谓“双轨制”。在旧规中，关于城市污水处理费的性质出现最多的界定是“行政事业性收费”和“经营性收费”。前者属于地方财政收入，要上缴财政专户，实行“收支两条线”管理；后者是指提供场所、设施、技术、信息、知识、体力劳动等经营服务而收取的费用。后者比之于前者，除实行政府定价以外还存在经营者定价形式。旧规中只有吉林和河北两省有关于“双轨制”的制度规定。然而，关于经营性收费的定价主体，吉林省的制度规定模糊不清，河北省的制度规定则界定为政府，即河北省的城市污水处理收费虽然属于经营性收费，但仍属于“政府定价”（表 5-19）。在新规中，除了广东省在地方规范性文件（征求意见稿）中明确“政府定价”的提法，其他省市的地方规范性文件中仅从城市污水处理费的征缴角度明确了城市污水处理费“属于非税收入，实行收支两条线管理，纳入政府性基金预算管理”，实际上仍然回避了城市污水处理收费的价格形式问题。这就导致现有城市污水处理收费的行政规范性文件中有关价格形式的界定呈现形式上的“双轨制”而实质上的“单轨制”状态。“单轨制”

桎梏了市场活力，没有给企业以任何回旋的空间，缺乏必要的激励机制，无法发挥价格对于污水处理及再生利用的杠杆作用。

在实践中，经济开发区、工业园和产业园（以下简称“两园一区”）等集中处理工业污水范围明确的地方，执行的仍然是实质上的“单轨制”，不允许“两园一区”内的排水户与城市污水集中处理设施的运营者通过协商形成市场调节价，无法关照到“两园一区”的特殊性。“两园一区”的污水处理方式通常是首先由政府负责在园区内铺设公共管网对污水进行收集，并依据国家及地方标准制定合理的公共纳管标准。其次，园区入驻企业在接受并满足公共纳管标准的前提下，将污水排入公共管网。最后由工业园区污水处理厂负责将公共管网中的污水处理至符合要求的排放标准。然而，由于园区内的企业所处行业不同、排放的污水不同，从而形成了差异化的污水处理需求。如：某些企业由于自身条件束缚，排放的污水无法满足公共纳管的标准，需要污水处理厂提供点对点的服务，将其排放的污水直接处理至排放标准（即达到“直排标准”）。由于这是排污企业与污水处理厂之间完全市场化的企业行为，所以往往费用较高。以往园区内的污水处理厂多为政府投资建设，为吸引企业入驻，政府往往在园区建设初期就花费大笔资金建设污水处理厂。此举不但增加了地方财政的压力，而且由于投资进程与园区发展速度不能完全匹配，一旦受经济波动影响出现招商效果不理想或入园企业增减、调整等现象，就会造成因管网配套严重滞后、排水量过少、运行负荷过低及成本升高导致的污水处理厂“晒太阳”问题。当然，污水处理厂“晒太阳”问题不仅存在于“国有污企”中，“PPP 污企”也同样存在类似问题。[1]

同时，工业污水的复杂程度远远高于城市生活污水，政府在这方面的运营经验和能力也十分有限。我国《价格法》第 3 条虽然在政府价格规制形式上除了政府定价外还规定了政府指导价，及依照《价格法》的规定，由政府价格主管部门或者其他有关部门，依照定价权限和范围规定基准价及浮动幅度，指导经营者制定的价格。但问题是，我国《价格法》对政府指导价只规

〔1〕 近期新闻媒体曝光的陕西再生资源产业园污水处理设施“晒太阳”问题就是一个典型代表，园区引入特许经营者投资千万建成的城市污水集中处理设施，却因为没有足量的污水排放进入厂区而被长期闲置。

定了一种形式，即政府制定基准价及其浮动幅度，这样就将“最高限价法”等激励型定价方法排除在外。

当然，并不是说将城市污水处理收费的价格形式由实质意义上的“单轨制”转化为“双轨制”就能解决所有问题。政府要综合考虑“两园一区”的实际情况，在与意向投资人充分沟通后确定污水处理服务费的支付主体，此外，还需要在科学测算和预测的基础上向污水处理厂提供合理的“保底水量”。通常园区内的企业都会在各自厂区内建设污水的预处理设施，某些企业在进行成本核算后可能会发现，自行将污水处理至“直排标准”可能比排入公共管网向政府交纳污水处理费更合算。此时，企业将会拒绝使用污水处理厂的服务，转而自行处理，甚至还可能为其他企业处理（价格比政府收取的污水处理费更低），这便是通常所说的“隔墙服务”。这种情况的出现将影响园区内污水处理厂的“进水”水量且无法完全避免。尤其是对于“PPP 污企”的经营者，在投资建设运营污水处理厂前会充分考虑此种情况，如果政府不提供一定的保底水量，那么“PPP 污企”的经营者在水量预测时就会格外保守，其要求的服务费单价也会相应提高。

表 5-19　各地方有关“城市污水处理收费价格形式”的规定

<table>
<tr><th>年份</th><th>地名</th><th>有关“污水处理费性质”的规定</th></tr>
<tr><td>1998</td><td>重庆</td><td>属于专项资金，实行收支两条线管理，专款专用，不得挪用。</td></tr>
<tr><td rowspan="2">2004</td><td>陕西</td><td>属于行政事业性收费，全额缴入同级财政纳入专户管理，专款专用，不得挪用。</td></tr>
<tr><td>湖南</td><td>暂按事业性收费管理，收入上缴财政，实行收支两条线管理。</td></tr>
<tr><td rowspan="3">2005</td><td>河南</td><td>属于专项资金，不得截留、挤占和挪用。</td></tr>
<tr><td>安徽</td><td>纳入政府非税收入管理，全额缴入同级财政，不得截留、挤占和挪用。</td></tr>
<tr><td>四川</td><td>实行政府定价，属于专项资金，不得截留和挪用。</td></tr>
<tr><td rowspan="2">2006</td><td>吉林</td><td>污水处理企业建设期间为行政事业性收费，企业运营后为经营性收费。</td></tr>
<tr><td>山东</td><td>属于政府非税收入，按照财务隶属关系全额纳入同级财政专户，实行收支两条线管理。</td></tr>
</table>

续表

年份	地名	有关“污水处理费性质”的规定
2008	内蒙古	属于政府非税收入，全额纳入财政专户，实行收支两条线管理。专款专用，不得坐支、截留、挤占或挪用。
	湖北	由价格部门制定，纳入同级财政管理，实行收支两条线，全额缴入“废水收入汇缴结算户”，专款专用。
	海南	实行政府定价。
	河北	实行政府定价。 属于经营性收费，由污水处理企业自管自用，并接受有关行政部门的监督和检查。
	广西	实行供排水一体化的地方由企业按规定自收自支，单独列账，专款专用，接受监督；未实行供排水一体化的以及自备水源的，使用财政票据，收入缴入财政专户，实行收支两条线管理，专款专用。
2009	辽宁	实行政府定价。
	贵州	实行政府定价。
2014	北京	属于政府非税收入，实行“收支两条线”管理。收入全额上缴国库，纳入政府性基金预算管理。
2015	天津	同北京。
	青海	同北京、天津。
	浙江	同北京、天津、青海。
2016	上海	同北京、天津、浙江、青海。
	江苏	同北京、天津、浙江、青海、上海。
	广东	实行政府定价，其他同北京、天津、浙江、青海、上海、江苏。

注：根据城市污水处理费的地方性立法资料整理而得。

（二）城市污水处理收费的征收标准还有待细化

在城市污水处理收费的征收标准上，旧规中多是以实际用水量作为征收标准，将排水户区分为“使用城市公共管网供水”和“使用自备水源”两类按月计征。新规中将“因大量蒸发蒸腾造成排水量明显低于用水量的排水行为、建筑施工临时排水行为、基坑疏干排水行为和产品以水为主要原料的企业的排水行为”等四类行为纳入征收污水处理费的排水户种类中，进一步丰富和拓展了城市污水处理费的征收范围，贯彻了“应收尽收”的原则。但是，现有征收标准在“排水水质”和“污水处理费的减征和漏征”方面仍然存在缺失：

1. 针对“排水水质”的“差别化政策”需要配套性制度方可“落地”

污水处理厂的规模及处理工艺的选择是根据污水排放系统的水量和水质确定的，其运行成本的高低与排水户排放污水水量和水质关联紧密。自然，城市污水处理价格针对不同的排水户也应有所不同。然而，旧规中大多规定了统一的最低征收标准，这种“一刀切”式的做法使得污水处理价格仅在污水处理“量”上有所体现，即排放的污水越多，缴纳的费用越高，但并未在污水处理“质”上有所体现，即污染越重，费用越高。新规中详细地区分了不同区域、不同排水户的城市污水处理收费标准，旗帜鲜明地贯彻了“环境公平”的环境法基本理念。尤为引人关注的是，上海和江苏两省（市）的新规中所规定的“差别化收费”进一步将“环境公平”的环境法基本理念推向深入：前者规定根据排水户排放的水质情况（主要污染物排放情况）对超标排放的污水实行更高的收费标准；后者鼓励有条件的地区逐步按照环保部门开展的企业环境信用评价等级制定收费标准并建立动态调整机制。

但问题是，“差别化政策”的“落地”需要有两个基本前提，首先是政府有关部门对排水户水质规制的无缝对接，其次是对排水户实现“全覆盖”下科学权威的排水监测数据。对于前者，本书在城市污水再生利用的“水质”规制部分进行了阐述，并指出了目前实践中政府有关部门对排水户水质规制中存在的“规制漏洞”，在此不再赘述。对于后者，根据 2013 年 10 月颁布的《城镇排水与污水处理条例》和 2015 年 1 月颁布的《城镇污水排入排水管网许可管理办法》（以下简称“一条例一办法”）的制度规定，城镇排水主管部门应当委托排水监测机构定期对排水户排放污水的水质、水量进行监测并建立排水监测档案。作为环境第三方的排水监测机构的监测结果是保证排水户超标排污行为的查处和差别化污水处理收费政策落地的关键，但现有制度规定存在如下问题：第一，法律位阶偏低且与环境监测的关系不明。现有关于排水监测的专门性规定只有 1992 年 12 月原建设部发布的《城市排水监测工作管理规定》。原国家环保总局于 2007 年 7 月颁行的部委规章《环境监测管理办法》与前者既有关联（二者均涉及对污染源的监督性监测）又有交叉（排水监测除涉及水质外还涉及水量）。由于后者未对污染源的监督性监测作出明确界定，在无法明确二者关系的前提下有关的信息公开和公众参与也无法落实。第二，现有规定无法满足排水与污水监测市场化发展的需要。[1]《城市排水监测工作管理规定》出台已二十余年，实践的发展早已沧海桑田，多地已尝试采用各种政府采购方式来推进排水监测的发展。现行制度在排水监测机构的遴选资质要求和程序，排水监测机构开展监测服务中与政府有关部门、排水户之间的权利义务分担，引致取消排水监测机构资质的法定情形等方面均属空白。

2. 城市污水处理费的“减征”和“漏征”还有待完善

（1）城市污水处理费的减征。旧规中关于污水处理费的征收标准中有与污水处理费的减征相衔接的条款，即排水户自建污水处理设施，其污水经处理后出水水质达到《污水排入城市下水道标准》规定的一级或二级标准，可以按照一定比例减征污水处理费（表5-20）。这一制度中对企业主动治污减排以及环境第三方协助企业治污减排所规定的减征免征费用，起到了价格应有的杠杆作用。但新规中普遍规定，单位或个人自建污水处理设施仍向城镇排水与污水处理设施排水的，应当足额缴纳污水处理费。从城镇排水与污水处理原理上讲，只要向排水管网排水以及经过城市污水处理厂的处理，均应缴纳城市污水处理服务费。但污水处理费征收的终极目的是防治水污染保护水环境，无论是以污水处理厂为单位的“集中式治污”还是以排水户为单位的“分散式治污”均应得到激励。从这一点来讲，新规比之于旧规不可谓不是一种倒退。

表5-20 各地方有关“城市污水处理费减征”的规定

年份	地名	污水处理费的减征或免征
2004	陕西	1. 用于地下水回灌的自来水用水量不收取城市污水处理费。 2. 企业自建污水处理设施，其处理后的污水达到国家污水排放标准的，经住建部门核准后，城市污水处理费按收费标准的50%计收。

〔1〕 住建部于2012年4月20日发布的《关于进一步加强城市排水监测体系建设工作的通知》总结认为，《城市排水监测工作管理规定》（建城字［1992］886号）发布20年来，城市排水监测站建设工作进展较为缓慢。目前全国仅有17个省（区、市）的20个城市排水监测站通过了国家级计量认证，仍有14个省（区、市）尚未设立国家级城市排水监测站，城市排水监测体系的建设严重滞后于排水监管工作的需要。

续表

年份	地名	污水处理费的减征或免征
2005	河南	1. 用于地下水回灌的自来水不收取城市污水处理费。 2. 对污水排入城市排水管网的工业生产企业，其污水经处理后达到国家《污水综合排放标准》规定的一级或二级标准的，按照城市污水处理费收费标准的 40%计收。未经处理或者经过处理，达不到国家或省规定污水排放标准的，排污者还应当承担治理超标污水的责任。
	四川	鼓励开发中水，实行有偿使用。目前中水价格暂由污水处理厂和使用者协议定价，以后若有新规定按新规定执行。
2006	吉林	同陕西，所不同者，将污水处理费的征收标准调整为 30%和 40%。
	山东	同陕西，所不同者，仅笼统规定“适当核减污水处理费”。
2008	内蒙古	对用于城市消防、园林绿化、环境卫生的公益性用水，免征污水处理费。
	湖北	鼓励企业自建污水处理设施，其污水处理达到国家和地方排放标准的，可以向水体直接排放。
	海南	同陕西。
2009	贵州	同陕西，所不同者，将污水处理费的征收标准调整为 30%。
2015	天津	单位或个人自建污水处理设施，污水处理后全部回用，或处理后水质符合国家规定的排向自然水体的水质标准，且未向城镇排水与污水处理设施排水的，不缴纳污水处理费；仍向城镇排水与污水处理设施排水的，应当足额缴纳污水处理费。
	青海	同天津。
	浙江	同天津、青海。
2016	上海	同天津、青海、浙江。
	江苏	1. 同天津、青海、浙江、上海。 2. 使用再生水的，免征污水处理费。
	广东	1. 同天津、青海、浙江、上海。 2. 未经处理或者经过处理达不到国家和省规定的排向自然水体水质标准的，经地方污水行政主管部门或环保部门确认后，排污者应当承担治理超标污水的责任并依法对其进行处罚，并相应补偿污水处理服务单位的损失。 3. 排入城镇排污设施的企业生产废水，经自建污水处理设施处理后出水水质须达到《污水综合排放标准》规定的二级标准，并应当足额缴纳污水处理费。企业自建有污水处理设施，其处理后的污废水不满足规定出水标准的，依法进行处罚。

注：根据城市污水处理费的地方性立法资料整理而得。

（2）城市污水处理费的漏征。近年来，随着再生水用途的扩大，越来越多的排水户备有自来水和再生水两套供水系统。本书在实证调研中发现，实践中如热电厂一类的再生水用水大户，仅2014年该厂全年用水量为435万吨/年，按照该厂所在城市现有工商业用水价格4.9元/吨计算，用水成本在2131.5万元/年。按照该厂所在城市现有再生水价格1.24元/吨计算，用水成本在539.4万元/年，年节约1592.1万元。在尝到了再生水利用的甜头后，这些再生水用水大户不仅将再生水用于生产中的循环冷却用水，而且也用于厂区内的绿化、冲厕等生活用水。由此，自来水系统的用水量在企业用水总量中所占的成分是很小的。但企业的排水仍然是使用市政排水管网输送至污水处理厂，虽然企业使用再生水生产应该得到激励，但这种激励已经通过再生水水价得到了体现，既然再生水在企业的生产过程中变成了污水，[1]那么污水排入市政排水管网造成管网的损耗、污水通过管网输送接入到污水处理厂进行污水处理，对于这些损耗和处理企业理应承担相应费用。当然，为了鼓励企业对再生水的使用，可以在污水处理设施运行成本的基础上适当核定对排水户征收的污水处理费的比例，但新规显然未将以上因素考虑在内。

（三）城市污水处理收费的定（调）价程序缺乏制衡

政府定（调）价是一种公权力，基于公法的一般原理，公权行为均应遵循必要的法律程序，并且程序内部应该有相应的制衡机制来保证最终决策的公平、正义。根据《价格法》《政府制定价格行为规则》的规定，一个完整的政府定价程序应该由价格（成本）调查、听取社会意见、形成定价方案、集体审议、作出制定价格的决定、公告、价格决定执行情况的跟踪调查和监测等七个环节构成。此外，政府定价首先要依据中央和地方的定价目录中规定的定价权限和具体适用范围来确定。其次，依法应当开展成本监审、专家论证、价格听证的，按照有关规定执行。最后，建议人（包括消费者、经营者及有关方面）可以向定价机关提出制定价格的建议。关于政府调价，现有制度规定应当根据经济运行情况，按照规定的定价权限和程序适时调整。消费者、经营者可以对政府定价提出调整建议。

以《价格法》《政府制定价格行为规则》规定的以上内容为依据来反观

[1] 现有再生水的用途主要包括绿化用水、城市杂用水、工业用水和环境用水等，本书中所举热电厂对于再生水使用的例子即属于工业用水，绿化用水、城市杂用水和环境用水也皆同一理。

城市污水处理费的专门性立法可以发现，关于城市污水处理费的定价，旧规中有如下规定：第一，依照法定程序召开价格听证会；第二，加强对城市污水处理设施运行、维护成本的调查、分析；第三，对污水处理成本进行定期监审。新规中除了“由政府有关部门按照覆盖污水处理设施正常运营和污泥处理处置成本并合理盈利的原则，提出污水处理费标准报同级政府批准后执行”之外，在政府定价方面并无制度规定。关于城市污水处理费的调价，旧规中湖北省的规定最为简单，即“当征收的城市污水处理费不能满足城市污水处理设施的建设、运行和维护时，可以申请调整城市污水处理费标准”。其中，对于政府、经营者之间的权利义务分担未作任何规定。河南、海南和广西三省（区）比之于湖北省，对城市污水处理收费调整中的政府义务作出了规定，即“有关部门应加强对污水集中处理设施建设、运行和维护成本的监审和城镇污水处理费标准执行情况的监督，为价格调整提供依据”。河北省则更进一步，不仅涉及污水处理收费标准的调整原则、调整时间，还对污水处理企业的成本核算义务、材料提交义务作出了明确规定（表 5-21）。新规则普遍未直接涉及污水处理费的调整，天津、青海两地通过行政规范性文件有效期 5 年的规定变相界定了污水处理费的调整周期（表 5-22）。

表 5-21　城市污水处理收费行政规范性文件中政府及有关部门的定价权限和义务

地名		政府及有关部门
重庆	权力	制定城市污水处理费征收标准。
陕西	权力	同重庆。 对污水处理费不能维持现有污水处理企业运营的给予适当的财政补贴。
	义务	1. 将污水处理费数额及使用情况逐级报备； 2. 对于污水处理费的收取和使用接受有关部门的监督和检查。
湖南	权力	同重庆。
	义务	同陕西。
河南、安徽、内蒙古、湖北、海南、广西、辽宁、贵州	权力	同湖南。
	义务	1. 依照法定程序召开价格听证会； 2. 加强对城市污水处理设施运行、维护成本的调查、分析。

续表

地名		政府及有关部门
四川	权力	同河南。
	义务	污水处理费制定前实施价格成本监审，其结论报上一级价格部门备案同时接受抽查。
吉林	权力	同河南。
	义务	城市污水处理费收取之前向社会公告。
山东	权力	同河南。
	义务	对污水处理成本进行定期监审。
河北	权力	同河南。
	义务	1. 自接到污水处理标准制定和调整申请之日起 40 日内完成对申请材料的审查和成本监审； 2. 制定和调整污水处理费应召开价格听证会后报当地政府并报上一级政府价格部门批准。
北京、天津、青海、浙江、上海、江苏、广东	义务	由政府有关部门按照覆盖污水处理设施正常运营和污泥处理处置成本并合理盈利的原则，提出污水处理费标准报同级政府批准后执行。

注：根据城市污水处理费的地方性立法资料整理而得。

表 5-22　城市污水处理收费行政规范性文件中有关“污水处理费调整”的规定

年份	地名	污水处理费的调整
2005	河南	价格主管部门应当加强对城镇污水集中处理设施运行、维护成本的调查分析，为城镇污水处理费标准调整提供依据。
2008	湖北	当征收的城市污水处理费不能满足城市污水处理设施的建设、运行和维护时，可以申请调整城市污水处理费标准。
	海南	价格、财政主管部门应当加强对污水处理设施运行成本的监审和城镇污水处理费标准执行情况的监督，为城镇污水处理费收费标准的调整提供依据。
	河北	城市污水处理费收费标准随着污水处理率的提高和经营成本的变化进行调整，原则上每两年核定一次。污水处理企业每两年应对其生产经营成本进行一次全面核算。当污水处理率和生产经营成本发生较大变化时，污水处理企业可向设区的市或扩权县（市）人民政府价格主管部门提出调整污水处理费标准的书面申请并提交以下材料：

续表

年份	地名	污水处理费的调整
		（1）污水处理企业近两年的生产经营成本核算报告，经审计的年度会计报表和污水处理成本价格核算报表； （2）污水处理费调整方案、征收标准及其依据； （3）拟调整污水处理费标准对相关行业及当地居民消费价格水平的影响评价； （4）与调整污水处理费标准有关的其他材料。
	广西	同河南。
2015	天津	有效期 5 年。
	青海	同天津。
2016	江苏	直接规定调整标准。

注：根据城市污水处理费的地方性立法资料整理而得。

从以上各地方城市污水处理收费的行政规范性文件来看，无论是有关城市污水处理费的定价还是调价，现有制度规定都呈现出大幅度精简的特征。客观地说，无论是三部委颁行的《关于制定和调整污水处理收费标准等有关问题的通知》还是《污水处理费征收使用管理办法》，从中央层面通过统一提高价格标准的方法来缓解城市污水处理资金缺口量大的方法确实较为高效，但从公平角度而言，城市污水处理收费标准居民不低于 0.95 元/吨、非居民不低于 1.4 元/吨是怎么制定出来的？是否严格履行了公用事业价格的定（调）价程序？是否听取了社会意见？有没有公布价格监审的相关数据？换句话说，政府的价格决策到底是民主行政还是专制行政？行政程序是由行政机关自行实施还是由相对人参与之下共同完成？由此，公众参与就成为城市污水处理收费定（调）价的核心之一。此外，三部委颁行的规范性文件在各地方还需要一个"落地"的过程，这个过程同样需要完成《价格法》中规定的定（调）价的七个环节。作为公众参与的一个集中体现，价格听证成为七个环节中沟通前后形成价格决策的关键，因此，本书以城市污水处理费的听证为切入点，结合现有的价格听证的制度规定（表 5-23），对相关法律关系主体之间的权利运行状态进行考察，发现存在以下问题：

表 5-23　各地方有关“价格听证”的制度规定

时间	地方性立法名称
2004 年	《北京市政府价格决策听证办法实施细则》
2009 年	《山西省政府制定价格听证办法实施细则》 《陕西省政府制定价格听证办法实施细则》 《贵州省政府制定价格听证办法实施细则》（2011 年修正） 《安徽省政府制定价格听证办法实施细则》 《江苏省政府制定价格听证办法实施细则》 《福建省政府制定价格听证办法实施细则》
2010 年	《黑龙江省政府制定价格听证办法实施细则（试行）》 《云南省政府制定价格听证办法实施细则》 《湖南省政府制定价格听证办法实施细则》 《广东省政府制定价格听证办法实施细则》
2011 年	《河北省政府制定价格听证办法实施细则》
2012 年	《重庆市政府制定价格听证办法实施细则》
2013 年	《河南省政府制定价格听证办法实施细则》

注：根据价格听证的地方性立法资料整理而得。

1. 关于价格听证的定位：正位抑或错位？

无论是中央层面还是地方层面的制度规定，关于价格听证的定位均是以《听证办法》第 1 条为准，即“为规范政府制定价格听证行为，提高政府价格决策的民主性、科学性和透明度，根据《中华人民共和国价格法》，制定本办法”。从中我们不难发现，立法设计者在对价格听证进行制度设计时对听证的功能寄予了厚望，即通过价格听证来实现价格听证的科学性和民主性。而对于价格听证的内涵，《听证办法》和各地方价格听证的制度规定几乎一致的界定是：“由政府价格主管部门采取听证会形式，征求经营者、消费者和有关方面的意见，对制定价格的必要性、可行性进行论证的活动。”那么，在我国价格听证会的实质就是价格主管部门召集各利益相关方对价格制定进行论证的“论证会”。那么，听证能否等同于论证？听证/论证的结果对于利益相关方是否具有实质拘束力呢？从王名扬教授在《美国行政法》一书中对于听证的介绍可知（王名扬，1995 年），听证分为正式听证和非正式听证。前者又称为“审判型听证”，是指实质行政机关在制定法规和作出行政决定时，举行正式的听证会，使当事人得以提出证据、质证、询问证人，行政机关基于听证笔录作出决定的程序；后者又称为“辨明型听证”，是指行政机关在制定法规或作出行政裁决时，只需给予当事人口头或书面陈述意见的机会，以供行政机关参考，行政机关无须基于笔录作出决定的程序。那么，如果将价格听证作为正式听证的话，价格决策就必须基于听证笔录作出，多数听证代表的意见就会最终左右定价行为。如果将价格听证作为非正式听证，那么价格决策就无须基于听证笔录作出，即便多数听证代表表示异议，价格决策机关也照样可以径行作出价格决定。从现有关于城市污水处理费的价格听证来看，显然其属于后者，那么在缺乏来自社会公众通过对抗程序形成的对价格决策机关的实质性“制衡”的立法背景下，价格听证会沦为价格决策机关自说自话的“涨价会”“作秀会”也就成为情理之中的事情。同样，现有的价格听证的内涵和实践是无法为价格听证的定位提供背书和支持的。

2. 关于消费者的遴选：可控抑或不可控?

作为公众参与政府价格决策的重要程序，价格听证需要广泛征求经营者、消费者和有关方面的意见，而消费者的意见无疑是其中的核心要素。然而，从现有中央层面和地方层面的制度规定来看，虽然规定消费者参加人可以采取自愿报名、随机选取方式，也可以由政府价格主管部门委托消费者组织或者其他群众组织推荐，但实践中，价格决策部门仍然坚持组织推荐方式产生消费者。与其他国家消费者协会（以下简称“消协”）属于群众性组织不同，我国的消协带有半官方性质，在财政和人事等诸多方面受制于政府，由此经过消协推荐的消费者就在某种程度上带有了“官方认证”的色彩。有这些消费者参加的价格听证会很难听到反对声音，这使得价格听证会连“论证会”的功能都无法很好实现。笔者对近年来召开的城市污水处理费价格听证会的反对情况进行了统计，结果表明：其中 6 次反对意见为 0，只有 1 次是来自消协推荐的消费者提出了反对意见。然而，这并不代表社会公众对城市污水处理价格听证方案的高度认可，相反，从事后公众对听证涨价结果的不满中可以发现，这种结果并不能真实反映民意。

作为消费者的遴选标准，《价格法》和《听证办法》均未作明确规定。在价格听证的各省级地方性立法中，北京、山西、陕西、贵州、黑龙江、河北有一些制度规定，但问题是这些消费者的遴选标准均较为宽泛，实践中并未严格遵循这些标准。此外，在《听证办法》颁布实施后，北京的地方性立法已被废止，黑龙江的地方性立法在制定时就已经载明其有效期仅为一年，因此，目前有关消费者的遴选标准仍然并不明朗。此外，当前的消费者遴选机制，从消费者报名到遴选再到最终的确定名单，整个过程游离于公众监督之外，通过这种程序产生的消费者是否能够具有真正的代表性值得商榷。比如，阳江市发展和改革局定于 2015 年 11 月 12 日召开市区污水处理价格调整听证会，该局于 2015 年 11 月 5 日在公告中发布了参加听证会的听证人以及听证参加人名单，至于听证参加人的产生过程则无从知晓（表 5-24～表 5-25）。

表 5-24　近年来城市污水处理费价格听证会中反对意见统计表

时间	听证内容	参加人数	赞同人数	反对人数
2007 年	衡阳市城区污水处理价格调整听证会	30	30	0
2007 年	哈尔滨市调整污水处理价格标准听证会	32	32	0
2008 年	珠海市主城区污水处理费标准调整听证会	23	22	1
2010 年	临海市市区污水处理价格调整听证会	23	23	0
2012 年	中山市调整污水处理费征收标准听证会	28	26	2
2013 年	宣威市城区污水处理价格调整听证会	21	21	0
2013 年	龙井市污水处理价格调整听证会	17	17	0
2013 年	佛山市禅城区污水处理价格调整听证会	21	20	1
2015 年	阳江市市区污水处理价格调整听证会	21	21	0

注：根据以上地方物价局和市、区级政府公布的网络资料整理而得。

表 5-25　价格听证的各省级地方性立法中有关消费者遴选标准的规定

时间	地区	遴选标准
2004 年	北京	A. 年龄在 18 周岁以上，具有完全民事行为能力。 B. 具有一定的代表性，有较强的社会责任感，公正、公平的工作态度，并能够真实地反映意见。 C. 具有一定的调查研究、分析论证和语言表达能力。
2009 年	山西	A、B、C、D、F、G
	陕西	A、B、C、D、F
	贵州	A、B、C、D、E、F、G

续表

时间	地区	遴选标准
2010 年	黑龙江	A、C、 D. 具有社会责任感，能够真实、客观、公正地反映意见。 E. 保证准时出席听证会。
2011 年	河北	A、B、C、 F. 有一定的政治思想觉悟，了解国家的相关法律、法规和相关经济政策。 G. 有义务奉献精神和时间保障。

注：根据价格听证的地方性立法资料整理而得。

3. 关于价格听证主持人：中立抑或从属？

主持人是价格听证的核心与灵魂，肩负着保障价格听证的顺利开展、维护当事人合法权益的重任，听证主持人的法律地位如何对能否有效地发挥价格听证的作用具有关键性的影响。《听证办法》第 7 条对听证主持人的来源进行了界定，即“由听证人中的政府价格主管部门的工作人员兼任”。价格听证的各省级地方性立法也基本上与该条规定保持了一致，此外，主要就听证主持人的职责进行了规定（表 5-26）。然而，透过这些制度规定，笔者认为现有的制度规定仍然存在以下几个方面的问题：第一，价格听证主持人的法律地位相对不独立。现有的制度仅规定价格听证主持人由政府价格主管部门的工作人员兼任，听证主持人与价格主管部门之间存在隶属关系，其听证主持工作难免受到所属机关的影响和控制，违反了“任何人不做自己法官”的自然公正原则。第二，听证主持人的职责仍有待完善。价格听证作为一项现代行政决策程序，需要扎实的调研和广泛信息的占有以弥补决策所需要的智慧、知识和信息的不足，提高决策质量。如果认为确有必要，是否可以在听证会举行前召开预备会以及通过考察等方式调研定价听证事项等问题，大多数省级地方性立法中并无相关制度规定。可喜的是，广东省的立法在听证委员会的职责中有对以上事项的规定，但听证委员会是一个由 10 名～15 名委员组成的组织，现有立法对于这个组织中主任委员和一般委员的权限并无确切规定，这就使诸如“认为有必要可以于听证会举行前召集听证委员会委员通过预备会、考察等方式调研定价听证事项”等制度规定由于缺乏启动主体而在实践中无法操作。第三，回避制度不确切。由于《价格法》和《听证办法》中均未对价格听证回避作出任何制度规定，虽然黑龙江和广东两省涉足了回避制度，但一来未能界定什么是“利害关系”，二来关于回避的提出主体、提出时间、方式和处理程序均未作出任何制度规定。

表 5-26　各地方有关价格听证的制度规定中有关听证主持人的规定

时间	地区	有关听证主持人的规定
2004 年	北京	A. 听证主持人的职责（a. 宣布听证会程序、听证会纪律；b. 介绍听证会代表；c. 维护听证会秩序；d. 保证申请人和听证会代表应有的发表意见的机会和时间；e. 对听证会进行总结）。
2009 年	山西、贵州、安徽	A. 听证主持人的职责（a、b、c、d、h）。
	陕西	A. 听证主持人的职责（a~e；j、签审听证报告）。
2010 年	黑龙江	A. 听证主持人的职责（a~e；f、听取听证会工作人员关于听证会参加人出席情况的汇报；g、制止妨碍听证活动的行为；h 当听证会参加人的出席人数不足听证会参加人总数的三分之二或者消费者人数未达到听证会参加人数的五分之二时，可以当场宣布听证延期；i、负责召集听证人并主持听证报告的制作工作）； B. 听证主持人的回避：与所制定价格的相关经营者具有利害关系的不能担任听证会主持人。
	广东	B. 听证主持人的回避：定价听证项目经营者及其主管部门、相关行业组织不得作为听证人； C. 听证主持人的来源（听证委员会主任由政府价格主管部门指定工作人员担任）。
2011 年	河北	A. 听证主持人的职责（a~d、h）。
	云南	A. 听证主持人的职责（a~d；k、因特殊原因，可以决定听证会延期、临时休会、终止）。
2013 年	河南	A. 听证主持人的职责（a~d、h）。

注：根据价格听证的地方性立法资料整理而得。

4. 价格听证中的专家：独立抑或被俘获?

在风险社会下，由于信息量的增大和利益的多元分化，涉及公共事务的行政决策呈现复杂性和综合性叠加的趋势。决策者限于知识、技术和智慧的有限性，不可能洞见所有风险。引入专家参与，通过发挥专家的知识理性和技术优势来确保行政决策的科学化已越来越多地为法律制度所采纳。《听证办法》中有关专家的制度规定主要集中于听证会参加人的构成、产生、权利与义务等方面。从价格听证的各省级地方性立法来看，专家的角色有担任听证参加人和听证人两种，专家的构成除北京市明确了专业外，其他省均以“相关领域”界定，专家的产生大多数省份规定由政府价格主管部门聘请，北京市则规定由高等院校、研究机构在本部门内推荐，河北省则在单位推荐和团体选拔外增加了自愿报名（表 5-27）。从目前价格听证中有关专家制度的运行来看，主要存在以下几个方面的问题：第一，专家的角色错位。之所以在价格听证中引入专家参与，就是为了弥补价格公共决策中的专业性和知识性的不足，填补政府、经营者和消费者之间存在的信息鸿沟，那么专家代表的就应该是专家的技术理性，而非其同时作为一名普通消费者的个体。专家不仅仅要针对公众对城市污水处理费上涨的价值判断作出结论，更为重要的是要通过其专业、科学和理性的分析，从公平和效率两个层面来阐述涨价背后所涉及的利益博弈和调整问题。以佛山市禅城区召开的污水处理费调价听证会为例，一位专家代表认为：“应该从管理提高上去想办法。一方面要加强现有资金的有效利用，另一方面管理的提高对控制成本也还有很大空间”。从这位专家的发言中我们并未获得太多作为专家角色应有的立场与分析，更多的是作为一名普通消费者对涨价表达的观点和态度。第二，专家被俘获。价格听证中之所以要引入专家，是因为专家代表着技术理性，其身份应该是“独立”的，其所提供的意见也应该是客观且与价值无涉的。但无论是《听证办法》还是大多数价格听证的各省级地方性立法中都将专家的产生规定为由政府价格主管部门聘请，这种制度设计本身就为专家被俘获埋下了伏笔。从目前价格听证实践来看，政府价格主管部门聘请的专家均是所谓“体制内”专家，即大多数来自公立高等院校、科研院所，从其职业发展、职务职称晋升来看，作为政府聘请的专家参与行政决策无疑会为专家自身锦上添花。在由政府把控的专家遴选机制下，专家提供的意见自然而然也就容易沦为“政府定制”意见。

表 5-27　各地方有关价格听证的制度规定中有关专家的规定

地区	有关价格听证中“专家”的规定
北京	A. 专家的角色（担任听证参加人）； B. 专家的构成（经济、技术、法律等方面的专家、学者组成）； C. 专家的产生（由人大、政协、政府有关部门以及高等院校、研究机构在本部门内推荐）。
山西、陕西、贵州、安徽、黑龙江、湖南、云南、重庆、河南	A. 专家的角色（除担任听证参加人外，也可以因政府价格主管部门聘请担任听证人）； B. 专家的构成（相关领域的专家、学者等专业人士）； C. 专家的产生（由政府价格主管部门聘请）。
广东	A 同北京； B、C 同山西等九省。
河北	C、专家的产生（可以采取自愿报名、单位推荐、委托有关社会团体选拔等方式产生）。

注：根据价格听证的地方性立法资料整理而得。

二、城市污水处理收费的价格支付机制

（一）城市污水处理收费的支付链条长、周期久

现有的城市污水处理收费有两种支付模式：第一种可称之为“间接模式”，即由政府及有关部门向排水户收取“城市污水处理费”，然后根据“PPP 污企”在“水质”和“水量”方面的运营实绩、结合 PPP 合同核定价格向其支付“城市污水处理服务费”。此种模式下，用户不直接向提供城市污水处理服务的“PPP 污企”支付费用，而是通过政府来支付。这样，城市污水处理服务市场就被分割为供给和消费两个市场（图 5-2）。相应的价格被分割为供给价和消费价。供给价是针对“PPP 污企”而言，是“PPP 污企”提供城市污水处理服务的价格；消费价是针对排水户而言，是排水户因享受城市污水处理服务而实际支付的价格。其中，消费价是由政府根据消费者各种综合因素，通过听证会等形式形成的；供给价则由企业在 PPP 招投标竞争中形成或在合同签订过程中约定，具体收费标准一般都在 PPP 合同中予以明确。第二种可称之为“直接模式”，即由“PPP 污企”直接向其服务范围之内的用户收取费用。在这种模式下，排水户是向提供城市污水处理服务的“PPP

污企”直接缴纳费用，污水处理服务的供给价等于消费价（见图 5-3）。实践中，“直接模式”一般多用于“两园一区”等工业污水范围界定较为明确的地方。“间接模式”之所以更多地成为“PPP 污企”城市污水处理费的主流支付模式，主要有两个方面的原因：一是行业特征。与供水、供电、供气等行业相比，“PPP 污企”的经营者不直接向用户提供污水处理服务，实践中，很难对用户实际需要处理的污水量进行计算。为此，“PPP 污企”的经营者难以直接向用户收费。由城市供水企业在水费中一并收取再由政府及有关部门核定后支付，对“PPP 污企”的经营者而言比较便利。二是社会承受能力。鉴于城市污水处理业属于新型公用事业，而这一新型公用事业的市场化改革主要路径又是通过“厂网分离”实现的，很多“PPP 污企”常常通过“高溢价”模式获得特许经营权，如果任由“PPP 污企”直接依据其投资、处理成本以及利润需求来向用户收费，可能会使城市污水处理的消费价增长速度过快，超过用户的承受能力，甚至引发严重的社会问题。

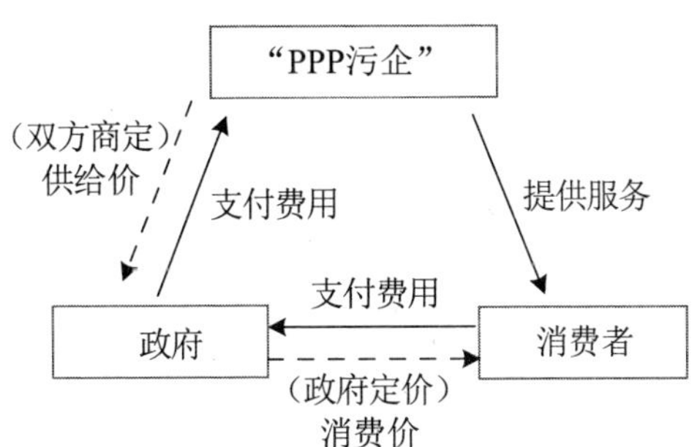

图 5-2　城市污水处理费的“间接支付模式”

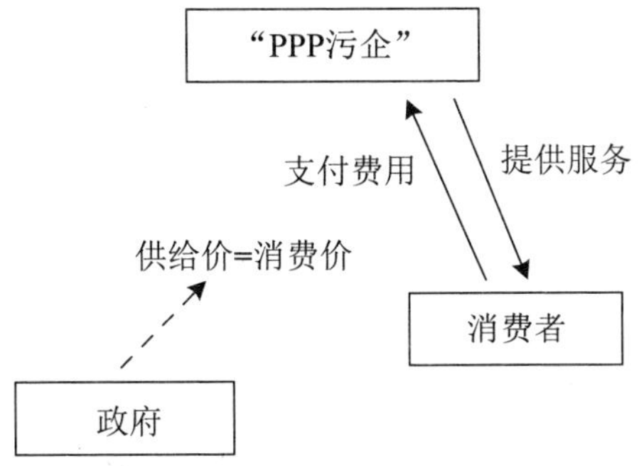

图 5-3　城市污水处理费的“直接支付模式”

虽然，“间接模式”成为“PPP 污企”的城市污水处理费的主流支付模式有其合理性，但是在这种模式下，“PPP 污企”在城市污水处理费的支付中呈现出鲜明的“链条长、周期久”的特征（图 5-4）：首先，政府及有关部门委托城市供水企业在征收自来水费时一并征收城市污水处理费。这其中，“拒缴”“漏缴”等现象仍然较为普遍。“拒缴”是指排水量较大的排水户（尤其是国有央企）长期拒绝缴纳城市污水处理费（申冉，2011 年）。“漏缴”是指城市排水户通过打自备井用地下水代替自来水，在漏缴自来水费的同时也漏缴了城市污水处理费。以上情况的出现使得排水户排放的污水量大于作为城市污水处理费核算的污水量，“PPP 污企”应得的“水价”已在这一环节打了折扣。其次，政府财政部门收到城市供水企业收缴上来的城市污水处理费后，要以国家法律、法规和政策以及省内规章、政策为依据，结合环保部门对采取 PPP 模式的城市污水处理设施的“水质”核查报告以及水务部门对采取 PPP 模式的城市污水处理设施的“水量”核查报告，参照城市污水处理业 PPP 合同对支付给“PPP 污企”的“城市污水处理服务费”进行核定。如果在这个环节中政策出现变动、政府环保和水务部门的核查报告有不利于“PPP 污企”的记载、政府有关部门将城市污水处理费用于出借、股权投资和其他基础设施建设等支出时，“PPP 污企”的经营者都会因此被迟延支付或者干脆长期无法拿到城市污水处理服务费。事实上，城市污水处理费被挪用和挤占的情况并不鲜见。根据 2011 年国家审计署发布的《9 个省市 2010 年度城镇污水垃圾处理专项资金审计结果》显示，9 个省市中有 13 个单位将污水垃圾处理资金用于出借、股权投资和其他基础设施建设等支出（国家审计署，2011 年）。《甘肃省 2012 年度省级预算执行和其他财政收支审计结果》显示污水处理费和排污费征收不到位 1.5 亿元，挤占挪用专项资金 2054 万元（甘肃省审计厅，2012 年）。《关于 2014 年度广东省级预算执行和其他财政收支的审计工作报告》显示，有 2 个县挪用省级财政污水处理奖励金 1466 万元用于平衡预算等支出（广东省审计厅，2014 年）。

（二）“PPP 污企”的运营者与政府签订的特许经营合同中缺乏对城市污水处理费的保障条款

在《预算法》于 2015 年 1 月 1 日正式实施的背景下，我国已开始实行全口径预算管理，明确要求编制一般公共预算、政府性基金预算、国有资本经营预算和社会保险基金预算四本预算。新规贯彻了财政法定原则，较为一致

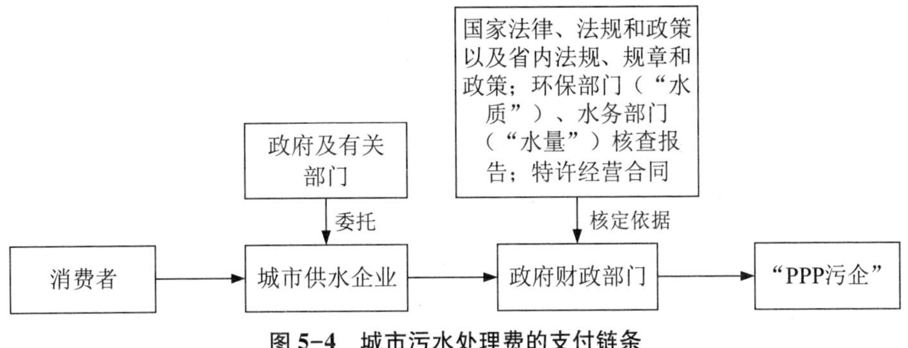

图 5-4　城市污水处理费的支付链条

地规定：“城市污水处理费属于政府非税收入，实行收支两条线管理。收入全额上缴国库，纳入政府性基金预算管理。”此外，《预算法》中“预决算管理、中长期财政规划和跨年度预算平衡机制”在新规中的体现也被认为是新规的三大亮点（薛涛，2015 年）。然而，本书认为，仍然有两个问题阻碍着城市污水处理费的支付：

1. 财政监督制度仍有待完善

完整意义上的财政监督是指国家权力机关、财政机关、审计机关对于财政预算执行单位财政使用活动进行的监督（陈融，2013 年）。从国家权力机关的财政监督来看，主要存在以下几个方面的问题：（1）来自现行各级人大及其常委会会期制度的制约。预算年度从 1 月 1 日开始到 12 月 31 日截止，但人大会议通常在 3 月召开，预算在未经人大审批的情况下就已经开始执行，使得国家权力机关的预算监督审查在很大程度上流于形式。（2）现行各级人大及其常委会的审查审议能力的制约。人大审批依旧延续了综合审批方式，即人大一次性审核各政府部门的所有预算汇总草案，而非各具体预算事项。人大代表中财经专业人员的欠缺和审核时间过短的问题仍然未能得到解决，加上预算编制周期很短，预算编制很难做到细致、充实，预算审查很难做到全面。政府既是预算的编制者，也是预算的执行者，同时也是预算信息的提供者。人大通过公开渠道得到的预算信息有限，存在严重的“信息不对称”，如果政府有意垄断信息或有选择性地提供信息，很难在审查时发现和监督。（3）预算编制的全面性、完整性规定仍需进一步细化和完善。新《预算法》虽然在预算编制规定方面取得了进步，但主要是针对一般公共预算编制而言，对于包括城市污水处理费在内的政府性基金预算，其收支范围按照新《预算法》第28条规定仍然可以依据“国务院的规定”执行，这不仅与《立法法》的规定相悖，其具体的编制、执行和实施在法律层面上是缺失的，这就使政府性基金预算仍然有游离于人大监督之外的制度性风险。从国家审计机关的监督来看，虽然2006年修正的《审计法》对我国的审计制度作出了更为详细的制度规定，但按照我国《宪法》第91条规定，“国务院设立审计机关，对国务院各部门和地方各级政府的财政收支，对国家的财政金融机构和企事业组织的财政收支，进行审计监督”，我国现行的审计体制无法超脱于行政首脑，也违背了国际通行的“审计独立”原则。与财政机关的监督相似，这种监督模式仍然强调的是行政机关内部自上而下的监督，缺乏强有力的外部监督效力。

2. 特许经营中的政府承诺制度仍有待加强

特许经营中的政府承诺制度是指在特许经营项目的“双阶”（即特许经营者的选择和特许经营协议的履行）中，政府为保证特许经营项目的落地和运营向特许经营者做出的承诺。现有特许经营法律制度在有关城市污水处理服务费方面是有相应的政府承诺条款的，即对于向用户收费不足以覆盖特许经营建设、运营成本及合理收益的，可提供可行性缺口补助，包括其他开发经营权益（表3-28）。《特许办法》第35条还规定：“需要政府提供可行性缺口补助的特许经营项目，应当严格按照预算法规定，综合考虑政府财政承受能力和债务风险状况，合理确定财政付费总额和分年度数额，并与政府年度预算和中期财政规划相衔接，确保资金拨付需要。”然而，地方政府并未将特许经营项目经费列支、财政预算等作为特许经营合同签订的必要条件，《特许办法》在第七章法律责任部分也并未明确政府未将特许经营项目经费纳入财政预算的相关法律责任。此外，虽然《预算法》第16条规定：“……按照法律、行政法规和国务院的规定可以设立专项转移支付，用于办理特定事项。建立健全专项转移支付定期评估和退出机制。市场竞争机制能够有效调节的事项不得设立专项转移支付。上级政府在安排专项转移支付时，不得要求下级政府承担配套资金。但是，按照国务院的规定应当由上下级政府共同承担的事项除外。”但《特许办法》关于财政转移支付并没有相应的衔接条款，在未能明确财政资助标准、地方财政承担能力有限的情况下，城市污水处理业特许经营项目自然不易实施。这种情况在实践中也多有发生。如：《2015年11月稳增长促改革调结构惠民生防风险政策措施贯彻落实跟踪审计结果》显示，黑龙江省发改委于 2013 年 8 月对 4 个污水处理项目下达中央预算内投资 2590 万元，计划 2014 年完工。截至 2015 年 11 月底由于地方自筹资金不到位，4 个污水处理项目无一开工。四川省乐山市第三污水处理厂配套管网项目 2012 年 9 月收到中央专项资金，2013 年 3 月立项，由于建设资金不足导致截至 2015 年 11 月底项目仍未开工（国家审计署，2016 年）。

表 5-28　特许经营法律制度中的政府承诺条款

特许经营项目的运行阶段	积极性承诺条款	消极性承诺条款
特许经营者的选择	1. 保证特许经营项目的科学性、完整性和连续性； 2. 保证通过竞争方式选择特许经营者。	
特许经营协议的履行	1. 对于向用户收费不足以覆盖特许经营建设、运营成本及合理收益的，可提供可行性缺口补助，包括其他开发经营权益； 2. 就防止不必要的同类竞争性项目建设、必要合理的财政补贴、有关配套公共服务和基础设施的提供等内容作出承诺； 3. 不履行特许经营协议约定义务或者履行义务不符合约定要求的，应当根据协议继续履行、采取补救措施或者赔偿损失； 4. 保守在特许经营活动和监督管理工作中知悉的特许经营者的商业秘密； 5. 为特许经营者建设运营特许经营项目提供便利和支持，提高公共服务水平。行政区划调整，政府换届、部门调整和负责人变更，不得影响特许经营协议履行； 6. 因法律、行政法规修改，或者政策调整损害特许经营者预期利益，或者根据公共利益需要，要求特许经营者提供协议约定以外的产品或服务的，应当给予特许经营者相应补偿； 7. 特许经营协议提前终止应当收回特许经营项目的根据实际情况和协议约定给予原特许经营者相应补偿。	不得承诺固定投资回报和其他法律、行政法规禁止的事项。

注：根据市政公用事业特许经营的地方性立法资料整理而得。

第四节　小　结

由于以城市污水集中处理设施为载体建设的“集中式再生水利用设施”是目前再生水利用的主流，因此对于城市污水再生利用法律问题的制度成因分析就必须由两个阶段构成：第一，城市污水集中处理设施本身运营中呈现的法律问题。原因在于，城市污水集中处理设施本身的持续稳定运行是附设于其上的再生水设施运营的基本前提，经过城市污水集中处理设施处理的污水是再生水的“源水”。第二，再生水设施运营中呈现的法律问题。这是指能够从事再生水的生产和供应的城市污水集中处理设施，在运营中遇到的相关法律问题。从实证调研可知，鉴于目前在再生水利用中“国有污企”扮演着主要角色且占据了再生水生产供应的绝大部分份额，“PPP 污企”在再生水利用中有诸多掣肘制约着其作用发挥的实际情况。本章对于“PPP 污企”在城市污水再生利用中的法律问题的制度成因分析，主要聚焦于第一个阶段，即城市污水集中处理设施本身运营中呈现的法律问题，也就是具体的制约“PPP 污企”再生水利用的掣肘因素。本章以对“PPP 污企”展开的实证调研结果为基础，将“PPP 污企”在城市污水再生利用中碰到的法律问题归结为“水质”“水量”和“水费”三个方面，并对其制度成因进行了分析，得出了如下结论：

一、城市污水再生利用中的“水质”问题

第一，“PPP 污企”的进水水质无法得到政府规制的保障。在水质形成的第一个节点，在行政分权体制下，由环保部门、水务部门、市政部门、建设部门等政府有关部门构成的政府规制网络在“进入市政排水管网的污水水质”和“进入 PPP 污企的污水水质”环节存在规制漏洞，造成污染者逸出于政府规制之外而“PPP 污企”承担了畸重的水质保障义务的问题出现。在水质形成的第二个节点，现有法律制度在排水户、“PPP 污企”之间权利义务分担明显不公，造成“进水”水质差但“出水”水质要求高的问题出现。

第二，政府的选择性规制有失公平。政府有关部门对于“一头一尾”的选择性规制（“一头”指的是政府对于排水户的规制侧重于“国控”和“省控”重点污染源，这使得其他排水户的排污行为逸出于规制之外；“一尾”指

的是政府对于“PPP 污企”的规制很严，一旦发现出水水质超标即进行行政处罚，但“进水”水质问题却未能被作为减轻或免除“PPP 污企”出水责任的考量因素）一方面有失公平，另一方面在有些权利义务矛盾较为突出的地方，这种规制模式也是不可持续的。

二、城市污水再生利用中的“水量”问题

第一，规划环评的“广度”和“深度”有限。“PPP 污企”项目建设的规划除涉及当地国民经济和社会发展规划、城市总体规划、城市近期建设规划、城市控制性详细规划、镇总体规划、镇的控制性详细规划之外，还应当与环境保护专项规划、水污染防治专项规划以及城镇排水与污水处理专项规划等专业规划相协调。从政府信息公开角度来看，现有“PPP 污企”的规划环境影响评价文本从文本内容与法定性内容的相符性角度来看，均不同程度地存在污染因子识别和资源承载力分析缺位、规划间协调不畅等问题。

第二，规划环评主体间的权利义务配置不当。这种权利义务的不当配置贯穿于规划及环评的“编制—审查批准—公告、实施及跟踪评价”的全过程。在编制阶段，综合规划在公众参与和信息公开方面其法定性要求均明显弱于专项规划。这使得“PPP 污企”所在的“两园一区”的综合规划既缺乏信息公开又无法得到来自监督者的有效监督；在审查批准阶段，现有制度规定中“对于综合规划的环境影响篇章或说明无需单独审查”以及在综合规划与法定性内容的相符性方面缺乏相应的条款支撑的实际造成审查程序的虚置；在公告、实施及跟踪评价阶段，作为与综合规划配套的环境影响篇章或说明、与专项规划配套的环境影响报告书、乡（镇）区域规划和专项规划以及与之配套的环境影响篇章或说明和环境影响报告书，均被排除在政府主动公开的信息之外。此外，各行业部门、排水部门、环保部门在行政分权体制下“各扫门前雪”，在未对“重大不良环境影响”进行清晰界定的前提下，缺乏主动履行跟踪评价义务的积极性。

第三，城市污水处理 PPP 合同的履行及争议的解决存在漏洞。首先，城市污水处理 PPP 合同的履行评价依据——绩效评估存在“目标取向不明确”（不应仅局限于质量和价格）、“内容不明确”（缺乏启动时间、启动条件）、“主体有失偏狭”（缺乏公众监督）等问题；其次，城市污水处理 PPP 合同的争议解决中存在“水量约定缺失”（对“不足量”的“进水”并没有相应的

约定条款）和“PPP污企权益保障不足”问题（超量“进水”及由此附带的“进水”水质超标造成的“出水”水质超标是否可减轻或免除责任）。

三、城市污水再生利用中的“水费”问题

第一，城市污水处理收费的定调价机制存在问题。首先，城市污水处理收费价格形式的“单轨制”桎梏了市场活力，没有给企业以任何回旋的空间，缺乏必要的激励机制，无法发挥价格对于污水处理及再生利用的杠杆作用。其次，城市污水处理收费的征收标准还有待细化。针对“排水水质”的“差别化政策”需要配套性制度方可“落地”（政府有关部门对排水户水质规制的无缝对接；对排水户实现“全覆盖”下科学权威的排水监测数据）。城市污水处理费的“减征”和“漏征”还有待完善（对于“分散式治污”应减免污水处理费，对再生水用户可减免但不可漏征污水处理费）。最后，城市污水处理费的定调价程序缺乏制衡。存在“价格听证的定位不清”（正式听证还是非正式听证）、“消费者的遴选过分强调可控性”“价格听证主持人无法做到中立”和“价格听证中的专家易被俘获”等问题。

第二，城市污水处理收费的价格支付机制存在问题。首先，城市污水处理收费的支付链条长、周期久（“拒缴”“漏缴”和“挪用”问题并存）。其次，“PPP污企”的运营者与政府签订的PPP合同中缺乏对城市污水处理费的保障条款。其表现在：财政监督制度仍有待完善（立法机关的会期制约、审议能力限制和预算编制缺乏全面性、完整性）、PPP中的政府承诺制度仍有待加强。

第六章 CHAPTER6

城市污水再生利用法律问题的制度成因分析（国有模式）

第一节 城市污水再生利用中的“水质”问题

一、再生水的“水质”形成环节问题

从实证调研来看，在城市污水再生利用实践中，与“PPP 污企”不同的是，“国有污企”是再生水利用的主体，承揽了大部分的再生水的生产、供应业务。

结合前文中图 5-1 城市污水处理业 PPP 模式“企业运营”流程示意图来看，“国有污企”的再生水“水质”形成环节至少经历了四个阶段：第一阶段——城市排水户（工业、生活）排放的污水和降雨径流经收集进入市政排水管网；第二阶段——流入到市政排水管网的雨污水经过输送进入城市污水处理单位；第三阶段——城市污水处理单位对通过市政排水管网输送进来的雨污水按照相关国家标准进行加工处理并达标排放；第四阶段——城市污水处理厂将达标排放的雨污水的一部分提供给再生水经营单位以作生产加工之用。[1]由此，在以上再生水水质形成的四个阶段中，影响再生水水质的扰动因素（或称再生水水质的形成节点）有四个，即“排放水”“市政管网水”“处理后水”和“生产加工水”（图 6-1）。

---

〔1〕 这里需要特别说明，以“城市污水处理单位”作为原点，将城市排水户排入到市政排水管网并输送至城市污水处理单位的水称之为“进水”，而将经过城市污水处理单位按照国家标准加工处理并达标排放的水称之为“出水”。

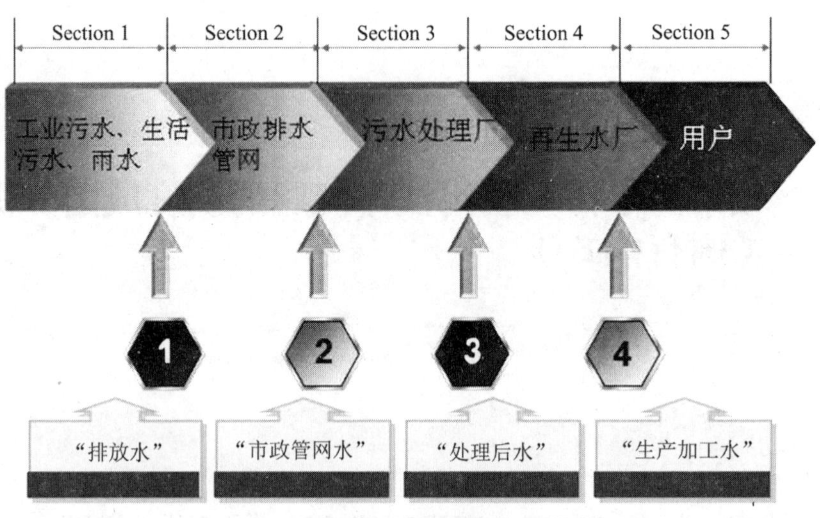

图 6-1　再生水水质形成阶段及节点

从处理工艺上讲，“国有污企”与“PPP 污企”一样，大部分都将“活性污泥法”作为主要的污水处理技术与工艺。“活性污泥法”效用的好坏与“进水”质量的高低有很强的耦合关系，同时也与“出水”质量的高低存在密切联系。由此，与“PPP 污企”相似，“国有污企”也同样面临“进水”水质得不到有效保障和政府的选择性规制有失公平这两方面的问题。

二、再生水的“水质”形成依据问题

再生水的“水质”形成依据就是相关的国家标准和行业标准。无论是上文提到的“排放水”“市政管网水”还是“处理后水”和“生产加工水”，都与相应的水质标准存在很强的耦合关系。从现行再生水立法中再生水水质及标准和相应法律责任的条款规定来看，主要呈现出如下几个鲜明特征（表 6-1）：第一，普遍规定了再生水供水单位/运营单位的再生水水质保障义务。法条普遍规定，再生水供水单位/运营单位提供的再生水水质应当符合国家标准和行业标准，有的地方还在国家标准之外规定了地方标准（如天津和北京）。此外，多地对再生水供水单位/运营单位配备的再生水检测机构和人员的资质、工作规范作出了要求。第二，普遍规定了政府有关部门对再生水水质的监管义务，包括监管方式、监管结果的信息公开等。第三，多地对于再生水同时用于多种用途的水质标准要求作出了规定，即再生水水质标准应当按照最高使用标准确定。第四，在法律责任中普遍将政府责任排除在相关法律关系主体责任承担的范围之外。虽然立法中有对政府有关部门再生水水质监管义务的规定，但当义务履行不当或不履行义务时，却没有相应的法律责任条款予以规制。本书针对表6-1所罗列的相关立法中涉及的地方进行了政府对再生水水质检测结果信息公开的跟踪调研，上述地方均未见有面向社会公众的再生水水质检测结果的信息公开。第五，对再生水供水单位/运营单位供水水质不达标的罚则力度不一。昆明、哈尔滨、烟台、招远和深圳的再生水立法中未见有相应的罚则规定，占到被梳理立法总数的41.7%。青岛、银川、包头、北京、西安对再生水水质不达标的行政处罚的起始点均为1万元以上，占到被梳理立法总数的41.7%，行政处罚的上限最高的是天津和西安的再生水地方性立法。

表6-1 现行再生水立法中再生水水质及标准和相应法律责任的条款规定[1]

法律规范名称	关于再生水水质及标准的规定	法律责任
《青岛市城市再生水利用管理办法》(2004年2月1日)	1.“再生水供水单位应当保证供水水质……符合国家标准……”（第11条）; 2. 市城市节约用水管理机构和各区市节约用水行政主管部门应当加强对再生水水质的监督，每季度对水质进行抽检，并将检测结果向社会公布（第12条）。	城市节约用水行政主管部门对再生水供水单位供水水质不达标或者擅自停止供水的，处以1万元罚款……（第16条第1款）
《唐山市城市再生水利用管理暂行办法》（2006年11月1日）	1. 城市管理行政部门应当委托具有相应资质的机构定期对再生水的水质进行监测（第11条）; 2. 再生水经营单位应当建立健全水质检测制度，保证再生水的水质……符合国家及行业标准（第12条）; 3. 单位利用自建再生水利用设施处理的再生水，应当符合国家及行业标准（第13条）。	城市管理行政部门对再生水经营单位供水水质不达标的，处以1000元罚款（第18条第3款）。

〔1〕 鉴于前文对若干种再生水立法例的梳理，此处的再生水立法选取了专门性再生水立法和排水/污水处理和再生水混合立法，原因是有关再生水水质及标准和相应法律责任的条款规定主要存在于这两种立法中。

续表

法律规范名称	关于再生水水质及标准的规定	法律责任
《银川市再生水利用管理办法》（2007 年 11 月 1 日）	再生水供水单位应当按照国家规定的水质检测规范，做好再生水水质检测工作，保证供水水质符合国家标准。环保、质量技术监督和卫生防疫机构应当按照各自职责定期对再生水水质进行监测（第 23 条）。	建设部门对再生水水质不符合国家规定再生水利用标准的，处以 1 万元以上 2 万元以下的罚款（第 33 条第 3 款）。
《昆明市再生水管理办法》（2010 年 10 月 1 日）	1. 再生水同时用于多种用途时，其水质应当符合相应水质标准要求，相同项目的水质指标应当符合最高标准要求（第 16 条）； 2. 再生水利用设施运行管理单位应当按照以下要求做好运行管理工作：……（五）配备简易水质检测设备，做好日常水质检测工作；（六）委托具有相应水质计量认证资质的单位对再生水的主要水质指标每半年进行一次检测（第 22 条）； 3. 市节约用水管理机构和县（市）区再生水行政主管部门负责再生水利用设施运行和再生水回用水质的监管（第 29 条）。	
《哈尔滨市再生水利用管理办法》（2012 年 2 月 1 日）	1. 再生水利用系统的出水水质应当根据不同用途，达到国家规定的相应水质标准。再生水利用系统的出水有多种用途时，水质标准应当按照最高使用标准确定（第 20 条）； 2. 再生水利用系统的管理单位应当按照国家规定的检测规范，做好再生水水质日常检测工作，保证供水水质符合国家标准（第 22 条）； 3. 市、县（市）水资源管理机构应当委托有水质监测资质的检验机构定期对再生水水质进行检测；建立再生水水质管理档案和水质信息发布制度，确保再生水的使用安全（第 23 条）。	

续表

法律规范名称	关于再生水水质及标准的规定	法律责任
《包头市再生水管理办法》（2012 年 8 月 1 日）	再生水运营单位应当健全再生水水磺检测制度，设置再生水水质检测机构，配备相应的检验技术人员和仪器设备，并应取得相应的资质资格，按照国家规定的水质检测规范，做好再生水水质检测工作，保证供水水质达到国家标准。不具备相应再生水水质检测能力的，委托具有相应资质的再生水水质检测机构进行检测。市城乡建设行政主管部门及其设立的再生水监督管理机构负责对再生水水质进行监督，定期组织对再生水水质的抽样检测（第 16 条）。	违反本办法规定，未按照水行政主管部门有关批准文件落实再生水利用情况的，由水行政主管部门责令其限期整改，并处以 10 000 元以上、30 000 元以下罚款（第 29 条）。
《烟台市城市再生水利用管理办法》（2013 年 7 月 1 日）	再生水供水单位应当与用户签订合同，供水水质……应当符合国家标准……（第 14 条）	无
《招远市城市再牛水利用管理办法》（2013 年 11 月 1 日）	再生水供水单位应当与用户签订合同，供水水质……应当符合国家标准……发现再生水水质超标情况时，再生水供水单位应当停止供水，及时通知再生水用户并向市城市节约用水办公室报告（第 14 条）。	无
《深圳市再生水利用管理办法》（2014 年 1 月 22 日）	经营者应当与用户签订再生水供用水合同，保证供水水质……符合国家标准（第 16 条）。	无
《天津市城市排水和再生水利用管理条例》（2003 年 12 月 1 日；2005 年 7 月 19 日修改）	再生水经营企业应当保证再生水的水质……符合国家和本市的相关标准及合同约定。自建再生水利用设施处理的再生水，应当符合国家和本市规定的规范和标准，保证用水安全（第 34 条）。	再生水的水质……不符合标准的，责令限期改正，可以并处五千元以上五万元以下的罚款；给用户造成损失的，应当依法承担民事责任（第 54 条）。

续表

法律规范名称	关于再生水水质及标准的规定	法律责任
《北京市排水和再生水管理办法》（2010 年 1 月 1 日）	再生水供水企业应当与用户签订合同，供水水质…应当符合国家和本市的相关标准…发现再生水水质超标情况时，再生水供水企业应当停止供水，及时通知再生水用户并向水行政主管部门报告（第 14 条）。	对再生水设施运营单位提供的再生水水质…… 不符合标准的，给予警告，责令限期改正，并可处 1 万元以上 3 万元以下罚款（第 37 条）。
《西安市城市污水处理和再生水利用条例》（2012 年 12 月 1 日）	再生水水质应当符合国家规定的标准。再生水利用系统的出水有多种用途时，其水质标准应当按最高使用要求确定。再生水经营单位应当保证再生水的水质……符合国家相关标准。水行政管理部门应当定期对再生水供水水质进行监测（第 30 条）。	再生水供水单位供应的再生水水质不符合国家标准的，由水行政管理部门责令限期改正；逾期未改正的，处二万元以上五万元以下罚款；给用户造成损失的，依法承担民事责任（第 42 条）。

注：根据专门性再生水立法和排水/污水处理和再生水混合立法整理而得。

（一）“标龄”过长、内容滞后

根据 2006 年 12 月颁布实施的《城市排水许可管理办法》第 8 条第 2 款规定：“排放的污水符合《污水排入城市下水道水质标准》（CJ3082）等有关标准和规定……”笔者经过检索发现，《污水排入城市下水道水质标准》（CJ3082）是 1999 年颁布实施的，在 1999 年 ~2006 年间，《城镇污水处理厂污染物排放标准》（GB18918-2002）于 2002 年颁布实施。近年来，根据国家相关部委和“十二五”规划的要求，污水处理单位普遍进行提标改造，国家要求污水处理单位排放的污水达到一级 A 类标准，但《污水排入城市下水道水质标准》（CJ3082）却一直未进行修订，实施至今已有 16 年之久。本书选择了若干“基本控制项目”，对两部标准给出的数值进行了梳理，发现在对排水户排放进入城市下水道水质要求不变的情况下，单方面提高城市污水处理厂污染物排放标准，造成了处于再生水水质形成不同环节的“排放水”“市政管网水”和“处理后水”因标准差异造成水质要求悬殊的后果，也由此造成了“排水户”与“污水处理单位”在环境义务履行中畸轻与畸重的不平衡（具体见表 6-2）。

此外，由于目前我国再生水的水源并非是以生活污水为主，生活污水和工业污水混合处理的现象很多，特别是在“两园一区”等区域更为普遍。由此，污水中存在有数目繁多、数量巨大的病原微生物以及各类病毒（包括肠道病毒、肝炎病毒、轮状病毒等）。某些肠道病毒在水中比较稳定，对自然环境条件和消毒剂的耐受性比一般细菌更强，因此当污水经过处理成为再生水时，虽然国家标准对于大肠菌群细菌控制很严甚至规定不得检出，但仍有可能检出病毒。而相比较于病原微生物，污水及再生水中的化学污染物（包括有机污染物、无机污染物和微量有毒有害污染物）危害更大。以有机污染物为例，来源于农药、涂料、塑料增固剂等物质中的内分泌干扰物具有类似激素的结构和功能，可以干扰生物体的正常生理功能，损害人体神经系统、降低人体免疫力，长期作用可导致人类生殖系统癌病率增加和不育夫妇增加。目前无论是《城镇污水处理厂污染物排放标准》（GB18918-2002）还是《再生水水质标准》（SL368-2006）均没有将这些指标涵盖在内，这无疑成为再生水安全使用中的明显缺陷。

表 6-2 《污水排入城市下水道水质标准》和《城镇污水处理厂污染物排放标准》在若干“基本控制项目”上的数值

		《污水排入城市下水道水质标准》	《城镇污水处理厂污染物排放标准》（一级 A 类）	《城镇污水处理厂污染物排放标准》（一级 B 类）
项目名称	单位	最高允许浓度	最高允许浓度	最高允许浓度
化学需氧量（CODcr）	mL/L	150（500）	50	60
生化需氧量（BOD5）	mL/L	100（300）	10	20
悬浮物	mL/L · 15min	150（400）	10	20
总汞	mL/L	0.05	0.001	——
总镉	mL/L	0.1	0.01	——
总铅	mL/L	1	0.1	——
氨氮	mL/L	25.0（35.0）	5（8）	8（15）

注：数据来源自《污水排入城市下水道水质标准》（CJ3082）和《城镇污水处理厂污染物排放标准》（GB18918-2002）。

（二）标准之间的"衔接"不畅

梳理再生水立法中有关再生水用途及水质标准的规定可知（表 6-3），当再生水利用系统的出水有多种用途时，水质标准应当按照最高使用标准确定。然而，在再生水利用实践中，按照最高使用标准确定再生水水质标准是否具有可适用性？换句话说，按照最高标准保证再生水水质的义务应当属于再生水经营单位/供水单位还是属于再生水用户？

以西安为例，根据《西安再生水条例》第 30 条和第 31 条的规定，结合上文中谈到的"5·12 丰庆公园死鱼事件"，从法条表述中我们可以看出，再生水的用途并未包括鱼类养殖，然而，城市水景观、人工湖泊等景观环境用水又不可避免会与鱼类养殖"打交道"，笔者通过走访专家和检索发现，《养殖鱼类国家标准》（GB/T18654-2008）与《城市污水再生利用 景观环境用水水质国家标准》（GB/T18921-2002）相比，有关氨氮、溶解氧和亚硝酸盐等指标的要求相差较大。此外，《城市污水再生利用 景观环境用水水质国家标准》（GB/T18921-2002）细分为"观赏性景观环境用水的相关水质标准"和"娱乐性景观环境用水的相关水质标准"两类，标准对于前者的界定是"禁止公众接触到再生水的景观水体"，而对于后者的界定是"允许人体偶然接触和全身接触"。二者在生化需氧量、溶解氧、余氯和粪大肠杆菌等指标上的要求均存在差异，有的还差异较大（如粪大肠杆菌，二者相差 20 倍）（表 6-4）。从实证调研的情况来看，实践中再生水经营单位/供水单位与再生水用户签订的再生水合同中关于水质的约定仅是以相应的再生水水质标准作为考虑再生水用途的衡量基准，以景观环境用水为例，并未详细明确到是"观赏性景观环境用水的相关水质标准"还是"娱乐性景观环境用水的相关水质标准"。由此可以看出，虽然"5·12 丰庆公园死鱼事件"的发生是多种因素交互作用的结果，但标准之间的衔接性差是其中的重要扰动因素。

再如，上文中提到的"热电公司与国有污企的合同纠纷"，虽然《西安再生水条例》在第 31 条有关再生水的用途中包括了冷却、洗涤、锅炉等工业用水，但并未考虑到至少以下两点因素：（1）由于相关企业的技术升级等原因，对再生水的供给要求提高以后，由于所谓的"老标准"的适用给再生水用户造成的成本增加的相关费用由谁补偿和消化？（2）哪些是标准修订的法定情形？是否有专门的制度设计从程序上保障标准的修订而不至出现"标龄"过长和标准"衔接"问题的发生？

此外，现行再生水水质标准中还存在以下“衔接”不畅问题：(1) 不同标准中规定的控制项目间相互矛盾。在《城市污水再生利用》系列标准中，《城市污水再生利用景观环境用水水质》(GB/T18921-2002) 规定对“以城市污水为水源的再生水”的控制指标需严格执行。结合《城镇污水处理厂污染物排放标准》(GB18918-2002) 来看，其一级 A 类出水水质指标比《城市污水再生利用景观环境用水水质》(GB/T18921-2002) 中的再生水水质标准要求更加严格，造成作为再生水“源水”的污水的水质要求反倒高于再生水利用“产品”的再生水水质要求的矛盾。(2) 部分再生水现行标准与再生水分类无法对应执行。《城市污水再生利用绿地灌溉水质》(GB/T25499-2010) 在《城市污水再生利用分类》(GB/T18919-2002) 中没有可以对应的范围项目，造成实际使用中只能将其作为城市杂用水中的“城市绿化”范围的补充结合使用；农、林、牧、渔业用水分类项下只有《城市污水再生利用农田灌溉用水水质》(GB20922-2007)，对于造林育苗、畜牧养殖、水产养殖存在空白。《城市污水再生利用景观环境用水水质》(GB/T18921-2002) 对于娱乐性和观赏性景观环境用水做了约定，而对于湿地环境用水尚无标准可依。(3) 部分检测指标在实际操作中存疑。《城市污水再生利用绿地灌溉水质》(GB/T25499-2010) 与《城市污水再生利用城市杂用水水质》(GB/T18920-2002) 存在矛盾。前者对于总余氯增加了管网末端的上限值但并未进行接触 30 分钟的约定，而是否接触 30 分钟对于再生水的设计与生产运行方式影响很大；对于细菌类指标，引用了粪大肠菌群指标且按照非限制性绿地和限制性绿地进行了明确划分，但由于粪大肠菌群是总大肠菌群的子集，后者中的总大肠菌群数≤3 个/升与非限制性绿地粪大肠菌群数≤200 个/升的标准存在矛盾；前者对于总余氯、浊度每日检测一次与后者每二日检测一次的频次也存在矛盾，前者粪大肠菌群数每周检测一次与后者每周检测三次也存在矛盾。

表 6-3　再生水立法中关于再生水水质用途及标准的规定

法规名称	关于再生水水质标准的规定	再生水的用途
《昆明市再生水管理办法》(2010 年 10 月 1 日)	1. 再生水同时用于多种用途时，其水质应当符合相应水质标准要求，相同项目的水质指	1. 再生水用于绿化、冲厕、道路清扫、车辆冲洗、建筑施工、消防等用水的，水质应当

续表

法规名称	关于再生水水质标准的规定	再生水的用途
	标应当符合最高标准要求（第16条）。	符合国家城市污水再生利用城市杂用水标准； 2. 再生水用于河道、湖泊、水景类观赏性景观环境等用水的，水质应当符合国家城市污水再生利用景观环境用水标准； 3. 再生水用于工业冷却、洗涤、锅炉、工艺、产品等用水的，水质应当符合国家城市污水再生利用工业用水标准； 4. 再生水用于农作物灌溉用水的，水质应当符合国家城市污水再生利用农田灌溉用水标准。 1~4（第16条）
《哈尔滨市再生水利用管理办法》（2012年2月1日）	再生水利用系统的出水水质应当根据不同用途，达到国家规定的相应水质标准。再生水利用系统的出水有多种用途时，水质标准应当按照最高使用标准确定（第20条）。	1. 城市绿化、冲厕、道路清扫、车辆冲洗、建筑施工、消防等城市杂用水； 2. 冷却、洗涤、锅炉、工艺等工业用水； 3. 湿地、景观等环境用水； 4. 地表水、地下水等补充水源水。 1~4（第9条）
《西安市城市污水处理和再生水利用条例》（2012年12月1日）	再生水水质应当符合国家规定的标准。再生水利用系统的出水有多种用途时，其水质标准应当按最高使用要求确定……（第30条）	1. 造林育苗、城市绿化用水； 2. 道路冲洒、车辆冲洗、建筑施工、消防、冲厕等城市杂用水； 3. 水源空调用水； 4. 冷却、洗涤、锅炉等工业用水； 5. 城市水景观、人工湖泊等环境用水。 1~5（第31条）

注：根据昆明、哈尔滨、西安等地的再生水立法整理而得。

表 6-4 再生水作为观赏性景观环境用水和娱乐性景观环境用水的相关水质标准比较

指标	再生水作为观赏性景观环境用水			再生水作为娱乐性景观环境用水		
	河道	湖泊	水景	河道	湖泊	水景
生化需氧量 BOD5（mg/L）	10	6	6	6	6	6
溶解氧（mg/L）	1.5	1.5	1.5	2.0	2.0	2.0
余氯（mg/L）	0.05C	0.05C	0.05C	0.05b	0.05b	0.05b
粪大肠杆菌/（个/L）	10 000	10 000	2000	500	500	不得检出

注：根据《城市污水再生利用 景观环境用水水质国家标准》（GB/T18921-2002）整理而得。

（三）标准的执行不力

本书在实证调研中发现，对于一些重度缺水的城市（如北京市），已经大量使用再生水作为河湖使用。2012 年，北京城市河湖使用再生水已达 1 亿立方米。但如果河床是沙质或沙壤土质，再生水会逐渐渗漏到地下，重金属（汞、铬、镉、砷等）和有害物质（苯、乐果、酚等）就会在地下蓄积。目前如北京市等城市水务部门会委托水质监测机构对河湖水质进行监测，但实践中并不会做《城市污水再生利用 景观环境用水水质》（GB/T 18921-2002）规定的全部化验项目。一旦出现再生水使用安全问题时如何处置？特别是当再生水污染到地下水时，即使停止再生水注入河道也为时已晚。另外，根据《城市污水再生利用 景观环境用水水质》（GB/T 18921-2002），当完全使用再生水时，景观河道类水体的水力停留时间宜在 5 天之内。在水温超过 25℃时，其水体静止停留时间不宜超过 3 天。然而，笔者在实证调研中发现，北京河湖中再生水的停留时间均很长，如陶然亭湖、龙潭湖、朝阳公园湖、圆明园福海的湖水几乎不流动。西安的丰庆公园等完全使用再生水的水体的水力停留时间也都大大超过标准要求。结合前文表 6-1 来看，对于再生水的水质保证义务是由政府及有关部门和再生水运营单位/供水单位分担的，法条中普遍突出了后者在再生水水质保证中的第一位责任。然而，实证调研反映的情况恰恰是，没有对再生水用户在再生水使用中的水质保证义务的规定，造成再生水由于停留时间过长而对社会公众产生潜在风险。

第二节　城市污水再生利用中的“水量”问题

“国有污企”在城市污水再生利用中的“水量”问题，除了管网建设严重滞后外，设施屡遭破坏无法保证持续稳定供应是另一大难题。梳理现有法条关于再生水设施保护的制度规定可以发现，普遍有关于再生水设施保护以及设施破坏导致的法律责任，其中北京、包头、西安等地的再生水立法中关于设施破坏还规定了较重的法律责任（表6-5）。那么，是什么原因导致设施破坏屡禁不止呢？

表6-5　再生水立法中有关再生水设施保护的制度规定

法规名称	再生水设施的保护	因设施破坏导致的法律责任
《北京市排水和再生水管理办法》	第17条：“在排水和再生水设施周边进行施工作业可能影响排水和再生水设施安全运营的，施工组织设计中应当包括设施保护方案，并在实施方案时通知运营单位；建设工程需要拆改、迁移、废除排水和再生水设施的，开工前应当到运营单位办理手续。施工作业破坏设施的，施工单位应当立即报告运营单位和事故发生地水行政主管部门及有关部门，并采取应急保护措施。”	第38条：“损害排水和再生水设施的，责令限期改正，并可按照下列标准予以罚款；给他人造成损失的，依法承担赔偿责任； （一）违反第（一）~（四）项、第（七）项规定的，处1万元以上3万元以下罚款； （二）违反第（五）项、第（六）项、第（八）项规定的，处3000元以上1万元以下罚款。”
《天津市城市排水和再生水利用管理条例》	第44条：“再生水管道防护范围为管道边缘两侧各二米以内。” 第45条：“在城市排水和再生水管道防护范围内埋设其他管线的，应当征求排水管理部门的意见，并按照城市管线统一规划进行施工。在城市排水和再生水管道覆盖面上，不得埋设电杆等构筑物或者植树。” 第48条：“建设工程需要改动或者	第56条：“违反本条例第四十五条第一款……规定，擅自施工或者占用的，责令停止违法行为，限期改正，可以并处一千元以上二万元以下的罚款。违反本条例第四十五条第二款规定，在城市排水和再生水管道覆盖面上埋设电杆等构筑物或者植树

续表

法规名称	再生水设施的保护	因设施破坏导致的法律责任
	迁移城市排水和再生水利用设施的，应当事先征得排水管理部门的同意，所需费用由建设单位支付。”	的，责令前期拆除或者迁移；逾期不拆除或者迁移的，处二千元以下的罚款。”
《银川市再生水利用管理办法》	第 19 条：“涉及再生水公共供水设施的建设工程开工前，建设单位或者施工单位应当向再生水供水单位查明地下供水管道情况。施工影响公共供水设施安全的，建设单位或者施工单位应当与再生水供水单位商定相应的保护措施，由施工单位负责实施。新建其他地下管线或者设施，确需与已建成的再生水公共供水管道并行或者交叉的，应当符合城市规划和有关设计规范，不得危及已建成的再生水公共供水管道的安全。因城市建设需要拆除再生水设施的，建设单位应当予以重建或补偿。”	第 31 条：“违反本法规定，损坏和擅自拆除在省市供水设施……由市建设行政部门责令前期改正，处以 500 元以上 1000 元以下的罚款；造成损失的，应当承担赔偿责任。”
《包头市再生水管理办法》	第 24 条：“再生水用户不得擅自接入、改装、迁移、拆除由再生水经营单位负责管理和维护的再生水利用设施；因工程建设确需接入、改装、迁移、拆除的，须经再生水运营单位同意。接入、改装、迁移、拆除再生水利用设施的费用，由建设单位承担。” 第 26 条：“在已划定的再生水利用设施安全保护范围内，禁止下列活动……”	第 28 条：“违反本办法规定，有下列行为之一的，由市建设行政主管部门会同相关执法部门责令其限期整改，给与警告；情节严重造成损失的，应赔偿损失，并对个人处以 1000 元罚款，对单位处以 10 000 元以上、30 000 万元以下罚款……（四）违反本办法第 26 条的规定，在划定的再生水利用设施安全保护范围内进行危害再生水利用设施安全活动的。”
《昆明市再生水管理办法》	第 23 条：在再生水利用设施周边进行施工作业可能影响设施安全运行的，建设单位和施工单位应当制定设施保护方案，并在建设前通知设施运行管理单位；因工程建设需要拆	无

续表

法规名称	再生水设施的保护	因设施破坏导致的法律责任
	改、迁移、废除再生水利用设施的，建设单位应当与设施运行管理单位协商同意。施工作业损坏设施的，施工单位应当立即报告设施运行管理单位和事故发生地再生水行政主管部门及有关部门，并采取应急保护措施和及时修复。	
《西安市城市污水处理和再生水利用条例》	第 35 条：建设工程施工可能影响城市污水处理和再生水利用设施安全的，建设单位或者施工单位应当在施工前提出保护方案，征得所有权人及管理养护责任单位同意后，报水行政管理部门、城市污水处理行政管理部门批准。	第 45 条：违反……第三十五条规定，占用污水处理设施或未经批准在其安全保护范围内违章施工的，由水行政管理部门或城市污水处理行政管理部门责令停止违法行为，采取补救措施，处二万元以上十万元以下罚款。

注：根据专门性再生水立法和排水/污水处理和再生水混合立法整理而得。

一、缺乏破坏再生水设施的责任追究机制的启动主体

前文中提到，造成西安航空四站汽车 4S 店再生水停止供应的主要原因是再生水管网屡遭破坏，破坏管网的责任主体是热电公司。由实证调研可知，热电公司是“国有污企”的再生水用水“大户”，当出现再生水设施损坏事件时只要其事后进行修复，“国有污企”作为再生水设施的管理和维护义务主体也不愿将再生水设施受到损害的情况上报给政府相关主管部门。政府相关主管部门限于日常监管面广、人员和资金有限的实际，很多情况下根本不知再生水设施受损，当然也无法依法对热电公司进行行政处罚。有鉴于此，当再生水设施（包括管网）受到损坏时，相关法律关系主体应该承担何种法律责任以及权利义务安排是否恰当就成为解决再生水利用中的“水量”问题的关键。通过对法条的比对，本书认为北京、包头、西安等地的再生水立法规定严厉的法律责任条款对于再生水设施的维护管理是大有助益的。但是，当建设单位本身就属于再生水经营单位的用户特别是“大用户”时，在再生水设施被后者损害的前提下，到底应该由谁作为现有再生水立法中水行政管理

部门或城市污水处理行政管理部门责任追究机制的启动主体呢？现有法条普遍规定："任何单位和个人都有权制止和举报破坏城市污水处理和再生水利用设施的行为。"从法律规定的内在逻辑来看，在出现了实践中的上述情况后，除了再生水经营单位，再生水的用户、其他单位和普通社会公众都可作为启动行政处罚的主体。然而，实践中的情况是破坏再生水设施产生的损失由再生水用户或再生水经营单位自我消化了，再生水设施的破坏主体既没有承担民事责任，也没有承担行政责任更不用说刑事责任了。

二、再生水设施的保护有赖于责任倒逼机制的构建

由表6-5可知，现有立法普遍规定，建设单位或者施工单位应当在施工前提出保护方案，征得所有权人及管理养护责任单位同意后，报政府有关部门批准。当出现违章施工造成损害事件发生后，由政府及有关部门追究责任主体的法律责任。然而，单纯对责任主体处以法律责任是不足以达成保护再生水设施的目的的，原因是当出现上文中所总结的建设单位/施工单位与再生水经营单位/供水单位"共谋"时，责任的追究常常无法"落地"。既然现有法条将再生水的用户、其他单位和普通社会公众都作为设施破坏责任追究的相关利益主体，那么责任追究机制的构建理应考虑如下几点因素：第一，应通过专门的制度设计保障"其他单位和普通社会公众"作为破坏再生水设施举报主体的积极性。"其他单位和普通社会公众"比之于"再生水用户"，在再生水的生产供应中处于利益相交的"外围"，虽然现有法条均将这种"制止和举报"规定为一种权利，但在实践中与其说这是一种权利的行使，毋宁说是一种自身的社会责任感和社会义务的履行。有鉴于此，理应在对建设单位的行政处罚和给予再生水用户的民事赔偿中提留一定比例的金额作为补偿。[1]第二，应通过专门的制度设计保障"再生水用户"作为破坏再生水设施举报主体的积极性。"再生水用户"与"再生水经营单位/供水单位"是通过合同关系连接在一起的，当出现不可归因于"再生水用户"的设施损坏事件导致损失时，理应作为第一位的赔偿权利请求主体，由"再生水经营单位/供水单位"对其损失进行全面、充分的赔偿。与此同时，后者在赔偿后就取得了对

〔1〕这里给与补偿的前提是，行政处罚和民事赔偿的启动和触发是由"其他单位和社会公众"完成的。

于“建设单位或者施工单位”的“追索权”。

第三节　城市污水再生利用中的“水费”问题

“国有污企”在城市污水再生利用中遇到的“水费”问题，除“定调价机制问题”和“价格支付机制问题”等与“PPP 污企”共有的问题以外，还存在围绕再生水费的管理问题。换句话说，“PPP 污企”在城市污水再生利用中遇到的“水费”问题主要是围绕城市污水处理费的核定、支付，保障其作为市政公用事业“保本微利”目的的实现，因为只有如此，“PPP 污企”面对再生水利用才不会“有心无力”“望洋兴叹”。“国有污企”作为城市污水再生利用中的主力军，直接接触到再生水水费，由此，围绕再生水费管理的专门性制度设计就有必要单列予以研究。

除了在专门性再生水立法、排水/污水处理和再生水混合立法、节约用水立法、循环经济立法和水资源立法中有关于再生水费的制度条款以外，目前关于再生水费管理的专门性制度设计大多是以行政规范性文件的形式表现的，制度数量很少且内容构成简单（表 6–6）。

表 6–6　关于再生水价格管理的专门性制度设计

时间	制度名称
2009 年 4 月 1 日	《昆明市城市再生水利用专项资金补助实施办法》
2010 年 11 月 16 日	《深圳市人民政府关于加强雨水和再生水资源开发利用工作的意见》
2013 年 1 月 1 日（有效期 3 年）	《赤峰市中心城区再生水价格补贴管理暂行办法》
2013 年 7 月 1 日（有效期 5 年）	《成都市再生水价格管理办法》

注：根据政府网站信息公开资料整理而得。

仔细梳理以上制度设计会发现，只有《成都市再生水价格管理办法》较为全面地涉及了再生水费管理应包括的要素，即再生水费的价格形式、定价原则、价格构成、价格调整、价格征收和支付等。昆明市和赤峰市的制度设计仅涉及了再生水费的政府补贴环节，深圳市的制度设计仅涉及再生水费的政府补贴环节和征收环节。本书认为，现有的制度设计无论是法律位阶还是内容构成均无法满足再生水利用实践的要求，主要存在以下问题：

一、再生水费的价格形式

目前多数再生水费管理在制度设计中将再生水费的价格形式界定为“政府定价”，规定列入成本监审目录，由物价部门制定报发改部门备案。然而，实践中出现的再生水企业与热电公司的纠纷恰恰反映出两个方面的问题：第一，政府定价形式桎梏了再生水经营单位/供水单位通过改进技术和生产工艺提高水质的能动性。再生水经营单位/供水单位无法与再生水用户通过协商在市场调节的作用下达成合意，价格无法起到其应有的杠杆作用。第二，政府定价形式无法应对再生水需求值不断变化的用水实际。如热电公司一类的企业技术的升级改造和换代处于快速发展变化中，对于再生水的水质要求也在不断提高。另外，随着再生水用途的扩大，实践中如晶片生产等企业也有着对于更高等次再生水水质的客观要求，这些都要求必须采用灵活的定价方式以有效应对。

二、再生水费的价格构成

一个完整的再生水费价格构成应包括如下几个要素：第一，再生水价格构成的标准。制定再生水价格构成的标准主要目的是测算污水再生利用设施总体运营费用的参考值，并以该参考值作为向社会投资和运营者招标标底的上限。对于现有或正在筹建的污水再生利用设施，参考值可以被用来作为定价的主要依据。第二，再生水价格应体现差异性原则，即针对不同的再生水用户的再生水价格应实行差别定价。其具体形式应由所在城市政府价格主管部门会同相关行政主管部门结合当地实际情况确定。第三，再生水的价格构成内容。再生水的价格由成本、费用、税金和利润构成。污水再生利用设施的运行总费用应该包括生产成本和期间费用两部分。成本和费用应该根据国家财政主管部门颁发的《企业财务通则》和《企业会计准则》等有关规定予以核定。第四，水资源费的减免和再生水费的税收优惠。

反观现有的再生水立法，首先，普遍未能明确再生水价格构成的标准，这一方面给通过特许经营等公私合作形式进一步加快再生水领域的市场化进程造成了困难，另一方面也给打破政府定价的桎梏实施政府指导定价造成了困难。其次，水资源费的减免、优惠力度仍然不大，范围仍然较小。对于城市污水处理厂二级处理出水进入再生水厂的水资源费收取、对于使用再生水的水资源费收取、采用未经处理的污水生产再生水的企业的污水处理费的收取、对于使用再生水的用户的污水处理费的收取等，现有的制度设计存在应收未收、不应收仍收、减收幅度不明等问题。

三、再生水费的制定

在再生水费的制定中，一方面应注重政府对价格的管制，另一方面也要注意市场竞争机制的引入。这也是在包括城市污水处理和再生利用在内的市政公用事业领域由“政府管制理论”向“可竞争性市场理论”转变的一个必然产物。因此，以下几个要素是在再生水价格的制定中必须予以考虑的要素：第一，再生水费制定的基本原则。再生水费的制定应当遵循效率和公平原则。污水再生利用企业通过再生水费的征收能够在补偿成本的基础上获得适当的利润，实现企业的良性发展，促进资源的有效配置。再生水费的确定应当合理考虑社会承受能力，在不同的用户群之间进行合理的分担。同类用户应当执行相同的标准。此外，再生水费应当根据实际情况实行阶梯式计量水价，在用水季节性波动明显的地区应该实行季节性水价。第二，对于“PPP 污企”和“国有污企”应通过再生水费采取不同的管制方式。对于采用市场性竞争方式定价的“PPP 污企”，其净资产收益率如果超过未受管制部门的平均收益水平，就有可能过分强调效率而忽视公平，改变再生水“保本微利”的基本属性。对于不能采用市场竞争性方式定价的“国有污企”，如果不能核算单个污水再生利用企业的实际生产成本、确定该类工艺的成本基准线，容易重蹈公用企业自然垄断的痼疾。第三，在再生水费的制定中，应进行严格的成本监审，通过召开价格听证会，在充分听取消费者、经营者和有关方面的意见的基础上核定价格。

反观现有的再生水立法，首先，普遍未能对“PPP 污企”和“国有污企”规定再生水费的分类管制方式；其次，在再生水费的制定中，在成本监审、价格听证、公众参与、信息公开方面也基本上是一片空白。

四、再生水费的调整

在再生水费的调整中，以下要素应该是制度设计中必备的：第一，污水再生利用企业申请调整、不能申请调整再生水费的法定情形。再生水费调整牵一发而动全身，再生水费的调整并不是任由再生水经营单位/供水单位出于营利性需求而动辄提起的，因此，合适的法定情形的设计既要兼顾再生水利用的实际又要给灵活性调整留下足够的制度空间。第二，再生水费调整的法定流程。首先，必须明确再生水费的审核部门、批准部门、执行部门和监审部门；其次，与再生水费的制定相似，价格听证、公众参与和信息公开方面的制度规定也是不可或缺的。

反观现有的再生水立法，首先，在污水再生利用企业申请调整再生水费的法定情形的列举中存在“缺项”和“漏项”问题，另外，普遍未能规定不能申请调整再生水费的法定情形；其次，在成本监审、价格听证、公众参与、信息公开方面的制度规定基本上是一片空白。

第四节　小　结

本章对“国有污企”在城市污水再生利用中遇到的法律问题的制度成因进行了分析。鉴于“国有污企”是目前城市污水再生利用中的主力军，其直面再生水的生产和供应，因此，本章虽然也将相关法律问题归结为“水质”“水量”和“水费”，但与“PPP 污企”指向的是城市污水集中处理设施的运营不同，这里的指向是直接面向再生水的生产和供应。本章以对“国有污企”展开的实证调研结果为基础，将“国有污企”在城市污水再生利用中碰到的法律问题归结为“水质”“水量”和“水费”三个方面并对其制度成因进行了分析，并得出了如下结论：

一、城市污水再生利用中的“水质”问题

第一，“再生水”的水质形成环节存在问题。从处理工艺上讲，“国有污企”与“PPP 污企”一样，大部分都将“活性污泥法”作为主要的污水处理技术与工艺。“活性污泥法”效用的好坏与“进水”质量的高低有很强的耦合关系，同时也与“出水”质量的高低存在密切联系。由此，与“PPP 污企”相似，“国有污企”也同样面临“进水”水质得不到有效保障和政府的选择性规制有失公平这两方面的问题。

第二，“再生水”的水质形成依据存在问题。首先，“标龄”过长、内容

滞后。在“标龄”方面，在《城镇污水处理厂污染物排放标准》（GB18918-2002）屡次提标的前提下，《污水排入城市下水道水质标准》（CJ3082）一直未进行修订，造成再生水水质形成的不同环节因标准差异造成水质要求悬殊，“排水户”与“污水处理单位”在环境义务履行中畸轻与畸重的不平衡。在标准内容方面，诸多对人体健康有较大风险的化学污染物未能涵盖在现有标准中。其次，标准之间的“衔接”不畅。在再生水利用实践中，“按照最高使用标准确定再生水水质标准”适用性较差。此外，“不同标准中规定的控制项目间相互矛盾”“部分再生水现行标准与再生水分类无法对应执行”“部分检测指标在实际操作中存疑”等问题并存。最后，标准的执行不力。一方面，水务部门委托的水质监测机构虽然对河湖水质进行监测，但并不会做《城市污水再生利用 景观环境用水水质》（GB/T 18921-2002）规定的全部化验项目；另一方面，现有法条中也普遍未能突出再生水用户在再生水使用中的水质保证义务。

二、城市污水再生利用中的“水量”问题

第一，缺乏破坏再生水设施的责任追究机制的启动主体。当建设单位本身就属于再生水经营单位的用户特别是“大用户”时，在再生水设施被后者损害的前提下，对于到底应该由谁作为现有再生水立法中水行政管理部门或城市污水处理行政管理部门责任追究机制的启动主体，现有法条关于“任何单位和个人”作为启动主体的规定容易使责任主体逸出于规制范围。

第二，再生水设施的保护有赖于责任倒逼机制的构建。首先，现有法条没有通过专门的制度设计保障“其他单位和普通社会公众”作为破坏再生水设施举报主体的积极性。其次，现有法条没有通过专门的制度设计保障“再生水用户”作为破坏再生水设施举报主体的积极性。

三、城市污水再生利用中的“水费”问题

第一，现有再生水费的价格形式无法满足实际需要。一方面，政府定价形式桎梏了再生水经营单位/供水单位通过改进技术和生产工艺提高水质的能动性；另一方面，政府定价形式无法应对再生水需求值不断变化的用水实际。

第二，再生水费的价格构成存在漏洞。首先，普遍未能明确再生水价格构成的标准，这一方面给通过特许经营等公私合作形式进一步加快再生水领

域的市场化进程造成了困难，另一方面也给打破政府定价的桎梏实施政府指导定价造成了困难。其次，水资源费的减免、优惠力度仍然不大，范围仍然较小。

第三，再生水费的制定存在不足。首先，普遍未能对“PPP 污企”和“国有污企”规定再生水费的分类管制方式；其次，在再生水费的制定中，在成本监审、价格听证、公众参与、信息公开方面也基本上是一片空白。

第四，再生水费的调整还有待完善。首先，在污水再生利用企业申请调整再生水费的法定情形的列举中存在“缺项”和“漏项”问题，另外，普遍未能规定不能申请调整再生水费的法定情形；其次，在成本监审、价格听证、公众参与、信息公开方面的制度规定基本上是一片空白。

公私合作（PPP）背景下城市污水再生利用法律问题的解决对策

第一节　城市污水再生利用法律问题的解决对策（PPP 模式）

一、针对“水质”问题的解决对策

（一）以特许经营和民事合同代替政府的直接规制

“PPP 污企”在履行环境义务中之所以出现“出水水质超标”问题，其中一个重要原因是现有法律制度框架对于“政府”角色的定位。在现代市场经济中，政府承担的主要职能是宏观调控和市场规制，这就要求政府在对市场的干预中一定要做到“有所为有所不为”。“出水水质超标”问题之所以发生，很大程度上与政府对“PPP 污企”担保“进水”水质但实际上有很多规制漏洞紧密相关。在“进水”和“出水”水质达标的责任链条中，政府不应与“自来水公司”“排水户”“市政排水管网维护运营单位”和“PPP 污企”中的任何一方签订合同。政府所做的工作应该有重点地切实担负起规制责任。至于“自来水公司”“排水户”“市政排水管网维护运营单位”与“PPP 污企”相互之间就“进水”水质如何保障达标的微观法律问题，则交由各方之间通过订立合同进行权利义务的划分以实现“自我规制”（图 7-1）。包括城市污水处理在内的中国城市水务业市场化改革虽然取得了巨大成就，但“厂网分离”一直是困扰改革持续深入推进的隐患。确切地说，“特许经营”主要发生于城市供水企业和污水处理企业，而市政供水管网和排水管网则仍然维持自然垄断状态，甚至于在我国有些地区，排水管网属于市政工程管理处这样的行政事业单位运营管理，更有很多城市通过属于地方政府组成部门的市政公用局在管理。从西方国家的先进经验来看，城市水务业法治的完善有赖于市场的适度集中，即市场中最终出现的是集供排水一体化于一身的大型水务集团，强劲的经济实力和风险负担能力使得政府可以对其课以相应义务并严格履行监管责任。在加快推进国内污水处理企业的整合和“市政排水管网维护运营单位”的市场化进程的前提下，可以适时地在法律制度层面上推动“市政排水管网维护运营单位”法律责任的补充和完善，具体如下：

首次，在有条件的地方可以采用 BOT 模式推行市政排水管网与污水处理企业“厂网合一”式的特许经营。特许经营者在建成排水管网和污水处理厂后自然作为运营主体。在没有条件的地方可以采用 TOT 等模式将市政排水管网单独作为特许经营项目移交给合格的特许经营者维护运营。

其次，变目前由政府对“排水户”的许可证式管理为“排水户”与“市政排水管网维护运营单位”之间的合同式管理。合同中应订明双方的权利义务，“市政排水管网维护运营单位”按照国家和地方相关标准接收“排水户”排放的污水并做好相应档案记录，“排水户”向“市政排水管网维护运营单位”依据民事合同保证接入市政排水管网的污水符合相应国家标准，一旦后者发现前者超标排污的，可在固定证据的基础上请求政府相关部门对前者课以行政法律责任，同时可追究前者由于排放污水水质超标应承担的民事合同责任。情节特别严重并触犯法律的，还可以请求司法机关追究前者单位和人员的刑事责任。政府部门可以在委托绩效评价机构对市政排水管网维护运营单位运营绩效评价的基础上，从排水户缴纳的污水处理费中拨付相应费用给市政排水管网的维护运营单位。

（二）引入并更新公众参与机制，形成对相关主体的有效制约

在城市水环境的保护中，“政府”“排水户”“市政排水管网的维护运营单位”“PPP 污企”和“社会公众”都是相关的利益主体。政府将城市污水处理产品和服务的供给任务通过“特许经营”方式交给“PPP 污企”本身并不意味着“撇脂”，“特许”后的政府规制不但不应减轻反而应该增强。前文中提到，与一般的市政公用事业相比，城市污水处理业的“环境性”特征更为明显，引入“特许经营”模式仅意味着包括城市污水处理业在内的整个城市水务业市场化改革实现方式的创新，城市水环境的保护和相关利益主体环境权益的实现才是改革的出发点和落脚点。由此，在“政府”转变角色、“市政

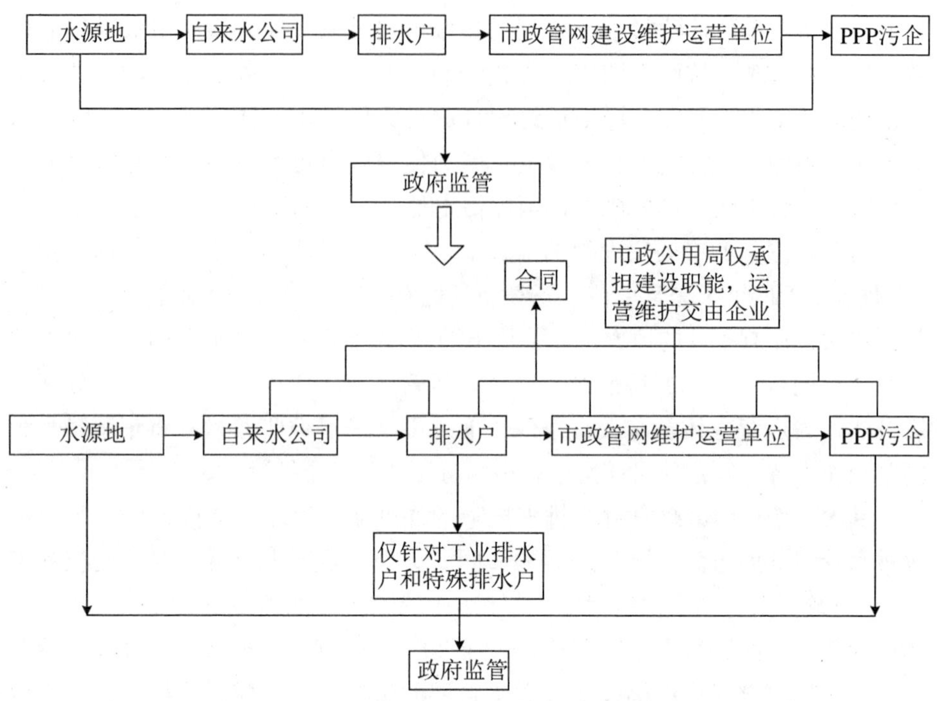

图 7-1　“PPP 污企”“进水”水质的政府规制环节变化

排水管网维护运营单位”加快市场化进程之后，在如何帮助和促导相关利益主体切实履行环境义务的问题上，公众参与就成为必需。包括《办法》在内的“中央层面立法”和“地方层面立法”中已经规定有公众监督委员会制度，但目前的公众参与存在形式零散、方式简单且流于形式、公众话语权无有效的整合平台等问题。本书认为，引入并更新公众参与机制最核心的问题是要打破信息屏障，以此改变相关利益主体之间信息严重不对称的现状，为公众参与机制的完善打下坚实的信息基础。由此，建议扩大政府信息公开的范围。依据《政府信息公开条例》第 2、37 条的规定，“政府”“市政排水管网的维护运营单位”“PPP 污企”都负有公开信息的法定义务。依据该条例第 9 条的规定，涉及公民、法人或者其他组织切身利益、需要社会公众广泛知晓和参与、反映本行政机关办事程序等情况的，都应属于主动公开之列。由此，结合“PPP 污企”履行环境义务的实际情况，相关利益主体的信息公开范畴应作如下安排：（1）“PPP 污企”应公开的信息：企业的产品、服务质量和运营绩效等。（2）“市政排水管网的维护运营单位”：排水管网的维护运营情况、“排水户”向管网排放污水的情况、“市政排水管网的维护运营单位”向“PPP 污企”提供“进水”的情况等。

二、针对“水量”问题的解决对策

（一）加强规划环评的立法监督

1. 规划及环评的编制阶段

（1）规划及环评范围的甄选。现有立法对于规划环评的范围采取的是“列举法”（王社坤，2012 年），优点是操作简单易行，但也易产生挂一漏万的弊端。从规划环评的发展趋势来看，编制环境影响报告书的规划范围越广就会越有利于“预防原则”的贯彻（汪劲，2008 年），但现行立法对规划环评的范围的甄选权，规定由环保部门和其他有关行政部门共同享有，最终的批准权由政府享有。此种制度规定的弊端是，一来其他有关行政部门希望编制环境影响篇章或说明的范围越广越好，因为这样简单便利、易于操作；二来环保部门与其他有关行政部门是平级单位，会商实际上是权力博弈和角力的过程，作为批准机关的政府本身就有促进开发建设、加快经济发展的“逐利性”冲动。由此，本书认为应对现有制度中的规划环评的范围的甄选权作出如下改动：“进行环境影响评价的规划的具体范围，由环境保护行政主管部门在征求有关部门意见后规定，报人大常委会批准。”这样既可在一定程度上避免前文中指出的环函［2006］230 号和环函［2011］14 号文件“主观有心而客观无力”的窘境，又可使环保部门减少中间环节，在最短时间内将实践中出现的问题反馈在立法上，不断扩大规划环评的具体范围。

（2）规划环评的前期调研及评估。前期调研和评估解决的是在现有的环境容量下，在多大的空间尺度和时间尺度下能够进行相应的开发建设活动。在规划的编制阶段，环评介入的越早，环境影响越小，成本越低，可能面临的问题就越少。本书认为，在规划编制部门将规划草案交给规划科学院进入规划编制程序时，就应该报告同级人大常委会环资委，由环资委组织环保部门和有关专家组成审查小组开展对规划及环评的前期调研及评估并提出审查意见。

2. 规划及环评的审批

鉴于现行立法将规划及环评的审批分为“审查”和“批准”两个阶段，且大多数制度规定均面向专项规划，笔者建议应将其范围扩及综合规划。此外，现行制度规定“审查”阶段是由环保部门负责召集有关部门代表和专家组成审查小组的，但前文已指出，鉴于其是一个临时机构，且在关涉规划及环评问题上的独立性尚有待加强，因此是否可以考虑由人大常委会环资委作为召集部门，由环保部门、其他有关部门代表和专家组成的审查小组开展工作。

3. 规划环评的公告、实施及跟踪评价

对于规划环评的实施及跟踪评价，前文中已指出规划编制机关及环保部门在行政分权体制下“各扫门前雪”的履职困境。尤其值得注意的是，现有制度规定并未对“重大不良环境影响”进行清晰界定。以城市污水处理设施为例，排水管网的建设严重滞后导致“厂多网少”及污水厂无法正常运行，是属于“不良环境影响”“重大不良环境影响”还是“特别重大不良环境影响”？本书认为，在维持规划编制机关在规划环评跟踪评价中的评价主体、评价结果的公告主体身份不变的基础上，增加环保部门作为跟踪评价标准和依据的制定主体（在征求有关行政主管部门意见后制作规划及环评的跟踪评价标准和依据的具体制度规定）、上一级环保部门作为跟踪评价的审查主体（规划编制机关将跟踪评价结果报告环保部门审查）的身份。此外，增加人大常委会环资委作为跟踪评价的督查主体的身份（耿海清，2012 年），对于跟踪评价结果公众参与中反馈的问题，及时要求规划编制机关、环保部门和规划审批机关等部门采取补充修正措施，并通过立法监督及时追究相关行政部门及人员的法律责任。

（二）加强规划环评的政府信息公开

1. 规划环评的编制

在经历了规划的前期调研及评估阶段后，环评文件的编制是围绕规划来做的，不论是总体规划、专项规划以及围绕其做的环评文件都应该成为重点主动公开的政府信息，前文中所梳理的规划信息公开情况恰恰说明在规划的编制阶段不仅涉及规划的信息公开，也包含环评的信息公开。因此，本书认为，首先，在规划的信息公开方面，在政府信息公开立法中应该将区域规划和专项规划列为乡（镇）人民政府应重点公开的政府信息。另外，应明确乡（镇）以上各级人民政府应重点公开的专项规划、区域规划等政府信息必须提供规划全本（包括文字和图例）。这样，不仅在层级上将包括污水处理在内的城市基础设施涉及的规划类型全部包纳在政府重点公开的信息范围之内，而且规划全本的公开也为“社会激励”打下了坚实的基础并提供了必要的前提，因为公众参与的前提是透明、足量、便利的信息提供和获取渠道。其次，在环评的信息公开方面，政府环境信息公开立法，应该将规划的环评文件全本及其受理、审批和跟踪评价结果等信息一应列为环保部门向社会主动公开的政府环境信息。

此外，无论是综合规划的环境影响篇章或说明，还是专项规划的环境影响报告书，如果有规划的环评文件与法定性内容不符，就应该引致相应法律责任的承担，而现有制度规定仅有“对直接负责的主管人员和其他直接责任人员依法给予处分”的规定，但由谁作为处分主体？给予的是何种处分？现有制度均未给出答案。实践中，承担规划及环评编制任务的多是规划设计院和环境影响评价技术机构（周珂和史一舒，2015 年），这些机构中有事业单位性质也有企业单位性质，现有制度规定中的“行政处分”显然是针对行政机关及事业单位的，那么企业单位性质的机构如何承担相应法律责任呢？本书认为，应着重从机构资质角度对后者进行规制，如果出现弄虚作假或失职等法定情节时，可以视情节暂停甚至取消该机构承担规划及环评的资质。

2. 规划环评的审批

现有制度规定仅对专项规划的审批进行了规定，本书认为，对于综合规划的审批同样应该将环评文件的结论以及审查意见作为决策的重要依据。当规划审批机关对以上结论和审查意见不予采纳时，应当逐项就不予采纳的理由作出书面说明，并存档备查。应特别指出的是，一如在规划环评的编制阶段对于政府环境信息的公开要求一样，经过审批后的规划环评文件的全本（定稿）也应该作为政府主动向公众公开的环境信息（朱谦，2015 年）。

（三）加强规划环评的公众参与

1. 规划环评的编制

前文提出，应在规划及环评的编制阶段加入前期调研及评估作为法定前置程序，那么在这个法定前置程序中就应该加入公众参与，即在规划编制部门将规划草案交给规划科学院进入规划编制程序时，就应该报告同级人大常委会环资委，由环资委组织环保部门和有关专家组成审查小组开展对规划及环评的前期调研及评估并提出审查意见。当前期调研及评估程序结束进入规划及环评的编制后，按照现行制度规定，应当在规划草案报送审批前征求公众意见，笔者建议在这里增加有关前期调研及评估阶段的环保部门代表和专家的责任，即当草案征求公众意见时有因环保部门代表和专家失职造成规划突破环境容量的重大前提性问题时，应给予环保部门代表行政处分、有关专家取消入选专家库资格并予以公告。

2. 规划环评的跟踪评价

现行制度虽然规定规划及环评的跟踪评价应当包含公众对规划实施所产生的环境影响的意见，但并未就规划及环评全文的信息公开作出规定，笔者认为，除了应增加规定外，规划环境影响的跟踪评价文本公开后，仍应就公众参与给予制度保障。从现有制度规定来看，规划编制机关在进行跟踪评价的过程中应将公众参与作为必备的环节并在跟踪评价文本中给予体现，但这个体现是否对公众提出的问题给予了科学、清晰、详尽地解释，理应接受来自公众参与的监督。前文中提到，建议增加人大常委会环资委作为跟踪评价的督查主体的身份，那么当公众参与意见确实涉及跟踪评价文本的关键性漏洞时，规划编制机关、环保部门也理应承担失职的法律责任。

（四）构建科学的城市污水处理业 PPP 绩效评估法律制度〔1〕

1. 明晰城市污水处理业 PPP 绩效评估制度的规制目标

绩效评估的目标是绩效评估制度得以开展的前提和基础。正如评估理论研究者所言："在实施研究之前，如果能够详细厘清评估的需要和目标，那么，被评估者就有机会对评估本身作出反应，并对此作出贡献，也能够得到一个比较适用的工作方案，并能够在实际评估活动中得到被评估者的支持。"具体到城市污水处理业而言，其规制目标正如有学者概括的"少用水、多循环、少排放；全收集、全处理；全达标、低成本"（宋国君和韩冬梅，2012年）。由此，对于城市污水处理业 PPP 绩效评估法律制度就不能仅仅是单一的价格或质量规制，而应该更多地致力于实现对 PPP 项目动态、全面的规制，这样才能有效防范 PPP 项目的运营风险，保障污水处理服务的稳定持续供应。

2. 明晰城市污水处理业 PPP 绩效评估指标体系的形成机制

在城市污水处理业 PPP 绩效评估法律制度中，评估的指标体系是以细化评估内容和内化评估标准的方式落实评估目标的技术手段，同时也是有效落

〔1〕对于"PPP 污企"而言，"水质"和"水量"的关联性非常紧密，本书对于二者的相对划分主要是为了研究阐述的方便。实际上，进入到"PPP 污企"的"水量"过大超出其运行负荷，本身就将潜在的"进水"水质超标问题进一步放大，由此也增加了"出水"水质超标的风险。有鉴于此，本节中（四）构建科学的城市污水处理业特许经营绩效评估法律制度和（五）调整城市污水处理业特许经营者承担的规制责任既是针对"水质"问题提出的解决对策，也是针对"水量"问题提出的解决对策。

实政府 PPP 规制目标的关键要素。具体而言，应从如下几个方面完善城市污水处理业 PPP 绩效评估体系的形成机制：

第一，评估指标体系框架，即评估的具体内容。城市污水处理业 PPP 绩效评估指标体系的范围应该包括能够反映“PPP 污企”履约状况和 PPP 项目运营状况的各种情形，具体应该包括污水的收集情况、城市污水处理设施的建设与改造状况、城市污水的处理情况、城市污水的处理效率情况、行业服务质量和服务投诉处理情况、应急预案的制定和执行情况、价格的控制和执行情况、社会公益性义务的执行情况等方面。

第二，评估指标形成的参照标准。在公用事业 PPP 的现有立法中关于评估指标形成的参照标准有三种。从城市污水处理业 PPP 项目的运营实践来看，协议双方往往在 PPP 合同中有关于水量、水质、价格和其他义务履行的标准，“PPP 污企”也是按照这个标准来提供污水处理服务的，因此最好以 PPP 合同作为参照标准。如果 PPP 合同中没有明确规定评估指标形成的参照标准，则依据相应的国家标准、地方标准或行业标准。

第三，评估指标体系的设定主体。应该由行业主管部门组织专家、行业协会、“PPP 污企”并吸收社会公众共同参与到指标体系的设定中，通过城市污水处理业 PPP 示范合同文本的完善给绩效评价提供参考。

3. 形成城市污水处理业 PPP 绩效评估的多主体参与机制

第一，明确由专业评估机构作为绩效评估的具体实施主体。从现有公用事业 PPP 绩效评估法律制度来看，政府有关主管部门作为 PPP 绩效评估主体已经得到了普遍认可。由充当公用事业 PPP 规制主体的政府有关主管部门作为 PPP 绩效评估主体的合法性和合理性自然毋庸置疑，然而，正如前文所述，鉴于 PPP 合同的行政特权的存在，规制主体和绩效评估主体的合二为一却并非最佳选择。城市污水处理业 PPP 的绩效评估，从评估指标的订立到评估数据信息的收集整理再到评估结果的综合分析，无不是专业性极强的活动，行业主管部门必须借助专业力量才能顺利完成评估活动。虽然现有的专家参与制度可以在一定程度上起到补充作用，但是通过招标方式委托第三方专业评估机构协助完成评估更为可取。深圳市在这方面已经有了较为成功的先进经验，早在 2010 年 5 月，深圳市就已经通过招标方式选取了上海济邦咨询公司对深圳市已实施 PPP 的三个区 16 座污水处理厂进行绩效评估，并对特区内 PPP 规范化运作进行评估，并根据评估结果完善了 PPP 合同标准文本（深圳中邦公司，2010 年）。

第二，细化社会公众在绩效评估中的主体地位，突出公用事业公众监督委员会的作用。社会公众作为污水处理服务的直接消费者，理应成为绩效评估的主体。但是鉴于其分散性、个体偏好的差异性，在无法借助组织化的利益表达形式的前提下是无法有效参与到绩效评估中的。虽然目前公用事业PPP 法律法规中有关于公用事业公众监督委员会的制度规定，但全国范围内难觅公用事业公众监督委员会现实运作的踪影，作为公用事业市场化改革排头兵的深圳，由张思平领衔的民间智库向深圳市委、市政府提出的 11 项改革建议更是反证了公用事业公众监督委员会运作的现实困境（郭启明和庄树雄，2015 年）。如果公用事业公众监督委员会的基本职能仍然停留在通过听证会、座谈会、问卷调查等方式收集公众意见、提出相关建议和代表公众监督的层面上，而没有能够对政府有关部门、特许经营者形成有效制约的权力，如对绩效评估机构招投标程序的参与权和招投标结果的质询权、对绩效评估结果的质询权和否决权等，社会公众在绩效评估中的主体地位就将长期难以实现。

4. 形成绩效评估结果的反馈机制

城市污水处理业 PPP 绩效评估的意义绝不仅仅限于搜集信息提供参考那么简单，而在于通过绩效评估信息所反映出的制度运行中出现的现实法律问题，实现提升 PPP 绩效和降低 PPP 运营风险的目标：

第一，明确城市污水处理业 PPP 绩效评估结果的法律效力。立法应当明确规定对于绩效评估结果应当制作书面报告，书面报告分为征求意见版和正式版。书面报告（征求意见版）应提交公用事业公众监督委员会审查并提出修改意见，附具公众意见的书面报告（征求意见版）应再返回绩效评估机构，由绩效评估机构对于公众意见予以审核吸收，对于不采纳的公众意见应当逐条附具不予采纳的理由，在此基础上形成书面报告（正式版）并向社会公示。书面报告（正式版）是作为 PPP 授权方的政府有关部门行使行政特权的充分条件，同时也是“PPP 污企”针对合同履行中出现的纠纷寻求救济的有效依据。对于书面报告中呈现的 PPP 问题，政府有关部门必须积极采取措施予以解决，否则应当承担行政不作为的法律责任。

第二，明确城市污水处理业 PPP 绩效评估结果的法律后果。立法应当从惩罚和奖励两个方面明确 PPP 绩效评估结果的法律后果。比如，对于 PPP 绩效评估结果为优秀的，可以依据《企业环境信用评价办法》直接享受环保诚信企业“绿牌”待遇，并在此基础上根据运营实绩在污水处理服务费的核定上给予适当倾斜，此外，还可以根据“PPP 污企”的意愿适当延展 PPP 经营期；对于 PPP 经营绩效评估结果为良好的，可以依据《企业环境信用评价办法》直接享受环保良好企业“蓝牌”待遇，并在此基础上根据“PPP 污企”的意愿适当延展 PPP 经营期；对于 PPP 经营绩效评估结果为较差的，可以依据《企业环境信用评价办法》直接对应环保警示企业并按“黄牌”规定执行，并在此基础上要求 PPP 经营者限期整改，对拒不改正的采取相关的行政处罚措施；对于 PPP 经营绩效评估结果为不合格的，可以依据《企业环境信用评价办法》直接对应环保不良企业并按“红牌”规定执行，并在此基础上启动临时接管措施直至收回特许经营权。

（五）调整“PPP 污企”承担的规制责任

前文中提到，在现有实践中关于水量的合同约定缺失和公法责任畸重的前提下，“PPP 污企”是很难寻求权利救济的。鉴于合同约定取决于双方的合意，改变目前困境的最好办法就是通过调整公法中“PPP 污企”承担的规制责任予以解决。实际上，《水污染防治法》已经在第四章“水污染防治措施”中单列出了第三节“城镇水污染防治”，其中特别对城镇污水集中处理设施的运营作出了规定。但从目前的制度条款来看，对于城镇污水集中处理设施的维护运营单位的权利义务规定还非常粗疏，权利方面是“获取收益权（根据向排污者提供污水处理有偿服务收取费用）”，义务方面是“出水水质负责义务”，并没有根据城市污水集中处理设施运营及水质形成的三个阶段综合考虑排水户、政府有关部门的权利义务。此外，根据《城镇排水与污水处理条例》第 28~31 条的规定，在城镇污水处理设施维护运营单位遇到“进水水质和水量发生重大变化可能导致出水水质超标，或者发生影响城镇污水处理设施安全运行的突发情况时，应当立即采取应急处理措施，并向城镇排水主管部门、环境保护主管部门报告。城镇排水主管部门或者环境保护主管部门接到报告后，应当及时核查处理”。其中也没有谈到适当调整或豁免城镇污水处理设施维护运营单位出水水质超标的责任。有鉴于此，本书认为，应该将现有法条修改为：“在城镇污水处理设施维护运营单位遇到进水水质和水量发生重大变化可能导致出水水质超标，或者发生影响城镇污水处理设施安全运行的突发情况时，应当立即采取应急处理措施，并向城镇排水主管部门、环境保护主管部门报告。城镇排水主管部门或者环境保护主管部门接到报告后，应当及时核查。确属不可归因于城镇污水处理设施维护运营单位的，应在委托第三方排水监测机构监测和邀请专家、公用事业公众监督委员会会商并向社会公告的基础上，作出豁免相应期间内城镇污水处理设施维护运营单位出水水质超标的责任的决定。”

三、针对“水费”问题的解决对策

（一）针对定（调）价机制的解决机制

1. 在取消政府定价、丰富政府指导价的基础上实行“双轨制”

如前所述，城市污水处理收费制度中价格形式事实上的“单轨制”已严重桎梏了价格杠杆作用的发挥，即便新规将定价原则调整为“污水处理设施正常运营+污泥处理处置成本+合理盈利”，但仍未摆脱“政府补贴+低污水处理费”的窠臼。有学者提出：“政府定价形式作为我国从社会主义计划经济体制向社会主义市场经济体制转轨过程中的特殊产物，带有浓重的计划经济色彩，其存在忽视了经营者的市场主体地位，是计划经济思维的延续。在我国社会主义市场经济已有较大发展的今天应当予以废除（郭宗杰，2015 年）。”针对城市污水处理收费制度而言，一方面，在缺乏详细的定价公式和定价标准的前提下，政府难以形成对成本进行有效监管的成本约束机制；另一方面，缺乏激励的价格规制实质上是一种自然垄断格局下将污水处理及再生利用企业作为事业单位管理的“大锅饭”模式的延续。有鉴于此，本书认为在考虑到目前城市污水处理及再生利用市场发展的客观现实，特别是出于维护社会公共利益的实际需要等因素的前提下，应该在价格法律、法规中取消政府定价形式但保留政府指导价形式，因为后者毕竟在一定程度上引入了市场机制，尊重了市场主体在一定范围内的自主权利，其存在具有客观现实意义。但目前价格法律、法规中有关政府指导价的实际形式范围过窄，应当丰富并扩展其实际形式。应当将激励型定价作为城市污水处理收费的政府指导价形式，以增强政府直接价格规制的弹性，提升价格规制效率并增强其适应性。针对城市污水处理收费，最高限价法、区域间比较竞争法等激励性定价方法已较为成熟，可以考虑在地方政府规章等城市污水处理的价格专门法中根据各地方实际选择合适的激励性定价方法，以促进污水处理企业之间的比较竞争，最大限度发挥价格的杠杆作用。

2. 细化城市污水处理费的征收标准

细化城市污水处理费的征收标准应从价格专门法和行业性立法两个角度入手：首先，在现有城市污水处理收费的行政规范性文件中保留以用水量“按量计征”，分地区、分排水户种类核定污水处理费的定价标准，此外，应增加关于再生水用户污水处理费的规定。对于使用再生水的用户其污水处理费不执行“按量计征”的标准，仅按照排水管网和污水处理厂运行维护的平均成本核定污水处理费。其次，增加“按质计征”的制度规定，增加以主要污染物削减为核心的激励性制度设计（王俊豪等，2009 年）。具体而言，对于排放的污水水质优于《污水排入城市下水道标准》一级标准的排水户，且在总氮、总磷等主要污染物削减方面取得显著进展的，可以按照一定比例减征污水处理费，减征的费用可用于下一年度排水户缴纳污水处理费的抵扣。最后，在污水处理服务费的核定中，将污水处理厂的“进水水质”和“出水水质”作为核定污水处理服务费标准的强制性要求。对因“进水水质”不符合标准造成污水处理厂处理成本升高的增加补偿标准，对“出水水质”不达标的规定污水处理费的核减标准和处罚标准，对“出水水质”优于相关标准的规定相应的奖励标准。

作为城市污水处理费“按质计征”的配套性制度规定，针对“排水水质”实行“差别化政策”落地难的问题，应从行业性立法角度着重增加针对“环境第三方”的制度规定，构建与排水与污水处理市场化相匹配的排水监测体制。鉴于现行制度规定中环境监测与排水监测关系不明、排水监测制度规定严重滞后于实践发展的现实，本书建议国务院应尽快出台《环境监测管理条例》，将排水监测纳入其中，并对如下问题加以明确界定：第一，对现行制度规定中的四类环境监测的内涵给予清晰界定。原因在于，排水监测涉及水量和水质两个方面，没有概念的明晰界定。首先，前者是否能够归结在“为环境状况调查和评价等环境管理活动提供监测数据的其他环境监测活动”类别中？其次，后者是否可以归结在“污染源监督性监测”类别中？如果可以，对于超标排污的监测数据应该由哪一个主管部门来认定和公开？第二，鉴于山东、上海等省市已在环境监测中采用 TOT 模式和社会化实践试点，应在新法中从政府采购合同角度对于环境监测机构和人员，从准入、工作开展和退出三个环节对资质、收费、工作规范（执业和持证上岗、技术培训）、行为规范、绩效考核和监督检查等给予清晰明确的规定。

3. 构建以制衡为主要特色的城市污水处理费定（调）价程序

如前所述，现有制度未能以“制衡”为主线将有关城市污水处理费的定（调）价程序串联成一个有机的整体。笔者建议，应该制定《政府定（调）价评价条例》，以“信息公开”“公众参与”和“权力制衡”为特色，从定（调）价的启动、审查和跟踪评价等三个方面作出规定。此外，特别在定（调）价的审查环节对现有的价格听证制度进行完善：

（1）定（调）价的启动。城市污水处理收费牵涉面广、与民生密切相关，价格决策产生的社会后果必然伴生有相应风险。为此，首先，应规定对政府定（调）价进行评价应包括的强制性内容和可供依据的标准和技术规范。其次，应规定由价格涉及行业的主管部门编制政府定（调）价社会影响篇章，在篇章中将成本监审报告作为强制性内容要求。限于现行的价格管理范围过宽，价格部门对于需要定调价的商品或服务项目进行全面审核的能力有限，笔者赞同有学者提出的“将目前附设于价格主管部门的成本调查机构分立成为第三方组织，以其专业、权威而具有公信力的成本调查报告为社会提供服务”的建议。此外，应增加成本监审机构对监审报告质量负责的法定义务。最后，在政府定（调）价评价报告报送审批前，采取调查问卷、座谈会、论证会、听证会等形式公开征求有关单位、专家和公众的意见。当意见与社会影响评价结论有重大分歧的，价格涉及行业的主管部门应当采取论证会、听证会等形式进一步论证。此外，在与政府定（调）价评价报告一起报送审查的社会影响报告中应附具对公众意见采纳或不采纳情况及其理由的说明。

（2）定（调）价的审查。①定（调）价的审查程序。首先，价格涉及行业的主管部门在报送审批政府定（调）价评价报告时应当一并附送社会影响篇章。未编写的审批机关应当要求其补充，未补充的审批机关不予审批。其次，价格主管部门在审批前召集有关部门代表和专家组成审查小组，对社会影响篇章进行审查。审查小组应当提交书面审查意见。笔者认为这里应特别对审查小组的运行规则进行规定：第一，审查小组的专家应从依法设立的专家库中随机抽取，人数不得少于总人数的二分之一。政府定（调）价社会影响篇章编制的专家不得作为审查小组的成员。第二，明确规定审查小组出具审查意见的法定性内容、对政府定（调）价社会影响篇章进行修改并重新审查的法定情形、审查小组提出不予通过政府定（调）价社会影响篇章的法定情形。第三，价格主管部门编制政府定（调）价评价报告时，应当将政府定

（调）价社会影响篇章结论和意见作为决策的重要依据，对于篇章结论和意见不予采纳的，应当逐项就不予采纳的理由作出书面说明并存档备查。有关单位、专家和公众可以申请查阅。②定（调）价中的价格听证。首先，厘清价格听证的定位。虽然《价格法》和《听证办法》对价格听证会强调了其“论证会”的定位，但从2001年的《政府价格决策听证暂行办法》到2002年的《政府价格决策听证办法》再到2008年的《政府制定价格听证办法》，我国的价格听证制度运行已走过了15个年头，对于一些阻碍制度运行的深层次问题再不进行改革和调整的话，将会进一步使得价格听证制度的信度和效度大打折扣并最终失去其应有的意义。中共中央和国务院于2015年10月12日发布的《关于推进价格机制改革的若干意见》第（十一）项提出：“鼓励和支持第三方提出定调价方案建议、参与价格听证。完善政府定价过程中的公众参与、合法性审查、专家论证制度，保证工作程序明晰、规范、公开、透明，主动接受社会监督，有效约束政府定价行为。”有鉴于此，笔者认为，应该在我国的价格听证定位中确立“以非正式听证为一般情形，以正式听证程序为特殊情形”的原则。当公众意见存在重大分歧或对事实争议较大时，就应该启动正式听证程序。在非正式听证程序下，一来应该对价格听证结果公告文本的必备内容做出强制性要求，以使公告内容尽可能详尽，满足公众的知情权需要，弥补信息不对称。二来应该对决策方案（草案）通过各种媒介展开多样化评论，广泛听取社会各方面意见。在正式听证程序下，应该引入无论是英美法系国家还是大陆法系国家或地区普遍确立的“案卷排他规则”，规定政府价格主管部门作出价格决定所依据的事实证据必须是当事人知晓并经过辩论的，政府价格主管部门不得以当事人不知晓和未论证的事实作为裁决的依据。这样做的意义就在于以使行政相对人程序参与权有效制约行政权有根本性的制度保障，使成本昂贵的价格听证不至于沦为装点门面的工具。

其次，健全消费者的遴选机制。第一，将自愿报名、随机选取与组织推荐相结合，并逐步增加自愿报名的名额。之所以这样做是因为，自愿报名和随机选取可以较好地保障遴选程序的公开、透明，提高社会公众对于消费者遴选的认可度；组织推荐有助于确保政府在遴选消费者时兼顾广泛性和专业性。在制度调整初期，可以将50%左右的名额以自愿报名、随机选取的方式产生，另外50%左右的名额则仍然交给组织推荐产生。如果实施效果好且报名人数踊跃，可以逐步增加自愿报名、随机选取的名额直至全部以自愿报名方式产生。第二，在由当地消费者权益保护协会主导的组织推荐中，在遴选程序上，由工作人员确认信息，根据价格听证项目要求对申请人员进行分类，保证最终抽取的参加人员具有较强的广泛性。然后在新闻媒体和公证人员的见证下通过电脑摇号随机抽取。在遴选标准上，消协应该出台《价格听证消费者参加人推荐办法》，具体规定推荐的宗旨、标准等。

最后，完善听证主持人制度。第一，组建中立的听证主持人队伍。听证主持人作为价格听证程序的守护者，应本着中立、公正的原则主持价格听证，让所有的利益相关方尽可能表达自己的意见，特别是批评意见和反对意见。因此，笔者认为，应该模仿《仲裁法》中关于仲裁委员会和仲裁协会的组织架构，组建独立于行政机关的听证机构。听证协会是社会团体法人，听证委员会是听证协会的会员，听证协会的章程由全国会员大会制定。听证协会是听证委员会的自律性组织，根据章程对听证委员会及其组成人员、听证人的违纪行为进行监督。听证人由听证当事人各自选定，听证主持人由听证当事人共同选定或由听证委员会主任指定。听证主持人的听证笔录和听证建议在价格主管部门作出裁决时，严格依据“案卷排他规则”，以听证记录在卷的证据作出价格决策，对于不予采纳的听证证据，价格主管部门应说明理由。第二，严格听证主持人的权限，包括决定权（有权决定价格听证程序的开始、结束及继续听证的时间和地点；有权决定是否需要补充证据；为了避免听证程序的延滞，其有权禁止当事人发言、维护听证秩序；有权调控价格听证的进程，决定是否需要中止、延期或终结听证）、预听证权、建议权（以案卷为依据，以当事人论证和陈述的事实为根据）。第三，明确听证主持人的回避制度。一是回避条件。当听证主持人存在如下情形应回避：第一，个人偏见。即听证主持人不能存在预设的个人好恶，倘若如此，其处理听证实务会存在偏颇之虞。第二，利益冲突。价格听证主持人在听证过程中因为其作为或者不作为，直接或间接使得其本人或关系主体，如近亲属、配偶等获取私人利益。二是回避方式。第一，当事人应以书面形式申请回避，申请书中应明确要求回避的理由；第二，当事人应当在法定期间或法定时间阶段（具体的期间一般为听证开始前的 3 日内，具体的时间阶段一般为做出听证笔录前）及时申请回避，否则将视为放弃申请回避；第三，对于当事人的回避申请，法定的处理机关（一般为听证主持人所属机关或者听证主持人的委托机关或者听证主持人所属的监督机关）应及时处理，对于处理结果不服，当事人可以申请复议一次。

（3）定（调）价的跟踪评价。首先，明确规定政府定（调）价跟踪评价的法定性内容，即政府定（调）价实施后实际产生的社会影响与预测之间的比较分析和评估、公众对政府定（调）价实施所产生的影响的意见、跟踪评价的结论；其次，政府定（调）价跟踪评价应当采取调查问卷、现场走访、座谈会等形式征求有关单位、专家和公众的意见；最后，政府定（调）价实施有重大不良社会影响的，价格涉及行业的主管部门应当及时核查并向价格主管部门提出采取改进措施或者修订政府定（调）价决策的建议。

（二）针对城市污水处理费支付问题的解决机制

1. 运用多种规制工具堵住城市污水处理费的“漏失”源头

正如前文所言，城市污水处理费的“拒缴”和“漏缴”是造成城市污水处理费“漏失”的重要原因。对于“漏缴”，虽然我国现有法律、法规有相应的规制条款，但明显处罚力度过轻。如，《水法》第69条规定：“有下列行为之一的，由县级以上人民政府水行政主管部门或者流域管理机构依据职权，责令停止违法行为，限期采取补救措施，处二万元以上十万元以下的罚款；情节严重的，吊销其取水许可证：（一）未经批准擅自取水的；（二）未依照批准的取水许可规定条件取水的。”《城市供水条例》《城市地下水开发利用保护管理规定》虽然均直接或间接地对未经批准擅自取水或未按取水许可规定条件取水的行为规定了可以进行行政处罚的条款，但并未明确具体的行政处罚限额。实践中，通过偷打自备井私采地下水的情况屡见不鲜，以沈阳市最近对希尔斯温泉美食中心和盛世桃园洗浴中心的查处可知，这两家大型洗浴中心用水量至少在20 000吨/月左右，按照11.2元/吨的水费计算，应缴水费应该在20万元/月左右。但按照现有的行政处罚标准，即便是按行政处罚的高限处罚也只有10万元（彭跃东，2015年），比起这两家洗浴中心通过偷打自备井私采地下水实现的经济收益而言简直是九牛一毛。此外，行政执法队伍的单薄也是造成“漏缴”的重要原因。根据现有法律法规制度规定，水行政主管部门是未经批准擅自取水或未按取水许可规定条件取水的行政执法处罚主体，但一来自备井散布于“两园一区”、大学城、城中村等区域，这些无证开采的自备井数量多、隐藏深，给排查工作造成很大困难。即便是在城市辖区范围内，由于浅层自备井开采成本很低，平均用时4个小时花300元就能打一口自备井，而像洗车店这一类的经营者30元/辆的洗车收入，很快即可冲抵成本（李永明，2015年）。由此，笔者认为，除了加大作为传统规制工具的行政处罚的规制力度之外，应该仿照《企业环境信用评价办法》，引入强制性信用评价，针对企业和个人制定专门的《水资源信用评价办法》，将税收、合同等多种规制工具串联起来，即由水务部门根据企业的水资源利用行为信息，按照规定的指标、方法和程序，对企业和个人的水资源利用行为进行信用评价，确定信用等级，并向社会公开，供公众监督和有关部门、机构及其组织应用。对于企业的水资源信用，分为相应等次并制定相应等次的评价标准，按照法定评价程序进行评价并将评价结果在水务部门、环保部门、发改部门、税务部门、工商部门、金融机构和行业协会之间实现信息共享，对于守信企业给予水资源费、税收、项目立项、政府采购、信贷支持、保险费率等方面的倾斜和支持，对于失信企业除在以上方面给予惩戒以外，还可以加大执法监察频次直至取消营业资格。

2. 强化对预算的财政外部监督制度

（1）关于审计机关预算监督。①通过修法进一步明晰财政违法主体的法律责任。虽然2006年的《审计法修正案》赋予了审计机关“责令限期缴纳应当上缴的款项、责令限期退还被侵占的国有资产、责令退还违法所得”等权限，但这些都不是最终的法律责任承担方式。只有明确财政违法主体应当承担的刑事责任、行政责任和政治责任，才能确保审计的权威和目的的实现。②通过修法增强审计机关的独立性。目前，国际上较为通行的惯例是审计机关隶属于国会或直接对法律负责，这样做的目的就是保证审计监督的中立性和监督的效能，让审计机关独立于行政系统以外，免受来自其他行政部门的制约。建议通过修改《宪法》和《审计法》等相关法律将审计机关改属人大。同时，可以考虑在各省、自治区和直辖市所属区域实行审计系统内部从上到下的垂直领导，保障地方审计机关在人权、事权和财权上的独立性，打造防火墙，防止地方审计机关被“俘获”，使其充分发挥独立审计监督作用。

（2）关于权力机关预算监督。①加强行政机关预算编制的专业性和协调性。在各级政府及其所属各预算部门均成立预算编制办公室，在政府负责人和各预算部门负责人的领导下开展工作。预算编制办公室实行公务员和专业技术人员相结合并以专业技术人员为主体的组织形式。同时，为了加强各预算部门之前的组织协调，建议在各级政府成立财政预算委员会作为跨部门的财政预算决策协调机构，其职责可以包括中长期总体财政政策、确定跨年度和年度财政预算整体方针和方案、审查各预算部门预算草案、在特别情况下协调各部门预算编制工作。②加强权力机关预算监督审查能力。鉴于现实中存在的各级人大财经专门委员会和常委会有关预算工作机构的人员职数过少、职权任务过重、预决算审查能力严重不足的现实情况，建议在各级人大新设预算委员会专司预决算草案审查、审议、监督、绩效评价等方面的工作。同时，应该大力充实各级人大常委会预算工作机构中的专业技术人员，以增强预决算审查能力。③通过修法补充预算法律责任种类。新《预算法》在预算违法行为行政责任的追责实施主体、追责的程序机制方面没有作出任何相应的制度规定，这样带来的问题是，预算违法行为法律责任追究不能实施、无从落实。有鉴于此，有必要通过人大常委会制定专门规定进行细化。在将来《宪法》和《审计法》修订并突出审计机关独立性的背景下，对于各预算单位的预算违法行为，可由审计部门根据《预算法》和《审计法》等有关法律予以追究。对于包括政府财政部门在内的各级政府部门的预算违法行为，由上一级审计机关进行追究。对于各级政府违反预算审查、审批等程序侵犯权力机关职权的预算违法行为，由同级人大及其常委会进行追究，其他预算违法行为由上级政府进行追究。中央政府的预算违法行为由全国人大及其常委会追究。对于主管人员和其他直接责任人员的预算违法行为，由各级人大及其常委会、各级政府等相应的人员任命机关进行追究。

3. 完善特许经营制度中的政府承诺制度

如前所述，以《特许办法》为代表的现有特许经营制度中有关政府承诺的制度在保障特许经营者权益方面存在不足，当然，政府承诺的“度”的把握是一个非常棘手的问题：政府承诺超过了政府财政承受能力和债务风险状况，过分强调对于特许经营者利益的保护，容易出现“长春汇律案”中因承诺固定回报纠纷导致合作破裂诉诸公堂、外资纷纷退出水务市场的问题。反过来，如果在特许经营协议签订中不对特许经营协议履行后的价格问题给予相应的保障，又会导致特许经营协议因资金问题出现履行困难。由此，笔者建议应该在以《特许办法》为代表的公用事业特许经营法律制度中将以下内容作为政府承诺的组成部分：第一，将特许经营项目经费列支财政预算等作为特许经营合同签订的必要条件，并在法律责任部分中将能够进行政府规则的具体法定情形予以细化，以便在出现因政府原因导致违约的情况下相关法律责任能够落实到位。第二，进一步提高目前以《特许办法》为代表的公用事业特许经营法律、法规的位阶，将《特许办法》升格为国务院行政法规，并在法条中具体授权中央和各地方财政部门确定特许经营项目的财政转移支付标准，并将财政转移支付资金的配套到位作为特许经营合同签订的必要条件。

第二节　城市污水再生利用法律问题的解决对策（国有模式）

一、针对“水质”问题的解决对策

（一）针对再生水“水质”形成环节问题的解决对策

1. 政府及其所属部门权利义务的重新定位

前文中提到，“国有污企”在再生水“水质”形成环节中遭遇的问题，实质上与“进水”和“出水”紧密相关。“国有污企”以及以之为载体建设的集中式再生水经营单位/供水单位之所以在“排水户污水排放→污水通过集中收集管网收集输送→污水处理单位对污水进行处理→污水处理单位达标排放→再生水经营单位将达标排放的污水作为再生水的源水组织生产销售”这一链条中地位尴尬，很大程度上应归咎于现有法律制度框架对于“政府”角色的定位。在现代市场经济中，政府承担的主要职能是宏观调控和市场规制，这就要求政府在对市场的干预中一定要做到“有所为有所不为”。本书认为，在城市污水再生利用中一定要避免政府“应作为而不作为”和“不应作为而作为”两种问题：

（1）政府“应作为而不作为”。再生水是污水处理的衍生品，是对污水的循环再利用。再生水水质的稳定、达标与否，与处于链条前端的“源水”关系密切。换句话说，是与前文中提到的“排放水”“市政管网水”的质量高低相关。笔者通过调研发现，实践中市政排水管网的维护运营单位是市政公用局，城市排水的行政主管部门是建设行政管理部门、拥有环境监管执法力量的又是环境保护行政主管部门。由此出现的问题是，建设行政主管部门由于没有专门的人员和技术储备，只能委托有资质的排水检测机构定期对排水户排放污水的水质进行检测。以西安为例，依据《中共陕西省委办公厅、陕西省人民政府办公厅关于印发〈西安市人民政府机构改革方案〉的通知》（陕省办字［2009］84号）文件要求，陕西省西安市市政公用局的职责是负责市政排水设施的建设、维护和管理，对于排入到市政排水管网的污水质量并不负责监管。此外，将污水处理、中水回用的行业管理职能划转给陕西省西安市水务局，而水务局主要是负责对污水处理企业的年度污水处理量以及日常运营进行监管，对于排入到市政排水管网的污水质量也不负责监管。陕西省西安市环境保护行政主管部门虽然在污水质量的监测方面有相关的人员和技术储备，但限于职责划分，仅对作为“国控”和“省控”重点污染源的排水户以及污水处理厂处理排放的“出水”质量进行监管。由此，“九龙治水”式的监管模式必然造成再生水利用和污水处理“源头”环节的监管空白和漏洞。

在此基础上，本书提出如下几点建议：

首先，积极推行“大部制”改革，实现政府监管力量的有效整合。笔者在调研中了解到，目前，广东省的许多地级市和深圳市及其辖区都已经将原有的环境保护行政主管部门和水务行政主管部门撤并成立了“环境保护和水务行政主管部门”。在污水处理和再生水利用方面，原有的“水量”和“水质”分头管理的局面就会被打破，从而真正实现对于涉水事务的一体化管理。整合后的“环境保护和水务行政主管部门”在涉水事务方面的职责将主要包括：第一，贯彻执行国家、省、市有关环保与水行政法律法规和政策；拟订辖区内环保水务方面的规划，经批准后组织实施；第二，参与拟订辖区内社会经济发展中长期规划、国土利用和区域开发规划，审核城市建设总体规划和自然资源开发计划；第三，组织实施环境保护目标责任制和城市环境、水环境综合整治工作，组织辖区内污染物排放总量控制计划并监督实施；第四，指导、协调、监督生态保护工作，监督生物技术环境安全，协调和监督湿地环境工作，组织协调生物多样性保护；第五，承担监督管理环境污染防治的责任，负责辖区内水体、大气、噪声、土壤、光、恶臭、固体废物、化学品、机动车等污染防治工作，监督饮用水源的水质保护，负责环境、水政监察及相关执法，调解污染、水事纠纷；第六，负责辖区内建设项目环境影响审批、污染防治设施竣工验收、建设项目污染处理设施监督以及施工噪声许可证和排污许可证发放工作；第七，负责辖区内水资源工作，负责水源保护区综合整治工作，负责饮用水源的水质保护；第八，负责辖区内供水行业管理，监督公共供水和自建设施供水单位的供水水质；第九，承担水务工程的建设管理及其质量和安全的监督管理工作，负责政府投资水务固定资产的监管，负责全区城市化转地后水务国有土地的管理；第十，按照分级管理原则，负责辖区内水库、河道、堤防、河口滩涂、滞洪区及其他水务设施的监督管理，负责全区水库、河道、滞洪区及其他水工程的防洪防风安全，负责水工程管理范围内建设项目审批；第十一，负责辖区内水土保持工作，组织协调水土流失的监测和综合防治，负责组织协调、监督、实施、检查本区水污染治理工作；第十二，负责辖区内节约用水工作，拟订节约用水政策及有关标准指导和推动节水型城市建设工作；第十三，承担排水设施（含污水处理设施）的建设管理责任，参与市政排水规划的制定，负责排水许可证核发和排水设施、污水处理设施的管理工作；第十四，负责辖区内环境保护和水务信息化建设，发布全区环境质量、水资源相关信息；第十五，负责征收排污费、超标排污费和污水处理费、水资源费等费用，负责污染防治专项资金的管理工作；第十六，办理有关环境污染、水污染信访及群众投诉；第十七，承办上级政府交办的其他事项。

其次，积极推行“有效监管”，实现政府监管有所侧重。笔者建议，鉴于“排放水”对于再生水水质形成的重要性，进行大部制改革后的政府监管部门对原来不同监管部门间的职责、人员、经费和技术进行有效整合，将排水户划分为“一般排水户”和“特殊排水户”，对分散在城市不同行政区块的排水户进行摸底，在此基础上进行污染物排放识别登记，以备在发生“不定时偷拍”与“来水成分复杂”导致“来水”质量超标的情况下进行责任回溯。笔者建议，与污水处理单位一样，对排水户除了“国控污染源”和“省控污染源”以外，应尽力做到24小时实时在线监测以及在线监测的全覆盖。[1]

（2）政府“不应作为而作为”。作为再生水水源的经过处理的污水之所以频频发生“出水水质超标”问题，很大程度上与政府代替市政排水管网维护运营单位担保“进水”水质紧密相关。在上文提到的“排放水”“市政管网水”“处理后水”和“生产加工水”的再生水水质形成的责任链条中，政府监管部门应该始终保持中立监管的定位。因此，应以民事合同代替政府的直接规制。这一点由于在上一章对于“PPP污企”“水质”问题的解决对策中已有阐述，在此不再赘述。

---

[1] 对于除了“国控污染源”和“省控污染源”以外的排水户的在线监测监管，本书认为不应再由整合后的政府监管部门来完成，完全可以交由水务企业和第三方检测机构来完成。

2. “市政排水管网维护运营单位”权利义务的重新定位

“市政排水管网的维护运营单位”在再生水水质的形成环节中起着“承上启下”的作用：一方面是针对“排水户”排入到管网中的“水质”，另一方面是针对输送到污水处理单位的“水质”。笔者在调研中发现，市政排水管网的维护运营单位是市政公用局，而实践中，市政公用局并不针对排入到管网中的水质进行监管。水务局主要是负责对污水处理企业的年度污水处理量以及日常运营进行监管，对于排入到市政排水管网的污水质量也不负责监管。环保局主要是针对作为“国控”污染源和“省控”污染源的排水户进行监管，其余的“排水户”排放的污水水质以及排入到市政排水管网的污水水质也逸出于监管之外。由此就形成了不同政府部门之间由于职责划分造成的监管衔接漏洞。笔者认为，完全可以采用公司制推进“市政排水管网的维护运营单位”的市场化改革进程，使之成为具有法人资格的独立市场主体，将市政排水管网的建设、维护和运营职能都赋予采用公司制的“市政排水管网维护运营单位”。其收入来源主要由两个部分构成，即向“排水户”和污水处理单位收取的“排水费”。

此外，考虑到公私合作理论在公私法划分理论中的映射，特别是私法公法化理论的核心就是契约自由受到限制、无过错责任的产生和设置惩罚性赔偿制度。笔者认为，应该着重对“排水户”和“市政排水管网维护运营单位”之间订立的合同进行私法公法化改造，即：合同中应明确载明“市政排水管网维护运营单位”按照国家和地方制定的排水标准接收“排水户”达标排放的污水，一旦前者发现后者超标排污的，民事责任的部分可以要求后者支付违约金并承担数十倍于“排水费”的“环境损害赔偿金”。行政责任的部分可以由前者请求政府相关部门在调查核实的基础上对后者给予行政处罚，情节特别严重并触犯法律的，还可以请求司法机关追究前者或单位或个人的刑事责任。

（二）针对再生水“水质”形成依据问题的解决对策

1. 借鉴美国再生水管理立法经验，妥善处理法律和标准的关系问题

关于标准与法律的关系，WTO/TBT 协议对标准的界定是：“标准是被公认机构批准的、非强制性的，为了反复使用的目的，为产品或其加工和生产方法提供规则、指南或者特性的文件。”可见，标准本身并不是法律法规，不具有法律的约束力和强制性。实际上，在现代市场经济国家，标准也都是自

愿性的，是不具有强制性的文件。这是标准的本色，也正是在此基础上，标准与技术法规的关系才能成为一项值得关注的国际问题。美国的再生水管理立法中的一大特色，就是将再生水水质的衡量基准，区分为标准和技术法规分别予以规定，构建了一个以“安全”为主要法益目标的水质保障制度体系。

美国对于再生水水质的管理主要由联邦、各州和地方法律共同构成。在联邦层面，《清洁水法》《安全饮用水法》和《再生水利用指南》构成了再生水水质保障的主要法律框架：

首先，《清洁水法》第三章“标准与执行”确立了一个有关废水水质标准的联邦管制框架。该法赋予美国环保局制定水质量标准的权力，同时各州都应建立相应的水质标准，并提交环保局审查和批准。这些标准都取决于环保局所规定的最低要求。《清洁水法》要求污水处理厂必须采取二级处理措施，而这些措施应建立在最低的废水质量标准上。该法第四章“许可与执照”建立了国家污染物排放削减体系，通过行政许可确保所有排污行为遵守联邦废水水质要求。每一个国家污染减排许可都明确规定必须遵循三类通用水排放标准：基于技术的标准、基于水质的标准、针对少量有毒化合物的基于健康的标准，分别体现了对技术与经济成本的考量、对排放水体整体环境质量的考量、对人体基本健康安全的考量。废水水质标准框架和国家污染物排放削减体系构成了美国《清洁水法》的主要组成部分，其法以废水水质标准框架为目的，国家污染物排放削减体系为手段。虽然上述两部分并没有直接规定再生水的利用与管理，但是其所确定的最低排放标准则成为再生水利用的起点，较高排放标准使得再生水的利用与推广成为可能（杜寅，2016 年）。

其次，《安全饮用水法》授权环保局制定和颁行饮用水标准，并要求环保局制定标准时就污染物的限值和水处理成本公开征求意见，每六年检查和修订一次。环保局依据《安全饮用水法》建立了国家饮用水标准体系。该标准体系是根据对健康的潜在威胁和在水中出现的概率，来确定污染物的优先次序，在此基础上，根据污染物对人体健康构成的危害程度建立公众健康目标，再对饮用水中的各种污染物规定法律上许可的限度和技术处理，以最大限度地保证接近可行的健康目标。《清洁水法》是对再生水水源的质量管理，《安全饮用水法》是对再生水利用“产品”质量的管理。

最后，为了指导各州法律实施及项目开展，美国环保局出台了大量的技术文件以指导各州立法、执法，其中最为系统的就是各种用途的指南。1992

年美国环保局联合美国国际开发署首次发布了《再生水利用指南》，主要目的是为美国的使用和管理机构、州，尤其是那些并没有相关标准的州，提供技术指南、信息支撑。

在地方立法层面，以美国加州为例，在立法中建构了适用领域宽泛但要求严格的再生水水质标准体系。其总体原则是“当利用过程中可能会发生人体接触时，再生水水质必须达到严格的处理水平；无人体接触的情况下，再生水处理水平可相对宽松”。在此原则指导下加州再生水水质管理分为四类：无处理再生水，二级处理——23 类再生水，二级处理——22 类再生水，三级处理类再生水。四类再生水水质从低到高，其污水处理措施限制也是逐级增加，分别对应不同的再生水用途。

从以上关于美国再生水水质管理，特别是标准与法律关系问题的处理的介绍中我们可以发现如下特点：首先，美国对于再生水的“水源”和再生水利用的“产品”的水质管控非常严格，均是以技术法规的形式予以体现的。这些技术法规的考虑因素涵盖了基于技术的标准、基于水质的标准和基于健康的标准三个方面，其中特别是有关基于健康的标准的要求，凸显了在再生水水质保障中对“安全”的法益目标的考量。反观我国，正如在前文实证调研中阐述的，众多的有机污染物无论是在污水排放标准还是在再生水标准中均没有体现，这使得我国在污水处理和再生水利用领域虽然有很多标准可供依据，但却并没能建构起以“安全”为导向的水质保障“防火墙”。其次，美国的《再生水利用指南》中所规定的标准，虽然没有强行效力，但却能为没有相关标准的州提供技术指南、信息支撑，以便各州结合自身实践制定相应的技术法规和标准，这样既兼顾了标准的指导性，又通过各州技术法规兼顾了强行性。反观我国目前的再生水水质标准（表 7-1），除了《城市污水再生利用农田灌溉用水水质》（GB20922-2007）是强制性标准，根据我国《标准化法》的规定其具有强行效力，其他标准均是推荐性的，而各地方又没有制定相应的具有强行效力的地方标准予以衔接，这就导致通过标准构建再生水水质保障的“防火墙”的目的在某种程度上是“落空”的。有鉴于此，本书建议进一步调整修订后的《标准化法》，让我国的标准的制定与实施尽快与国际主流相接轨，以“安全”为第一价值考量，通过技术法规构筑坚实的再生水水质保障体系。

表 7-1　现行的再生水水质标准

项目	标准类别	发布时间	实施时间	发布部门
《城市污水再生利用城市杂用水水质》（GB/T18920-2002）	推荐性国家标准	2002 年 12 月 20 日	2003 年 5 月 1 日	中华人民共和国质量监督检验检疫总局
《城市污水再生利用景观环境用水水质》（GB/T18921-2002）	推荐性国家标准	2002 年 12 月 20 日	2003 年 5 月 1 日	中华人民共和国质量监督检验检疫总局
《城市污水再生利用工业用水水质》（GB/T19923-2005）	推荐性国家标准	2005 年 9 月 28 日	2006 年 4 月 1 日	中华人民共和国质量监督检验检疫总局
《城市污水再生利用地下水回灌水质》（GB/T19772-2005）	推荐性国家标准	2005 年 5 月 25 日	2005 年 11 月 1 日	中华人民共和国质量监督检验检疫总局
《城市污水再生利用农田灌溉用水水质》（GB20922-2007）	强制性国家标准	2007 年 4 月 6 日	2007 年 10 月 1 日	中华人民共和国质量监督检验检疫总局、中华人民共和国标准化管理委员会
《城市污水再生利用绿地灌溉水质》（GB/T25499-2010）	推荐性国家标准	2010 年 12 月 1 日	2011 年 9 月 1 日	中华人民共和国质量监督检验检疫总局、中华人民共和国标准化管理委员会

注：根据国家质检总局、国家标准委网站信息公开资料整理而得。

2. 修改《标准化法》，解决标准制定和实施中的“标龄”过长、衔接不畅问题

根据我国《标准化法》的规定，我国的标准分为国家标准、行业标准、地方标准和企业标准四级，从性质上讲划分为强制性标准和推荐性标准。从再生水水质标准来看，除了上文中列举的由国家质检总局和国家标准委制定的系列再生水水质标准以外，还存在由水利部制定的行业标准——《再生水水质标准》（SL368-2006）。从标准化原理来讲，标准层级的划分并非越多越

好，而且从《再生水水质标准》（SL368-2006）的标准内容来看，其相应的标准指标与国家质检总局和国家标准委制定的系列再生水水质标准相比并没有太大变化。根据《标准化法》第6条的规定，制定行业标准的前提是在没有国家标准又需要在全国某个行业范围内统一的技术要求。但在实践中，许多行业性标准的出台并没有严格遵循该条规定，造成国家标准与行业标准、行业标准与行业标准之间的重复和矛盾。有鉴于此，笔者建议应该在标准的分级问题上与国际接轨，在保留国家标准、地方标准和企业标准的基础上取消行业标准。对于保障再生水用水安全的强制性标准要求，以中央层面和地方层面"技术法规"的形式予以表达。其余需要统一的技术要求以"标准"的形式予以表达。这样，一方面可以避免由于标准层级过多造成的标准之间的重复和冲突问题；另一方面可以用"技术法规"真正筑起再生水用水安全的"防火墙"，切实保障再生水用户、社会公众的用水安全。

对于标准的制定和修改，《标准化法》和《标准化实施条例》的现行规定有两点缺陷：第一，现行立法规定在标准的制定中应当重视发挥行业协会、科学技术研究机构和学术团体的作用。然而，除了明确标准化技术委员会的构成、职能和归口负责单位以外，更为重要的应该是明确相应的信息公开和公众参与条款。标准与社会公众的日常生活息息相关，标准的制定不应该是闭门造车。笔者建议，在标准草案拟定完成后应向社会公开征集意见，由标准制定部门予以汇总，对于不予采纳的意见附具理由给予回复。在标准正式稿通过之前应召开听证会，对于专家、学者和与会的社会公众提出的意见予以汇总，并确立"案卷排他性规则"，以利于标准的制定和通过是在充分听取、征求和吸收各方意见基础上完成。第二，现行立法规定标准实施后，制定标准的部门应当根据科学技术的发展和经济建设的需要适时进行复审。标准复审周期一般不超过五年。笔者认为，标准的复审对于解决标准制定和实施中的"标龄"过长、衔接不畅问题意义重大。然而，标准的复审应该有相应政府责任条款的配套。因为如果制定标准的部门在五年的周期届满时无正当理由未能组织复审，不能因为政府有关部门的不作为而拖延标准更新的周期。反观目前的标准化立法，法律责任中满篇都是关于作为行政相对人的企业的法律责任，而相应的政府责任则严重缺位。另外在标准的复审中也应该在法条中明确复审工作的启动主体、审核主体、监督主体和跟踪评价主体，变政府有关部门对标准复审的"包揽式"管理为多方主体参与的"共治式"管理。

可喜的是，《标准化法》已于2017年11月4日修订，2018年1月1日起正式实施。其中有以下亮点值得注意，可以预见，这些亮点对于完善再生水的水质标准具有十分重要的意义：

第一，关于标准的分类和性质。《标准化法》第2条规定："……标准包括国家标准、行业标准、地方标准、团体标准和企业标准。国家标准分为强制性标准、推荐性标准，行业标准、地方标准是推荐性标准。强制性标准必须执行。国家鼓励采用推荐性标准。"《标准化法》第18条规定："国家鼓励学会、协会、商会、联合会、产业技术联盟等社会团体协调相关市场主体共同制定满足市场和创新需要的团体标准，由本团体成员约定采用或者按照本团体的规定供社会自愿采用。"

第二，关于标准的监管架构。《标准化法》第6条规定："国务院建立标准化协调机制，统筹推进标准化重大改革，研究标准化重大政策，对跨部门跨领域、存在重大争议标准的制定和实施进行协调。设区的市级以上地方人民政府可以根据工作需要建立标准化协调机制，统筹协调本行政区域内标准化工作重大事项。"《标准化法》第33条规定："国务院有关行政主管部门在标准制定、实施过程中出现争议的，由国务院标准化行政主管部门组织协商；协商不成的，由国务院标准化协调机制解决。"

第三，关于强制性标准的制定要求。《标准化法》第10条规定："对保障人身健康和生命财产安全、国家安全、生态环境安全以及满足经济社会管理基本需要的技术要求，应当制定强制性国家标准。国务院有关行政主管部门依据职责负责强制性国家标准的项目提出、组织起草、征求意见和技术审查。国务院标准化行政主管部门负责强制性国家标准的立项、编号和对外通报。国务院标准化行政主管部门应当对拟制定的强制性国家标准是否符合前款规定进行立项审查，对符合前款规定的予以立项。省、自治区、直辖市人民政府标准化行政主管部门可以向国务院标准化行政主管部门提出强制性国家标准的立项建议，由国务院标准化行政主管部门会同国务院有关行政主管部门决定。社会团体、企业事业组织以及公民可以向国务院标准化行政主管部门提出强制性国家标准的立项建议，国务院标准化行政主管部门认为需要立项的，会同国务院有关行政主管部门决定。强制性国家标准由国务院批准发布或者授权批准发布。法律、行政法规和国务院决定对强制性标准的制定另有规定的，从其规定。"《标准化法》第14条规定："对保障人身健康和生命财产安全、国家安全、生态环境安全以及经济社会发展所急需的标准项目，制定标准的行政主管部门应当优先立项并及时完成。"《标准化法》第 29 条规定："国家建立强制性标准实施情况统计分析报告制度。国务院标准化行政主管部门和国务院有关行政主管部门、设区的市级以上地方人民政府标准化行政主管部门应当建立标准实施信息反馈和评估机制，根据反馈和评估情况对其制定的标准进行复审。标准的复审周期一般不超过五年。经过复审，对不适应经济社会发展需要和技术进步的应当及时修订或者废止。"《标准化法》第 30 条规定："国务院标准化行政主管部门根据标准实施信息反馈、评估、复审情况，对有关标准之间重复交叉或者不衔接配套的，应当会同国务院有关行政主管部门作出处理或者通过国务院标准化协调机制处理。"

第四，关于标准制定过程中的专家参与。《标准化法》第 16 条规定："制定推荐性标准，应当组织由相关方组成的标准化技术委员会，承担标准的起草、技术审查工作。制定强制性标准，可以委托相关标准化技术委员会承担标准的起草、技术审查工作。未组成标准化技术委员会的，应当成立专家组承担相关标准的起草、技术审查工作。标准化技术委员会和专家组的组成应当具有广泛代表性。"

第五，关于违反《标准化法》的法律责任。《标准化法》第 41 条规定："国务院标准化行政主管部门未依照本法第十条第二款规定对制定强制性国家标准的项目予以立项，制定的标准不符合本法第二十一条第一款、第二十二条第一款规定，或者未依照本法规定对标准进行编号、复审或者予以备案的，应当及时改正；对负有责任的领导人员和直接责任人员可以依法给予处分。"

3. 修改现有的再生水立法，解决再生水水质标准执行不力问题

结合前文表 4-1 来看，对于再生水的水质保证义务是由政府及有关部门和再生水运营单位/供水单位分担的，法条中普遍突出了后者在再生水水质保证中的第一位责任。但再生水用户也同样负有执行再生水水质标准保证再生水水质的义务。因为特别是像环境景观用水和城市杂用水的再生水用户，其再生水的使用并非是像工业用户那样具有封闭性，其面向的是社会公众，这时，在目前的污水水质标准和再生水水质标准还存在漏项、水质不高的情况下，再生水水质安全中潜存的风险就会被放大。因此，笔者建议修改现有的再生水立法，在法条中增加再生水用户的水质保证义务，即"再生水用户应按照各类再生水用途执行相应的再生水水质标准。水务部门采取以抽查为主

的监督检查方式对再生水用户使用的再生水水质进行监管并制作监督抽查公告。对于在监督检查中发现再生水水质不达标的，责令再生水用户进行整改，整改后经复查仍然不达标的，对再生水用户处以因再生水使用节省的自来水水费30%~50%的罚款。”

此外，对于“出现再生水利用系统的出水有多种用途，水质标准按照最高使用标准确定”造成的执行困难的情况以及“由于相关企业的技术升级等原因，对再生水的供给要求提高以后，‘老标准’的适用给再生水用户造成的成本增加的相关费用由谁补偿和消化”等问题，本书建议对现有立法作如下调整：第一，对于“当出现再生水利用系统的出水有多种用途，水质标准按照最高使用标准确定”的问题，法条中应当增加如下条款：“再生水用户在再生水使用中因用水有多种用途时，水质标准按照最高使用标准确定。对于再生水用途不属于再生水水质标准中规定的再生水用途时，再生水用户应事先向再生水生产经营单位说明。再生水生产经营单位同意供水的，应在再生水供用水合同中明确载明所执行的标准并按相应标准供水。因再生水用户未向再生水生产经营单位履行说明义务造成的损失由其自担。”第二，对于“由于相关企业的技术升级等原因，对再生水的供给要求提高以后，‘老标准’的适用给再生水用户造成的成本增加的相关费用由谁补偿和消化”的问题，法条中应当增加如下条款：“由再生水经营单位按合同年度提取再生水用户因再生水使用所节省的用水成本的5%作为再生水发展基金。再生水发展基金实行收支两条线，由政府有关部门监管。”“由于企业技术的升级改造导致再生水无法满足再生水水质标准中所规定的再生水用途时，再生水用户应事先向再生水生产经营单位说明。再生水生产经营单位同意供水的，应在再生水供用水合同中明确载明所执行的标准并按相应标准供水。因再生水用户未向再生水生产经营单位履行说明义务造成的损失由其自担。”“对于因再生水水质用途超出再生水水质标准用途和因企业技术升级改造导致再生水无法满足再生水水质标准规定的再生水用途等情形，再生水发展基金优先支持再生水生产经营单位的技术升级改造。”

二、针对“水量”问题的解决对策

（一）让现有再生水立法中的“激励性条款”更加“接地气”

前文中提到，实践中的情况是破坏再生水设施产生的损失由再生水用户或再生水经营单位自我消化了，再生水设施的破坏主体既没有承担民事责任，也没有承担行政责任更不用说是刑事责任了。虽然现有再生水立法中普遍规定，“任何单位和个人都有权制止和举报破坏城市污水处理和再生水利用设施的行为”，但笔者认为，此条款属于典型的“激励性条款”，既没有与之相对应的法律责任条款，在实践中也缺乏现实适用性。有鉴于此，是否可针对此种“激励性条款”增设相应的处罚措施，即“单位和个人举报的破坏城市再生水利用设施的行为，经水行政管理部门和城市污水处理行政管理部门查实，属于再生水经营单位隐匿不报的，对其处以五千元以上五万元以下罚款。构成犯罪的，由司法机关依法追究刑事责任。行政处罚款项应全额用于再生水管网、设施建设，不得挪作他用”。

（二）明确破坏再生水设施的民事责任分担

“再生水用户”与“再生水经营单位/供水单位”是通过合同关系连接在一起的，当出现不可归因于“再生水用户”的设施损坏事件导致的损失时，其理应作为第一位的赔偿权利请求主体，由“再生水经营单位/供水单位”对其损失进行全面、充分的赔偿。由此，在现有的再生水立法中应增加如下条款：“任何单位和个人不得随意侵占城市再生水利用设施、设备，未经批准不得在安全保护范围内进行建设活动。损害城市再生水利用设施的，由水行政管理部门或城市污水处理行政管理部门责令其消除危害、赔偿损失。因设施损坏给再生水用户造成的损失，再生水用户可得向再生水生产经营单位/供水单位主张赔偿。”后者在赔偿后可得向再生水利用设施的破坏主体行使“追索权”。

三、针对“水费”问题的解决对策

（一）将再生水的价格形式由“政府定价”改为“政府指导价”

现行《价格法》关于政府定价、政府指导价和市场调节价三种价格形式的规定，是在总结近二十年的价格改革成果的基础上完成的。但不可否认的是，这三种价格形式是我国从社会主义计划经济体制向社会主义市场经济体制转轨过程中的特殊产物，难免仍带有计划经济的色彩，与已经进入 21 世纪的成熟社会主义市场经济明显不相适应。特别是政府定价形式的存在，忽视经营者的市场主体地位，是计划经济思维的延续。前文中已经指出，污水处理费的调整较为敏感，一旦放开任由市场调节，可能在短时间内引起价格较大幅度的上涨，影响民生。但是，再生水的价格再由政府定价就不必要了，因为从实证调研来看，再生水的管网除了在初期由政府建设了一部分之外，其余均由“国有污企”建设，且再生水的用户群体大都是“经营者”，这一点比之于自来水和污水的对象群体中包括“消费者”的实际情况是不同的。从上文热电公司的案例中可以发现，像热电公司这样的用水大户首先在乎的是再生水的水质是否能满足企业运营，其次才是再生水的价格。这种情况下，再生水的价格仍然维持政府定价的实际结果就是桎梏了市场活力。因此，本书建议取消再生水利用环节的政府定价转为政府指导价。另外，从再生水设施建设实践来看，越来越多的项目采取特许经营模式，如果不允许再生水价格由市场形成，巨额的投资也会成为羁绊各方资本进入再生水市场的桎梏。

（二）制定再生水的价格构成标准、引入强制性成本监审制度

应制定再生水的价格构成标准以此测算污水再生利用设施总体运营费用参考值，并以该参考值作为向社会投资和运营者招标标底的上限。对于现有的或正在筹建的污水再生利用设施，也可以该测算方法作为政府指导定价的依据。将市场机制积极引入到再生水价格标准的制定中。污水再生利用设施的投资、建设和运营应当充分体现市场竞争机制，严格按照《招投标法》的规定采用公开竞标的方式产生投资、建设和运营主体。城市再生水价格应主要通过公开竞标的方式产生，并报有关部门核准。

另外，《价格法》第 21 条规定，“制定政府指导价、政府定价，应当依据有关商品或者服务的社会平均成本和市场供求状况等”，现实中，政府价格主管部门也有成本调查机构和人员，对部分实行政府定价或者政府指导价的商品或者服务项目在制定价格之前进行相应的成本审核。但是，由于现行的价格管理范围过宽，主管部门没有能力对需要定调价的商品或者服务项目的成本构成进行全面审核，因此定价往往是管理人员与申报价格的经营者之间的一个讨价还价的过程，从而使得《价格法》规定的成本调查和审核程序形同虚设，这一点同样体现在污水处理再生利用行业。因此，应当在大幅度压缩政府定价范围的基础上，建立政府定价前的强制性成本调查和审核制度，使之成为政府制定价格的基本依据。同时，考虑到成本审核的公信力，应当将现行设立在价格主管部门内部的成本调查、审核机构与主管部门分立，使之成为完全民间的第三方组织，以其专业、权威而具有公信力的成本调查报告为社会提供服务。

（三）完善再生水的价格制定和调整程序

在再生水的价格制定中，应对“PPP污企”和“国有污企”的再生水价格制定实行分类管制。对于“PPP污企”，政府应实行收益率管制政策。如果采用净资产收益率管制政策，“PPP污企”的净资产收益率最高不得超过未受管制部门的平均收益水平，具体收益率水平由地方各级政府根据当地的经济发展水平和城市污水再生利用发展目标加以确定；如果采取投资回报率管制的政策，地方政府可以按照略高于同期银行长期贷款利率的标准设定投资回报率；对于“国有污企”，应当采用标尺竞争与收益率管制相结合的方式进行定价。首先，核算单个污水再生利用企业的实际生产成本。其次，确定该类工艺的成本基准线。该成本基准线既可以通过全行业相同工艺企业的成本进行测算，也可以采用典型企业的成本进行估计。再次，将基准线成本和污水再生利用企业的实际成本进行加权平均，由此得到再生水价格制定的成本基数。最后，根据预先设定的投资回报率和再生水定价成本基数得到再生水的价格。

对于再生水价格的调整，应从两个方面进行完善：首先，再生水价格调整的法定情形。除了现有再生水价格的规范性文件中规定的“电价或原材料价格上涨导致生产成本大幅度提高，企业达不到规定利润率的”和“因再生水水质标准变动”以外，在可以申请调整的法定情形中还应增加如下两点：（1）由于通货膨胀造成生产成本的大幅度提高；（2）再生水费征收严重不足。此外应增加不得申请调整的法定情形，包括：（1）在未出现可以申请调整再生水价格的法定情形下，企业不能履行其中标的再生水价格；（2）由于企业经营不善导致再生水成本的提高。其次，应规范再生水价格调整的程序。再生水价格的调整，应由污水再生利用企业提出，由企业所在城市政府的价格主管部门审核。审核期间应召开听证会，邀请人大、政协和政府有关部门及各界用户代表参加。应确立对听证会反馈意见的“案卷排他规则”，再生水价格调整方案实施之前，应向意见提出方反馈意见不予采纳的说明并向社会公告。[1]

---

〔1〕关于再生水价格制定和调整程序机制的完善，与城市污水处理收费是相通的，前文在城市污水再生利用法律问题的解决对策（PPP模式）中已有阐述，在此不再赘述。

第三节 小 结

本章以“PPP 污企”和“国有污企”在城市污水再生利用中遇到的法律问题为导向，以对法律问题的制度成因分析为基础，分“PPP 模式”和“国有模式”对公私合作背景下城市污水再生利用法律问题提出了若干解决对策：

一、城市污水再生利用法律问题的解决对策（PPP 模式）

（一）针对“水质”问题的解决对策

第一，以特许经营和民事合同代替政府的直接规制。“出水水质超标”问题之所以发生，很大程度上与政府对“PPP 污企”担保“进水”水质但实际上有很多规制漏洞紧密相关。在“进水”和“出水”水质达标的责任链条中，政府不应与“自来水公司”“排水户”“市政排水管网维护运营单位”和“PPP 污企”中的任何一方签订合同。政府所做的工作应该有重点地切实担负起规制责任。至于“自来水公司”“排水户”“市政排水管网维护运营单位”与“PPP 污企”相互之间就“进水”水质如何保障达标的微观法律问题，则交由各方之间通过订立合同进行权利义务的划分以实现“自我规制”。在加快推进国内污水处理企业的整合和“市政排水管网维护运营单位”的市场化进程的前提下，可以适时地在法律制度层面上推动“市政排水管网维护运营单位”法律责任的补充和完善（包括在有条件的地方可以采用 BOT 模式推行市政排水管网与污水处理企业“厂网合一”式的特许经营、变目前由政府对“排水户”的许可证式管理为“排水户”与“市政排水管网维护运营单位”之间的合同式管理）。

第二，引入并更新公众参与机制，形成对相关主体的有效制约。引入并更新公众参与机制最核心的问题是要打破信息屏障，以此改变相关利益主体之间信息严重不对称的现状，为公众参与机制的完善打下坚实的信息基础。由此，建议扩大政府信息公开的范围。结合“PPP 污企”的实际情况，相关利益主体的信息公开范畴应作如下安排：（1）“PPP 污企”应公开的信息：企业的产品、服务质量和运营绩效等；（2）“市政排水管网的维护运营单位”：排水管网的维护运营情况、“排水户”向管网排放污水的情况、“市政排水管网的维护运营单位”向“PPP 污企”提供“进水”的情况等。

（二）针对“水量”问题的解决对策

第一，加强规划环评的立法监督。在规划及环评的编制阶段，应对现有制度中的规划环评的范围的甄选权作出改动。另外，在规划编制部门将规划草案交给规划科学院进入规划编制程序时，就应该报告同级人大常委会环资委，由环资委组织环保部门和有关专家组成审查小组开展对规划及环评的前期调研及评估并提出审查意见；在规划及环评的审批阶段，将审查和批准的范围由专项规划扩及综合规划；在规划环评的公告、实施及跟踪评价阶段，在维持规划编制机关在规划环评跟踪评价中的评价主体、评价结果的公告主体身份不变的基础上，增加环保部门作为跟踪评价标准和依据的制定主体、上一级环保部门作为跟踪评价的审查主体的身份。

第二，加强规划环评的政府信息公开。首先，在规划的信息公开方面，在政府信息公开立法中应该将区域规划和专项规划列为乡（镇）人民政府应重点公开的政府信息。其次，在环评的信息公开方面，在政府环境信息公开立法中，应该将规划的环评文件全本及其受理、审批和跟踪评价结果等信息一应列为环保部门向社会主动公开的政府环境信息。最后，对于综合规划的审批同样应该将环评文件的结论以及审查意见作为决策的重要依据。

第三，加强规划环评的公众参与。首先，增加有关前期调研及评估阶段的环保部门代表和专家的责任。其次，建议增加人大常委会环资委作为跟踪评价的督查主体的身份，当公众参与意见确实涉及跟踪评价文本的关键性漏洞时，规划编制机关、环保部门也理应承担失职的法律责任。

第四，构建科学的城市污水处理 PPP 绩效评估法律制度。首先，明晰城市污水处理业 PPP 绩效评估制度的规制目标。其次，明晰城市污水处理业 PPP 绩效评估指标体系的形成机制。再次，形成城市污水处理业 PPP 绩效评估的多主体参与机制。最后，形成绩效评估结果的反馈机制。在法条中明确城市污水处理业 PPP 绩效评估结果的法律效力，此外，应明确城市污水处理业 PPP 绩效评估结果的法律后果。

第五，调整“PPP 污企”经营者承担的规制责任。应该将现有法条修改为：“在城镇污水处理设施维护运营单位遇到进水水质和水量发生重大变化可能导致出水水质超标，或者发生影响城镇污水处理设施安全运行的突发情况时，应当立即采取应急处理措施，并向城镇排水主管部门、环境保护主管部门报告。城镇排水主管部门或者环境保护主管部门接到报告后，应当及时核查。确属不可归因于城镇污水处理设施维护运营单位的，应在委托第三方排水监测机构监测和邀请专家、公用事业公众监督委员会会商并向社会公告的基础上，作出豁免相应期间内城镇污水处理设施维护运营单位出水水质超标的责任的决定。”

（三）针对“水费”问题的解决对策

第一，针对定调价机制的解决对策。首先，在取消政府定价、丰富政府指导价的基础上实行“双轨制”；其次，细化城市污水处理费的征收标准。

第二，针对城市污水处理费支付问题的解决对策。首先，运用多种规制工具堵住城市污水处理费的“漏失”源头；其次，强化对预算的财政外部监督制度。最后，完善特许经营制度中的政府承诺制度。

二、城市污水再生利用法律问题的解决对策（国有模式）

（一）针对“水质”问题的解决对策

第一，针对再生水“水质”形成环节问题的解决对策。首先，政府及其所属部门权利义务的重新定位。包括：积极推行“大部制”改革，实现政府监管力量的有效整合；积极推行“有效监管”，实现政府监管的有所侧重。其次，“市政排水管网维护运营单位”权利义务的重新定位。采用公司制推进“市政排水管网的维护运营单位”的市场化改革进程。另外，着重对“排水户”和“市政排水管网维护运营单位”之间订立的合同进行私法公法化改造。

第二，针对再生水“水质”形成依据问题的解决对策。首先，借鉴美国再生水管理立法经验，妥善处理法律和标准的关系问题；其次，修改《标准化法》，解决标准制定和实施中的“标龄”过长、衔接不畅问题。最后，修改现有的再生水立法，解决再生水水质标准执行不力问题。

（二）针对“水量”问题的解决对策

第一，让现有再生水立法中的“激励性条款”更加“接地气”。建议针对此种“激励性条款”增设相应的处罚措施以保障实施。

第二，明确破坏再生水设施的民事责任分担。在现有的再生水立法中应增加如下条款：“任何单位和个人不得随意侵占城市再生水利用设施、设备，未经批准不得在安全保护范围内进行建设活动。损害城市再生水利用设施的，由水行政管理部门或城市污水处理行政管理部门责令其消除危害、赔偿损失。因设施损坏给再生水用户造成的损失，再生水用户可得向再生水生产经营单位/供水单位主张赔偿。”后者在赔偿后可得向再生水利用设施的破坏主体行使“追索权”。

（三）针对“水费”问题的解决对策

第一，将再生水的价格形式由“政府定价”改为“政府指导价”；第二，制定再生水的价格构成标准、引入强制性成本监审制度；第三，完善再生水价格的制定和调整程序。对于“PPP 污企”，政府应实行收益率管制政策。对于“国有污企”，应当采用标尺竞争与收益率管制相结合的方式进行定价。

公私合作（PPP）背景下城市污水再生利用的典型案例分析

第一节　河南省安阳市宗村污水处理及再生利用 BOT 项目
——安阳宗村桑德水务有限公司诉安阳市环境保护局环保行政处罚案

一、案情介绍

河南省安阳市宗村污水处理再生利用 BOT 项目是在桑德环保集团于 2006 年与河南安阳水务集团接洽的基础上逐步形成的，2007 年 2 月桑德环保集团投资设立子公司——安阳宗村桑德水务有限公司并着手建设、运营河南省安阳市宗村污水处理再生利用 BOT 项目。河南省安阳市环境保护局于 2013 年 9 月 3 日作出安环罚字［2013］第 15 号行政处罚决定，认定：在 2013 年 5 月 20 日对桑德公司调查时发现该公司加氯间未正常使用，排放废水中粪大肠菌群超过《城镇污水处理厂污染物排放标准（GB18918-2002）》，经监测，粪大肠菌群 2400 个/升。上述行为违反了《中华人民共和国水污染防治法》第 21 条第 2 款的规定，依据该法第 73 条规定对桑德水务公司（原名为：安阳明波水务有限公司）作出责令立即改正违法行为、处应缴纳排污费数额一倍罚款叁拾叁万壹仟伍佰叁拾贰（331 532）元的处罚决定。该公司不服，向文峰区人民法院提起诉讼，要求撤销该处罚决定。

一审查明：2013 年 4 月 12 日，由于桑德水务公司加氯间不正常运转，外排口废水经检测粪大肠菌群严重超标。2013 年 5 月 20 日市环保局对桑德水务公司依法出示证件后进行了调查，发现该公司加氯间未正常使用，排放废水中粪大肠菌群超过《城镇污水处理厂污染物排放标准（GB18918－2002）》，经检测，粪大肠菌群2400个/升。2013年6月20日，市环保局以《行政处罚事先（听证）告知书》（安环罚听告字［2013］第12号）告知该公司陈述申辩权和听证申请权。桑德水务公司向市环保局提交了陈述申辩意见，未申请听证。陈述申辩意见为：一是加氯消毒系统使用时需进行更换氯瓶操作，导致短时间内无法加氯，可能出现短暂超标现象；二是加氯消毒系统中水射器增压泵由于泵坑漏水导致增压泵烧坏，调查时还在维修，未能开启运行。市环保局对桑德水务公司的申辩材料进行了复核，认为该公司申辩理由不影响对违法事实的认定和处理，桑德水务公司应缴排污费是331 532.39元。市环保局根据桑德水务公司的环境违法事实和证据，依据《中华人民共和国水污染防治法》第73条，对该公司作出安环罚字［2013］第15号行政处罚决定：（1）责令立即改正违法行为；（2）处应缴纳排污费数额一倍罚款叁拾叁万壹仟伍佰叁拾贰万元（331 532元）。该公司于2013年12月3日递交起诉书等立案材料。

一审判决后，安阳宗村桑德水务有限公司不服一审判决，上诉至河南省安阳市中级人民法院。

桑德水务公司上诉称：一审认定事实不清，适用法律错误。（1）我公司并未不正常使用水污染物处理设施。公司在例行检查时，及时检查到加氯消毒系统出现故障，随后马上进行解决维修，但限于设备和器材因素，调查时尚未完成维修，致使维修期间内未向环境主管部门报批。公司并非故意或消极地应对设备故障，而是积极及时地对该设备进行检查维修，根据国家环境保护总局环发［2003］177号文件《关于"不正常使用"水污染物处理设施违法认定和处罚的意见》，我公司不属于"不正常使用"水污染物处理设施。（2）我公司在设备故障维修前后，设备一直处于正常运行中，始终未闲置或拆除水污染物处理设施。（3）《河南省水污染防治条例》和《中华人民共和国水污染防治法》并不冲突，我公司没有不正常使用或拆除、闲置水污染处理设施，而是在维修期间内未经县级以上人民政府环境保护主管部门批准，违反了《河南省水污染防治条例》第26条第2款的规定，市环保局处罚依据错误。（4）一审认定我公司提出陈述和申辩后仍回复无法律依据是错误的。市环保局在收到陈述和申辩后并未核实和回复。（5）2013年5月20日市环保局工作人员到我公司检查并未出示任何证件，该局也无证据证明出示过证件。

综上，请求撤销一审判决，依法改判或者发回重审。

市环保局辩称：（1）桑德水务公司不正常使用水污染物处理设施事实清楚，作为城镇污水集中处理设施的运营单位，应当保持水污染物处理设施正常使用。经调查和检测，该公司加氯间未正常使用、未进行加氯消毒，排放水中粪大肠菌群超标，未依法履行保持水污染物处理设施正常使用的法定义务。我局依据《中华人民共和国水污染防治法》第73条的规定，对该公司作出的行政处罚决定，适用依据无误。（2）桑德水务公司认为我局未对其陈述和申辩进行核实和回复以及我局工作人员在调查时未出示证件的理由均不成立。综上，我局对桑德水务公司作出的行政处罚事实清楚、适用依据正确、程序合法、量罚适当。一审判决正确，桑德公司上诉理由不足，请求驳回其上诉，维持原判。

二、法院裁判意见

一审法院——河南省安阳市文峰区人民法院认为：依据《中华人民共和国水污染防治法》第8条、第45条规定，安阳市环保局具有对城镇污水集中处理设施进行监管的法定职权。2013年6月20日，市环保局以《安阳市环境保护局行政处罚事先（听证）告知书》（安环罚听告字［2013］第12号）告知桑德水务公司陈述申辩权和听证申请权。桑德水务公司向市环保局提交了陈述申辩意见，未申请听证。因此桑德水务公司认为市环保局应对其听证请求给予答复的诉讼理由，不予支持。2013年5月20日市环保局工作人员在依法向该公司工作人员出示证件后，进行询问，并制作笔录，因此桑德水务公司主张的市环保局未对其出示证件、未制作笔录的理由不予支持。《中华人民共和国行政处罚法》第32条规定："当事人有权进行陈述和申辩。行政机关必须充分听取当事人的意见，对当事人提出的事实、理由和证据，应当进行复核；当事人提出的事实、理由或者证据成立的，行政机关应当采纳。行政机关不得因当事人申辩而加重处罚。"因此桑德水务公司称市环保局下达处罚决定前应按该条对其陈述进行回复无法律依据，桑德水务公司的该项诉讼理由不予支持。桑德水务公司2013年9月9日收到安环罚字［2013］第15号行政处罚决定书，于2013年12月3日递交起诉书等立案材料，该公司并未违反在接到处罚决定书之日起三个月内直接向法院提起行政诉讼的规定，因此市环保局主张的桑德公司超期提起的诉讼，亦不予支持。《中华人民共和国水污染防治法》第 21 条第 2 款规定："企业事业单位和个体工商户排放水污染物的种类、数量和浓度有重大改变的，应当及时申报登记；其水污染物处理设施应当保持正常使用；拆除或者闲置水污染物处理设施的，应当事先报县级以上地方人民政府环境保护主管部门批准。"《中华人民共和国水污染防治法》第 73 条规定："违反本法规定，不正常使用水污染物处理设施，或者未经环境保护主管部门批准拆除、闲置水污染物处理设施的，由县级以上人民政府环境保护主管部门责令限期改正，处应缴纳排污费数额一倍以上三倍以下的罚款。"桑德水务公司有加氯间未正常使用、排放废水中粪大肠菌群超过《城镇污水处理厂污染物排放标准（GB18918-2002）》，粪大肠菌群 2400 个/升的违法事实，且《中华人民共和国水污染防治法》的效力高于《河南省水污染防治条例》，因此市环保局适用《中华人民共和国水污染防治法》第 21 条第 2 款、第 73 条的规定对桑德水务公司进行处罚并无不当。综上，市环保局作出的行政处罚决定，事实清楚、证据确凿、适用法律正确、符合法定程序，应予维持。一审法院依据《中华人民共和国行政诉讼法》第 54 条第（一）项之规定，判决：维持安阳市环境保护局作出的安环罚字［2013］第 15 号行政处罚决定。案件受理费 50 元，由桑德水务公司负担。

二审法院——河南省安阳市中级人民法院在对原、被告在一审时提交的证据材料进行审查后认为，经审理查明的事实与一审查明的事实一致。在此基础上，作出了二审判决：安阳市环境保护局作为安阳市对水污染防治实施统一监管的环境保护主管部门，具有对本辖区内城镇污水集中处理设施使用及污水排放进行监管的法定职权。桑德水务公司作为我市集中处理污水单位之一，应当正常使用污水处理设施，并对城镇污水集中处理设施的出水水质负责。市环保局在 2013 年 4 月、5 月对桑德水务公司集中处理污水排放水质进行检测、调查取证等是该局的法定职责。该局于 2013 年 9 月 3 日对桑德水务公司作出的安环罚字［2013］第 15 号行政处罚决定，认定事实清楚、程序合法、适用法律正确。桑德水务公司上诉认为处罚决定认定该公司不正常使用水污染处理设施及适用法律错误、程序不当的理由无事实和法律依据不能成立，其上诉请求本院不予支持。一审判决认定事实清楚、适用法律正确、审判程序合法。依照《中华人民共和国行政诉讼法》第 61 条第（一）项的规定，判决如下：驳回上诉，维持原判。二审案件受理费 50 元，由上诉人桑德水务公司负担。本判决为终审判决。

三、案件分析

本案是河南省高级人民法院 2015 年公布的八大典型行政诉讼案例之一，也是采取 PPP 模式的城市污水集中处理设施在城市污水处理及再生利用“水质”方面引起纠纷诉诸司法裁判的典型案例。该案中虽未直接提及再生水利用，但由于经过城市污水集中实施处理的污水作为“再生水”的源水，是关系再生水“水质”及后续利用的关键环节，因此，对该案的分析和探讨具有重要意义。

从全案来看，案件争议的焦点围绕在安阳市环保局因安阳宗村桑德水务有限公司（以下简称桑德公司）加氯间未正常使用造成出水水质超标而作出行政处罚的决定是否于法有据。从控辩双方的交锋来看，在一审中，桑德公司提出了四项诉讼请求，分别是：第一，桑德公司认为市环保局应对其听证请求给予答复；第二，桑德公司主张市环保局未对其出示证件、未制作笔录；第三，桑德公司称市环保局下达处罚决定前应对其陈述进行回复；第四，桑德公司称市环保局适用《中华人民共和国水污染防治法》属于适用法律错误。安阳市环保局提出了一项诉讼请求，即环保局主张桑德公司提起的诉讼属于超期诉讼应予驳回。从中我们可以发现，双方的争议涉及采取 PPP 模式的城市污水集中处理设施的“水质”规制的，主要集中在到底应该适用《中华人民共和国水污染防治法》还是《河南省水污染防治条例》以及在排放水污染物的种类、数量和浓度有较大改变的情况下应该如何处置。桑德公司作为城市污水集中处理设施的维护运营者，其扮演着“排污者”和“治污者”的双重角色。作为“治污者”，其负有的法定公法义务是保证“出水”水质达标。作为“排污者”，在遇到排放水污染物的种类、数量和浓度有较大改变的情况下，其负有的法定公法义务是“（向县级以上人民政府环境保护主管部门）申报登记义务”“保证设施正常使用义务”和“不得拆除或闲置设施义务”。从本案提供的证据材料来看，桑德公司显然在以上公法义务的履行上存在违法情形，因此，本案裁判结果事实清楚、证据确凿、适用法律正确、符合法定程序，对于所有城市污水集中处理设施的运营以及污水的再生利用均具有警示和借鉴意义。

然而，笔者需要指出的是，本案中所提供的案件事实仅涉及在不考虑接入到采取 PPP 模式的城市污水集中处理设施的“进水”的“水质”和“水量”情况下，单纯从污水处理排放达标的角度界分政府有关部门和“PPP 污企”之间的权利义务。如果要将“进水”的“水质”和“水量”因素考虑在内的话，就不仅会涉及《中华人民共和国水污染防治法》《行政处罚法》等法律法规的适用，同时也会涉及双方所签订的PPP合同条款的理解适用以及因合同纠纷引发的相关利益主体之间权利义务如何科学界分等更为复杂的问题。

第二节　河北省秦皇岛市海港区污水处理及再生利用BOT项目纠纷

一、纠纷事实介绍

黑龙江国中水务股份有限公司（以下简称“国中水务”）于2015年8月发布公告声称，公司下属的全资子公司国中（秦皇岛）污水处理有限公司（以下简称“秦皇岛公司”）于2015年7月29日收到了秦皇岛市环境保护局出具的《行政处罚决定书》（秦环罚字［2015］008号）。秦皇岛市环境保护局根据监测报告《秦环测（数）字［2015］第040号》对秦皇岛公司进行调查，发现其出水水质超过了国家规定的水污染物排放标准。秦皇岛市环境保护局决定对秦皇岛公司作出罚款1299.32万元的行政处罚。根据秦皇岛市环保局公布的2015年第二季度污水处理厂监测数据显示，秦皇岛公司下属的污水处理厂的总磷、总氮、氨氮、化学需氧、悬浮物、色度等多个指标均超标，总磷、总氮分别超标6.7倍、1.4倍。2013年以来，秦皇岛公司每年都会因超标排放被环保部门“点名”。在河北省环保厅公布的污水处理厂国控企业主要污染物监督性监测结果中，该公司的废水排放总磷、氨氮等多项指标存在超标现象。其中，2014年第一季度总磷超标2.3倍，2013年第四季度总氮超标0.2倍、总磷超标0.6倍。根据2015年1月1日施行的《环境保护法》第59条的规定：“企业事业单位和其他生产经营者违法排放污染物，受到罚款处罚，被责令改正，拒不改正的，依法作出处罚决定的行政机关可以自责令改正之日的次日起，按照原处罚数额按日连续处罚。”秦皇岛市环保局的行政处罚决定是继《环境保护法》实施以来环保部门开出的又一张千万元级罚单。对于环保部门的行政处罚，国中水务认为非常冤枉，并在接受媒体采访时声称不排除诉诸行政复议和行政诉讼的可能性。根据媒体披露的信息，2003年2月10日，秦皇岛公司与秦皇岛市政府签订了《关于秦皇岛市海港区污水处理厂项目特许经营合同》（以下简称《秦皇岛特许经营合同》），秦皇岛公司以 BOT 模式负责投资、建设和运营秦皇岛市第四污水处理厂。《秦皇岛特许经营合同》中有免责条款，即当进水水质超标时，特许经营者可豁免出水水质超标责任。秦皇岛公司认为，之所以会出现超标排放的情况，主要是因为进水水量超出负荷，且进水水质持续恶化，进水水质远超于设计标准。2015 年 3 月中旬以来，进水水质日趋恶劣，系统负荷越来越大，三台风机全部开启，也不能满足系统正常的需氧量。

二、纠纷分析

由于媒体报道的局限性、《秦皇岛特许经营合同》信息披露的有限性和海港区污水处理及再生利用 BOT 项目“进水”水质和水量以及出水水质和水量等相关数据的缺失，我们无法作出法院与秦皇岛公司孰对孰错、定分止争式的裁判结果。然而，本纠纷却鲜活真切地将安阳宗村桑德水务有限公司诉安阳市环境保护局环保行政处罚案中未能触及的问题曝光出来，即在将“进水”的“水质”和“水量”因素考虑在内的情况下，对 PPP 授权方与“PPP 污企”之间所签订的 PPP 合同条款的理解适用以及因合同纠纷引发的相关利益主体之间权利义务如何科学界分等更为复杂的问题：

首先，在本纠纷中未能见到有关采取 PPP 模式的城市污水集中处理设施绩效评估的任何信息。秦皇岛公司以 BOT 模式负责投资、建设和运营秦皇岛市第四污水处理厂，对于其运营绩效的高低应该有一个由第三方具体负责落实的绩效评估机制。绩效评估的目的是通过标准化规制使得 PPP 授权方更加全面地对“PPP 污企”的运营情况进行动态掌握，帮助“PPP 污企”克服有损于 PPP 项目运营的问题，当“PPP 污企”拒不执行时通过“临时接管”和“市场退出”措施的运用保障社会公共利益。通过千万级的环保罚单对超标排污的行为给予行政处罚固然可以起到对违法“PPP 污企”的震慑作用，但在极端情形下容易重走“长春汇律案”[1]的老路，对于持续深入推进 PPP 项目

---

〔1〕 1999 年长春市政府对该市污水处理项目进行招商，2000 年香港汇律中国污水处理有限公司投资 3200 万美元建成长春市第一家污水处理厂。2000 年 7 月 14 日长春市政府颁行《长春汇律污水处理专营管理办法》，规定由长春市自来水公司向用水户收取污水处理费上缴市财政局，由财政局拨付市排水公司款项支付汇律公司。从 2002 年开始市排水公司一直拖欠污水处理费到 2003 年完全终止支付。2003 年 3 月 28 日，市政府依《固定回报通知》废止《长春汇律污水处理专营管理办法》，汇律公司将长春市政府起诉至法院，汇律公司最终败诉。

在城市污水集中处理设施建设运营中的作用发挥以及城市污水再生利用无疑具有消极影响。此外，在本纠纷中未能见到公用事业公众监督委员会运作的身影。既然海港区污水处理 BOT 项目违法超标排污的情况存在已经不是一天两天了，作为与超标排污行为关联最为紧密的社会公众，却无法通过相应的组织行使监督权。这实际上不仅仅是本纠纷中的孤例，在笔者调研的案例中，采取 PPP 模式的城市污水集中处理设施在城市污水及再生利用的实际运营中，也都是 PPP 授权方（政府有关部门）与"PPP 污企"之间在扮演主角，不少"PPP 污企"与地方政府关系密切，不仅在 PPP 项目的获取上占尽先机，在运营中也更加听话，不致于与当地政府闹到对簿公堂的地步。

其次，本纠纷也集中反映了"PPP 污企"承担了畸重的规制责任的现实问题。秦皇岛公司作为城市污水集中处理设施的维护运营单位，不论是基于《环境保护法》《水污染防治法》还是《城镇排水与污水处理条例》，其负担的法定公法义务仍然是"（向县级以上人民政府环境保护主管部门）申报登记义务""保证设施正常使用义务"和"不得拆除或闲置设施义务"。在遇到"进水水质和水量发生重大变化可能导致出水水质超标，或者发生影响城镇污水处理设施安全运行的突发情况时"，按照现有的制度规定，在未对出现以上情形时豁免城镇污水处理设施维护运营单位出水水质超标的法定公法责任作出规定的前提下，唯一的途径是寄希望于在诉诸诉讼中法院对于双方签订的 PPP 合同条款的认定、在保护社会公共利益前提下对"PPP 污企"应当承担的公法责任的考量以及在此基础上作出的裁判结果 。由此，虽然作为"PPP 污企"的秦皇岛公司有能力生产再生水，但鉴于现行法律制度对于相关法律关系主体权利义务的分担不合理，导致其自身运营尚且存在问题，更不用说在再生水的生产和供应中有所作为了。

第三节　青海省西宁市鹏鹞环保污水处理及再生利用 BOT 项目纠纷

一、纠纷事实介绍

鹏鹞环保是江苏鹏鹞环保集团的简称，2008 年 5 月，鹏鹞环保先是通过招投标与西宁市水务局签订了特许经营协议，以最高价 1.8 亿元中标，运营西宁市第一污水处理厂（以下简称“一污”），处理设计能力为8.5万吨/天。2010年8月，鹏鹞环保再度与西宁市排水公司签订委托运营协议，获得“三污”运营权，处理能力为10万吨/天。两厂在青海省的节能减排任务达到60%，在西宁市达到70%以上。据鹏鹞环保高层管理人员声称：“以最高价中标看重的是‘三污’和后续建设项目的利益（当时预计后续还可能会有20万吨体量的建设规模）。”2012年10月在“三污”厂区东南侧开始建设规模为3.5万吨/日的西宁市第一再生水厂，该厂在2014年5月8日建成。2014年9月12日，西宁市第一再生水厂与亚洲硅业（青海）有限公司正式签订再生水供水合同，标志着西宁市乃至青海省第一个中水回用项目正式投入运营。其服务片区主要包括东川工业园区的工业用水、城市绿化用水、浇洒城市道路用水和宁湖景观补充水。

鹏鹞环保之所以与西宁市有关政府部门产生纠纷，是源于青海省财政厅2012年印发的“青财建字［2012］76号”文件。这份文件要求，青海省内的城镇污水处理厂补贴，要按实际污水处理量及运行费用执行。而按照鹏鹞环保和西宁市水务局签订的特许经营协议规定，政府承诺保障达到设计的污水处理量（即保底水量）。如果达不到，也要按设计量核算费用。到底是按照协议约定的设计处理量，还是按青海省财政厅要求的实际处理量核算城市污水处理服务费让西宁市政府陷入了两难困境。为此，西宁市政府曾一度召开协调会。会上，市政府方面曾有人建议按协议执行，但在最后的会议纪要上，政府最终决定要依照青海省财政厅文件执行。实际上，鹏鹞环保下辖的污水处理厂在污水处理上的“设计量”和“实际量”差别不大，巨额欠费的产生主要来自价格的变动。按照特许经营协议约定的“两年调价一次”的调价周期，鹏鹞环保当时提出调价，要求将城市污水处理服务费调整至0.8元/吨，但西宁市政府及有关部门坚持按照原有的0.7元/吨执行。由于始终无法达成一致，2013年10月鹏鹞环保以西宁市水务局欠款不交为由向中国国际经济贸易仲裁委员会（以下简称“贸仲”）提请仲裁。中国国际经济贸易仲裁委员会于2014年8月6日作出了［2014］中国贸仲京裁字第0674号裁决：（1）西宁市水务局向鹏鹞环保支付污水处理费18 209 944.87元；（2）西宁市水务局向鹏鹞环保支付计算至2013年7月31日的违约金2 325 371元，西宁市水务局向鹏鹞环保支付2013年8月1日起至污水处理费18 209 944.87元实际支付日止的违约金，其数额根据上述污水处理费数额按照中国人民银行规定的一年期贷款基准利率加 2 个百分点的利率计算；（3）西宁市水务局向鹏鹞环保支付因办理本案而支出的合理费用 20 万元；（4）仲裁费 212 488 元，由西宁市水务局承担。由于西宁市水务局在仲裁裁决书生效后仍未主动履行，鹏鹞环保于 2014 年 10 月 20 日向西宁市中级人民法院（以下简称西宁中院）申请强制执行。西宁中院从被执行人西宁市水务局银行账户中扣划执行款项 23 197 206. 66元（其中污水处理费 18 209 944. 87 元、违约金 2 325 371 元、污水处理费实际支付日违约金 1 914 067. 52 元、合理费用 20 万元、裁决后逾期利息 245 379 元、仲裁费 212 488 元、执行费 89 956. 27 元）。西宁中院将以上款项扣除执行费后的剩余款 23 107 250. 39 元给付了鹏鹞环保，并依据《中华人民共和国民事诉讼法》第 257 条第 1 款第（六）项之规定作出了终结执行的执行裁定书。

从 2015 年 3 月开始，鹏鹞环保陆续收到了多份来自西宁市环保局的罚单，行政处罚的理由是经过“一污”和“三污”处理后的污水出水水质未能达到排放要求。西宁市环保局对鹏鹞环保的第一次处罚针对的是 2014 年 12 月、2015 年 1 月、2 月这三个月的出水超标问题。后来处罚改为收取 40 多万元的排污费。2015 年 7 月 15 日，西宁市环保局对鹏鹞环保的第二次处罚针对的是“一污”，理由是“一污”自从由青海洁神环保公司实施提标改造后，调试至今一直未能达标。环保部门开出了高达 1300 多万元的罚单。2015 年 8 月 5 日，西宁市环保局又对鹏鹞环保进行了第三次处罚，此次针对的是“三污”，理由是出水水质中 COD（化学需氧量）、总磷等指标超标严重，环保部门开出了 800 多万元的罚单。鹏鹞环保方面虽然承认出水水质确实超标，但认为不应归咎于自身。原因是，“一污”是城市生活污水处理厂，不是专门的工业污水处理厂，没有处理大量超标工业污水的能力。从 2014 年 8 月起，西宁市有大量高浓度废水进入污水处理厂，2015 年 3 月，更进入了高浓度的油污废水，致使污水处理系统遭到严重破坏。当初鹏鹞环保与西宁市水务局签订的特许经营协议对进水水质有明确要求，以总磷（单位毫克/升）为例，指标是 4 到 4. 5 之间，但鹏鹞环保下辖的污水处理厂的进水总磷指标都在 15 到 22 之间。以鹏鹞环保提供的 2015 年 6 月 8 日数据为例，公司自测当天平均总磷金属浓度为 8. 66 毫克/升，第三方在线数据为 10. 53 毫克/升，而环保局监测站出具的监督性监测报告为 3. 80 毫克/升，数据相差十分巨大。但西宁市环保局以鹏鹞环保方面没有 CMA 证书（中国计量认证）为由不予认可以上数据。鹏鹞环保认为，COD、BOD（生化需氧量）超标，通过工艺加料、增加成本的方式是可以做到达标排放的。但总磷超标是无法处理的。鹏鹞环保认为他们面临的困境是："如果下辖的污水处理厂全负荷运营，因进水浓度偏高，出水不能达标，环保部门要对我们处以罚款；采用谨慎减量运营，来不及处理的污水又要外溢，环保部门仍然要罚款。根据国家规定，城市污水处理厂又不能停运，实在是无法运营。"据鹏鹞环保称，2014 年 8 月后污水处理厂污泥量急剧增加。按照设计标准，两个污水处理厂每天的污泥处理量在 100 吨/天，现在两厂每天污泥处理量超过 130 吨，而处理系统中的污泥浓度仍居高不下。对于这一点，青海省环保厅 2015 年 5 月 14 日出具给西宁市政府的一份函件给予了印证："西宁市第一、第三污水处理厂接纳的东川工业园区工业废水水质不稳定，高浓度废水对污水处理工艺造成较大冲击，也是影响污水处理厂稳定运行的重要原因之一。"青海省环保厅要求西宁市："督促环保部门和园区管委会立即对企业生产废水排放情况进行全面排查，对废水排放未达到污水处理厂接纳水质要求和偷排工业废水等环节违法行为进行查处……确保进入污水处理厂的废水水质稳定。"西宁市环保、水务部门随后组织人员进行调查，但迄今未见有公开结果。

鹏鹞环保认为，在业内三个月有一两次出水水质超标属于正常现象，只要说明是进水问题，一般都不会受到处罚。但公司在环保处罚听证时，曾提供了充足的数据说明出水超标是因进水浓度超出设计标准而致，但因没有 CMA 资质被一口否决。根据媒体报道，西宁市的环境压力不小。2014 年 6 月，环保部根据 2013 年上半年及全年总量减排考核情况，曾对"三污"进行了挂牌督办，要求优化治理工艺，完善中控系统和在线监控设施，规范污泥处置，直到 2014 年 9 月才解除督办。而在湟水河往兰州方向的小峡口断面，今年的污染物指标与去年同期相比已经高了 30%。2015 年 10 月西宁市水务局出具了《关于第三污水处理厂经营权有关事宜的函》，随后，西宁市政府出动包括公安、城管执法、西宁排水公司的人员，进入"三污"以超标排污造成湟水河污染为由强制予以接管。

二、纠纷分析

鹏鹞环保 BOT 污水处理及再生利用项目纠纷之所以典型，是因为其综合涵盖了采取 PPP 模式的城市污水集中处理设施的运营者在城市污水及再生利用中面对的“水价”“水量”和“水质”问题，作为一个缩影真切地反映了现有采取PPP模式的城市污水集中处理设施在城市污水及再生利用中建设运营的实际情况。笔者以纠纷事实介绍中的先后顺序为线索，逐一对项目纠纷中反映出的问题进行分析：

1. 关于“水量”和“水价”问题

首先，从纠纷事实介绍中我们可以发现，鹏鹞环保BOT污水处理及再生利用项目纠纷的导火索源于鹏鹞环保与西宁市水务局在PPP协议中有关“水量”的条款。根据PPP协议，双方按照行业惯例约定：“政府承诺保障达到设计的污水处理量（即保底水量）。如果达不到，也要按设计量核算费用。”也就是说，对于鹏鹞环保方面，城市污水处理服务费的支付是以保底水量作为依据的。然而，由于青海省财政厅2012年印发的“青财建字（2012）76号”文件要求青海省内的城镇污水处理厂补贴要按实际污水处理量及运行费用执行，这使得PPP双方首次开始产生矛盾。按照《特许办法》第34条规定：“实施机构应当按照特许经营协议严格履行有关义务，为特许经营者建设运营特许经营项目提供便利和支持，提高公共服务水平。行政区划调整，政府换届、部门调整和负责人变更，不得影响特许经营协议履行。”第36条规定：“因法律、行政法规修改，或者政策调整损害特许经营者预期利益，或者根据公共利益需要，要求特许经营者提供协议约定以外的产品或服务的，应当给予特许经营者相应补偿。”由此可见，现有关于政府在PPP协议履行中的行为规范已经入法，青海省财政厅2012年印发的“青财建字［2012］76号”文件本不应该成为双方产生矛盾的诱因，因为按照《特许办法》的规定，西宁市政府完全可以在遵守执行青海省财政厅“青财建字［2012］76号”文件的前提下因“实际水量”和“保底水量”之间产生的差额给予鹏鹞环保相应补偿即可。当然，青海省财政厅出具“青财建字［2012］76号”文件的本意，是否是在考虑到地方财政在城市污水处理费的补贴中捉襟见肘的现实情况下作出的选择，由于没有相关材料的佐证我们无法得出确切结论。但所幸的是，从媒体披露的材料来看，“实际水量”和“保底水量”之间产生的差额并不大，因此，双方在“水量”方面产生的纠纷并不是导致破裂的主要原因。

其次，真正导致双方产生纠纷并诉诸仲裁的是“水价”问题。根据纠纷事实中介绍的情况可知，按照PPP协议约定的“两年调价一次”的调价周期，鹏鹞环保当时提出调价，要求将城市污水处理服务费调整至 0.8 元/吨，但西宁市政府及有关部门坚持按照原有的 0.7 元/吨执行。由于始终无法达成一致，2013 年 10 月鹏鹞环保以西宁市政府欠款不交为由提请仲裁。根据《特许办法》第 4、37 条的规定，“转变政府职能，强化政府与社会资本的协商合作”“保护社会资本合法权益，保证特许经营持续性和稳定性”是特许经营实施的两大基本原则，“在特许经营协议有效期内，协议内容确需变更的，协议当事人应当在协商一致基础上签订补充协议”。但从以上纠纷事实来看，西宁市政府有关部门如果坚持按照原有的 0.7 元/吨的城市污水处理费标准执行，应该在与鹏鹞环保协商的基础上提出按原有标准执行的理由，并与后者通过协议内容变更等方式协商妥善解决的方法。但从现有媒体披露的事实来看，西宁市政府有关部门显然除了拖欠城市污水处理费之外并无其他举措。在这种情况下，2013 年 10 月鹏鹞环保以西宁市政府欠款不交为由提请仲裁。仲裁最终的裁决结果是西宁市政府须向鹏鹞环保支付拖欠的 3000 万元城市污水处理服务费以及近千万元的违约金。对于仲裁结果，西宁市政府仍然采取的是拒绝交款的态度，在法院查封西宁市水务局账号的情况下才将欠款交付。可见，“转变政府职能，强化政府与社会资本的协商合作”“保护社会资本合法权益，保证特许经营持续性和稳定性”的基本原则并未在西宁市政府及有关部门的行动中得到落实，从本纠纷中看到的反倒是“行政优益权”的畸形放大。

2. 关于“水质”问题

从“水量”和“水价”上双方产生的矛盾和纠纷来看，虽然西宁市政府及有关部门在 PPP 协议的履行上有诸多有待商榷的地方，但毕竟鹏鹞环保通过仲裁和法院强制执行程序讨回了政府拖欠的污水处理费。如果政府方面能秉持“转变政府职能，强化政府与社会资本的协商合作”和“保护社会资本合法权益，保证特许经营持续性和稳定性”的两大基本原则，相信鹏鹞环保 BOT 污水处理项目仍然是可以继续履行下去的。然而，根据以上纠纷事实，从 2015 年 3 月开始，鹏鹞环保陆续收到了多份来自西宁市环保局总价共计 2150 万元的罚单，理由是出水水质中 COD（化学需氧量）、总磷等指标超标严重。鹏鹞环保对出水水质超标问题没有异议，但认为是由于“进水”水质超标造成的，并提供了相应的检测数据，但西宁市环保局以鹏鹞环保方面没有 CMA 证书（中国计量认证）为由不予认可以上数据。这里面就存在以下几个方面的问题：

第一，为什么会有来自东川工业园区的工业废水接入到鹏鹞环保 BOT 污水处理项目？如果东川工业园区的工业废水在鹏鹞环保与西宁市政府及有关部门的纠纷诉诸法院和法院强制执行以前就接入到鹏鹞环保 BOT 污水处理项目，那么引致双方矛盾和纠纷公开化的主要原因除了“水价”问题之外还会有“水质”问题。因为在如此差的进水水质的基础上必然会增加鹏鹞环保 BOT 污水处理项目的运营成本，按照 PPP 协议中规定的污水处理服务费两年调整一次的条款约定，“水质”更会成为支撑鹏鹞环保索要城市污水处理服务费的依据。那么显然，来自东川工业园区的工业废水接入到鹏鹞环保 BOT 污水处理项目是在鹏鹞环保与西宁市政府及有关部门的纠纷诉诸法院和法院强制执行之后。

第二，为什么鹏鹞环保在进水“水质”方面提供的数据不被西宁市环保局采纳？从纠纷事实来看，西宁市环保局以鹏鹞环保方面没有 CMA 证书（中国计量认证）为由不予认可鹏鹞环保在进水“水质”方面提供的数据。笔者专门对 CMA 证书（中国计量认证）进行了查询，得到的信息是只有取得计量认证合格证书的第三方检测机构，才允许在检验报告上使用 CMA 章，盖有 CMA 章的检验报告可用于产品质量评价、成果及司法鉴定，具有法律效力。根据环保部颁行的《环境行政处罚办法》（2010 年 1 月 19 日公布、2010 年 3 月 1 日起施行）第 35 条规定，监测报告应由有国家计量认证资质（CMA）的机构出具。根据行政处罚的一般原理，作为行政处罚证据使用的监测、鉴定等数据资料应由独立于当事方的第三方出具，因此本纠纷中，即便鹏鹞环保有国家计量认证资质（CMA），其数据也无法作为行政处罚的依据被采信。因此，西宁市环保局做出对鹏鹞环保在进水“水质”方面提供的数据不予采信的结果是正确的，但依据和理由是错误的。

第三，为什么鹏鹞环保在进水“水质”方面的抗辩不被西宁市环保局采纳？在本书“城市污水再生利用的水质规制”部分，本书就已经指出，采取 PPP 模式的城市污水集中处理设施的经营者承担了畸重的义务且苦于固定证据的困难无法提出强有力的抗辩意见。此外，不论是基于《环境保护法》《水污染防治法》还是《城镇排水与污水处理条例》，在持续接纳“进水”方面规定的“（向县级以上人民政府环境保护主管部门）申报登记义务”“保证设施正常使用义务”和“不得拆除或闲置设施义务”实际上等于变相规定了特许经营者的“不得拒绝义务”。因此正如纠纷事实介绍中所反映的：“如果下辖的污水处理厂全负荷运营，因进水浓度偏高，出水不能达标，环保部门要对我们处以罚款；采用谨慎减量运营，来不及处理的污水又要外溢，环保部门仍然要罚款。”无论如何，“PPP 污企”在缺失“进水”水质方面权利的情况下都会被“坐实”出水水质超标的责任。值得注意的是，青海省环保厅要求西宁市“督促环保部门和园区管委会立即对企业生产废水排放情况进行全面排查，对废水排放未达到污水处理厂接纳水质要求和偷排工业废水等环节违法行为进行查处……确保进入污水处理厂的废水水质稳定”，西宁市环保、水务部门随后组织人员进行调查，但迄今未见有公开结果。《特许办法》第18条第11项关于“政府承诺和保障”的条款被立法者认为是对“政府有什么职责，能做什么不能做什么，要一览无余地在协议中事先约定”的重要要求，然而，PPP 协议是否能够细化到与特许经营项目履行相关的风险，都有相关的政府部门职责的覆盖。另外，《特许办法》通篇只有第55条这么一个条款是有关政府责任的，该条规定：“实施机构、有关行政主管部门及其工作人员不履行法定职责、干预特许经营者正常经营活动、徇私舞弊、滥用职权、玩忽职守的，依法给予行政处分；构成犯罪的，追究刑事责任。”那么，工作的“广度”和“深度”到什么程度才算是履行法定职责？如果不履行法定职责，仅仅给予行政处分的法律责任是否过轻？能否对违法者起到应有的规范作用？

3. 关于“临时接管”问题

本纠纷中西宁市政府及有关部门出动包括公安、城管执法、西宁排水公司的人员，进入“三污”以超标排污造成湟水河污染为由强制予以接管，从临时接管制度本身来讲，应该属于“特许经营者违反法律法规规定或者特许经营协议约定时的临时接管”情形。在此种情形下，主管部门在运用警告、罚款、责令限期改正以及协调指导等常规措施难以奏效而使公共利益遭受或者面临严重损害时，有权进行接管。从纠纷事实介绍来看，西宁市政府有关部门在2015年3月~8月对鹏鹞环保下辖的“一污”和“三污”进行了三次行政处罚后即在2015年10月对“三污”进行了临时接管。从表面上看，鹏鹞环保下辖的污水处理项目确实造成了较为严重的水污染，这一点从纠纷事实介绍中2014年6月环保部对“三污”的督办以及湟水河往兰州方向小峡口断面污染物指标比去年同期上升30%的事实即可得到印证。但笔者认为，来自东川工业园区的工业废水问题得不到妥善解决，接入到鹏鹞环保下辖的污水处理项目的“进水”水质问题就将长期成为困扰“出水”水质超标难以绕开的障碍。由此，西宁市政府及有关部门对鹏鹞环保下辖的污水处理项目强行进行临时接管就有两点值得商榷：

第一，西宁市政府及有关部门并未履行必要的临时接管程序。正如有学者所言:“行政程序的基本功能就在于限制行政权的恣意行使，保障行政相对人的合法权益。对于临时接管这一非常激烈的规制手段而言，如果没有相应的程序制约，极易蜕变为‘随意接管’和‘暴力接管’。”（章志远和李明超，2010 年）从本纠纷来看，对本书前文中所提到的临时接管的启动、听证、决定、执行等行政程序，西宁市政府及有关部门是省略了启动、听证而直接进入到决定、执行程序。从中国水网披露的资料来看，双方在临时接管中发生了肢体冲突，这也从一个侧面说明西宁市政府及有关部门的行为并未遵守《特许办法》第 4 条“转变政府职能，强化政府与社会资本的协商合作”“保护社会资本合法权益，保证特许经营持续性和稳定性”的基本原则以及第 38 条“在与债权人协商一致后可以提前终止协议”的制度规定。

第二，临时接管后的补偿问题。从目前媒体披露的事实来看，西宁市政府及有关部门并未提及对鹏鹞环保下辖的污水处理项目的补偿问题。根据《特许办法》第 38 条规定:“特许经营协议提前终止的，政府应当收回特许经营项目，并且根据实际情况和协议约定给予原特许经营者相应补偿”。前文中提到，对“PPP 污企”违法行为造成的损害进行认定时，要遵照比例原则和正当程序原则。如果造成的损害较小，且“PPP 污企”主动整改和赔偿时，就不必进行临时接管。如果造成的损害较大，且“PPP 污企”拒不改正或已不具备特许经营资格时，主管部门在履行了必要程序后可以取消其特许经营权进行临时接管。笔者认为，比例原则和正当程序原则适用的前提必须建立在特许经营双方分清责任的基础上。从本纠纷事实来说，未见关于鹏鹞环保拒不改正的事实，并且问题出现的责任也并不全在鹏鹞环保一方，西宁市政府及有关部门启动强制临时接管本身就有待商榷，那么即便是在承认临时接管的基础上，在缺乏绩效评估前提下由政府部门单独作为补偿标准的核定主体和实施主体更加值得商榷。

由此，本案比之于“秦皇岛市海港区污水处理及再生利用 BOT 项目纠纷”更详尽地反映了目前“PPP 污企”在再生水利用中面临的现实困境。在再生水“城市污水集中处理设施的运营+再生水设施的运营”的两段式运营周期中，若对第一个周期的运营问题无法妥善解决，希冀“PPP 污企”参与到再生水的利用中与“国有污企”形成良性竞争以促进和扩大再生水的利用就将长期无法实现。实际上，结合笔者 2017 年暑期赴青海对西宁市第一污水处理厂、西宁市第三污水处理厂展开的实证调研情况来看，在属于国有模式运营的西宁市湟水投资管理有限公司接管了上述两厂之后，比之于鹏鹞环保运营时，在“水质”方面确实再未发生过大的超标排污事件。这其中到底是因为来自东川工业园的污水不再流入到上述两厂，还是因为国有企业运营后有经验的工程师善于把握和调整氧化沟的处理工艺以及药剂的投加及时到位，由于缺乏相应数据的佐证，笔者不便妄下结论。但是，在调研中我们了解到，目前接入到两厂的污水“水质”并不稳定，超标问题时有发生，加之青海海拔较高，高原缺氧，这都使活性污泥和微生物的效用发挥大打折扣。2016 年 2 月 2 日，西宁市环保局因西宁市第一污水处理厂排污口氨氮超标、西宁市第三污水处理厂排污口总磷超标下发了行政处罚听证告知书，对西宁市第一污水处理厂处以 92 万余元的行政罚款、对西宁市第三污水处理厂处以 94 万余元的行政罚款。2017 年 7 月 25 日，西宁市环保局因西宁市第三污水处理厂排污口总磷超标下发了责令改正违法行为告知书。由此可见，“水质”的超标问题并未因为“PPP 模式”转为“国有模式”而归于消灭，即便是国有模式的污水处理企业，也因出水超标而屡屡受罚，在污水处理费没有提高的情况下，上述企业遭受的行政处罚无疑使企业运营背上了沉重的包袱。本书第三章关于青海省再生水实践中遇到问题的归结，就是西宁市第一污水处理厂和西宁市第三污水处理厂的再生水运营现实。那么，在“国有模式”下，污水处理企业实际上是一直处于“维持”状态，即污水处理及排放不出现大的问题，但企业本身由于缺乏盈利点，维持自身运营尚且常常要靠政府财政给予的补贴，更遑论在再生水利用方面大显身手了。

第四节　陕西省咸阳市三原县玉龙污水处理及再生利用 BOT 项目纠纷

一、纠纷事实介绍

2013 年 5 月 7 日，原告玉龙公司与被告三原县政府签订了《陕西省三原县污水处理BOT项目特许经营协议》，约定由原告玉龙公司融资、设计、建设、运营和维护项目工程，提供污水处理服务，将处理达标的污水排入清河，并在特许经营协议期满后将项目设施无偿、完好移交给三原县人民政府或其指定的机构，并保证正常运行。在该协议中就特许经营期内双方关于三原县污水处理项目中各自全部的权利和义务进行了明确的约定，且双方在一段时间内也各自实际履行着协议内容。但在尚处于特许经营期内的2015年2月5日17：00至2月11日16：30，原告玉龙公司擅自停止污水处理设施的运行，致使大量污水直接排入清河，造成下游河段及水库水质发生污染。被告三原县政府环保部门经过调查于2015年2月17日向原告玉龙公司作出《行政处罚决定书》。2015年2月16日，被告三原县政府作出《三原县人民政府关于临时接管项目设施通知》，决定临时接管项目设施。同日，原告玉龙公司向三原县人民政府申请听证。2015年3月2日，被告三原县政府向原告玉龙公司作出《听证通知书》，于2015年3月3日送达原告玉龙公司。2015年3月8日，被告三原县政府召开了听证会，原告玉龙公司和调查人员充分陈述了各自的意见。2015年4月21日，被告三原县政府作出三政发［2015］9号《关于临时接管三原玉龙污水处理有限公司项目设施的决定》，决定临时接管原告玉龙公司项目设施，并告知原告玉龙公司可以依法提起复议或诉讼。原告玉龙公司不服该决定，向被告咸阳市政府提起行政复议，被告咸阳市政府于2015年5月27日受理原告的行政复议申请后，因案情复杂不能在规定期限内作出复议决定而决定延长复议期间，并依法将《延期通知书》送达原告玉龙公司与被告三原县政府。经延期后，咸阳市政府于2015年8月26日作出咸政复决字［2015］7号行政复议决定书，维持了三原县政府作出的《关于临时接管三原玉龙污水处理有限公司项目设施的决定》。玉龙污水处理公司不服该行政复议决定遂提起行政诉讼，形成本诉。

二、法院裁判意见

西安市中级人民法院认为，本案的争议焦点是被告三原县政府作出的《关于临时接管三原玉龙污水处理有限公司项目设施的决定》是否合法以及被告咸阳市政府复议程序是否合法。

（一）关于三原县政府是否具有作出临时接管决定的职权问题

根据建设部《市政公用事业特许经营管理办法》（建设部令第126号）第

4 条第 3 款“直辖市、市、县人民政府市政公用事业主管部门依据人民政府的授权（以下简称主管部门），负责本行政区域内的市政公用事业特许经营的具体实施”、该法第 10 条“主管部门应当履行下列责任……（六）在危及或者可能危及公共利益、公共安全等紧急情况下，临时接管特许经营项目”以及该法第 18 条“获得特许经营权的企业在特许经营期间有下列行为之一的，主管部门应当依法终止特许经营协议，取消其特许经营权，并可以实施临时接管……（四）擅自停业、歇业，严重影响到社会公共利益和安全……”的规定，三原县政府有权实施特许经营，且双方签订的特许经营协议也明确约定了三原县政府有权实施临时接管，故根据规章的规定及双方的约定，被告三原县政府有权决定是否采取临时措施，有权作出《关于临时接管三原玉龙污水处理有限公司项目设施的决定》。

（二）关于三原县政府作出临时接管决定认定事实是否清楚、程序是否合法的问题

根据三原县政府提供的现场调查、勘查笔录及调查询问笔录证明，原告玉龙公司具有在 2015 年 2 月 5 日至 11 日擅自关停污水处理设施，导致污水直排清河的事实。玉龙公司认为其上述行为有主管部门默许同意缺乏事实依据，故三原县政府作出临时接管决定认定事实清楚，根据双方签订的《陕西省三原县污水处理 BOT 项目特许经营协议》第十二章第 12 条第 2 款：“三原县政府实施临时接管后，应书面通知项目公司并告知其有申请听证的权利。项目公司应于接到书面通知之日起 10 日内申请听证。三原县政府应于 20 日内组织听证。三原县政府现根据听证笔录决定是否进行临时接管。”在本案中，三原县政府先作出《三原县人民政府关于临时接管项目设施》的通知，提前告知原告玉龙公司即将要接管并在该临时接管通知中告知了其申请听证的权利，并充分听取了原告玉龙公司的意见及调查人员调查情况后作出临时接管决定，并向原告进行了送达，符合上述双方之间的约定。因法律并未将临时接管决定列为行政处罚的种类，原告玉龙公司主张被告三原县政府在行政处罚中存在“处罚在先，听证在后，程序违法”的理由不能成立，三原县政府作出临时接管决定认定事实清楚，程序合法。

（三）关于咸阳市政府复议程序是否合法的问题

咸阳市政府受理原告的行政复议申请后，在法定期限内认为案情复杂作出延期通知，并依法送达行政复议程序当事人，作出复议决定后也依法向各

方当事人进行送达。复议程序符合法律规定，且原告玉龙公司在庭审中表示对咸阳市政府作出复议决定的程序不持有异议。

综上，被告三原县政府在查清原告的擅自停业行为已经严重影响到社会公共利益和安全的紧急情况下，按照双方之间特许经营协议的约定，作出临时接管决定，事实清楚、程序合法，不违反法律、法规的规定。被告咸阳市政府作出咸政复决字［2015］7号行政复议决定的程序合法。原告玉龙公司认为三原县政府拖欠其污水处理费，系双方之间履行合同过程中产生的债权债务纠纷，可通过法律途径解决。但原告玉龙公司却以牺牲社会公共利益和安全为代价擅自停业，其行为严重违法，故原告玉龙公司要求撤销该复议决定及临时接管决定的理由不能成立。依照《中华人民共和国行政诉讼法》第69条之规定，判决如下：

一、驳回原告三原玉龙污水处理有限公司要求撤销被告咸阳市人民政府咸政复决字［2015］7号行政复议决定的诉讼请求。

二、驳回原告三原玉龙污水处理有限公司要求撤销被告三原县人民政府《关于临时接管三原玉龙污水处理有限公司项目设施的决定》的诉讼请求。

三、案件分析

本案与河北秦皇岛市海港区污水处理BOT项目纠纷有相似之处，关于案件分析的雷同之处本书不再赘述。需要指出的是，立足于现有立法，法院的司法裁判无可指摘，正如判决书中指出的："原告玉龙公司认为三原县政府拖欠其污水处理费，系双方之间履行合同过程中所产生的债权债务纠纷，可通过法律途径解决。但原告玉龙公司却以牺牲社会公共利益和安全为代价擅自停业，其行为严重违法，故原告玉龙公司要求撤销该复议决定及临时接管决定的理由不能成立。"然而，笔者认为值得深思的是，目前"PPP污企"因城市污水处理"水价"问题向PPP授权方（政府及有关部门）主张权益的管道和途径是否通畅？实际上，玉龙公司经过此次纠纷后已无力运营。据报道，2016年5月，咸阳市污水处理企业及管理机构职能已由环保局移交咸阳市水务集团。〔1〕那么，这是否能被看作是公私合作（PPP）背景下城市污水处理

〔1〕"我市污水处理企业及管理机构职能由市环保局移交咸阳水务集团"，载咸阳市人民政府网 http://www.xianyang.gov.cn/xyxw/bmdt/337760.htm，访问日期：2017年12月15日。

企业的又一次“国进民退”呢？在此，笔者认为，如果仅仅从所有制层面去理解公私合作（PPP）的意义就显得过于狭隘了。公私合作（PPP）的目的并不是要将包括城市污水处理及再生利用在内的基础设施和公共服务领域由原来的“国有模式”全盘改变为“民营模式”或“民营+外资模式”，也不是在“民营模式”或“民营+外资模式”出现一些问题时就全盘返回“国有模式”。公私合作（PPP）的真正目的在于在这个市场中创设一种多元化、竞争性的机制，在这种机制下，“国有模式”“民营模式”或“民营+外资模式”均可存在，但通过绩效优劣的衡量最终促使不同所有制形式下的模式要实现的是一个共同的目的，即不断改进和优化公共产品的供给，使社会公共利益实现最大化。换句话说，我们需要的是一个“天高任鸟飞，海阔凭鱼跃”的局面，而非“一家独大，死气沉沉”。

reference

参考文献

1. 安丽娜:“公用事业特许经营中的公众监督委员会制度研究”，载《长春市委党校学报》2012 年第 2 期。
2. 曹东等:“国外开展环境绩效评估的情况及其对我国的启示”，载《价值工程》2008 年第 10 期。
3. 成官文:“基于 DEA 模型的贵州省市级污水处理厂运行有效性评价”，载《桂林理工大学学报》2014 年第 5 期。
4. 陈海嵩:“水管理体制的法律思考——以水务局为中心的考查”，载《中南民族大学学报（人文社会科学版）》2006 年第 3 期。
5. 陈静、林逢春、杨凯:“基于生态效益理念的企业环境绩效动态评估模型”，载《中国环境科学》2007 年第 5 期。
6. 常杪:“第三方治理推动治污新变革”，载《环境保护》2014 年第 20 期。
7. 陈融:“我国政府性基金法律问题探讨”，载《政治与法律》2013 年第 1 期。
8. 曹颖、曹东:“中国环境绩效评估指标体系和评估方法研究”，载《环境保护》2008 年第 7 期。
9. 蔡蔚:“我国城市轨道交通投融资体制演进机理探析”，载《同济大学》2007 年第 3 期。
10. 陈中颖等:“中国城镇污水处理厂运行状况调查分析”，载《环境污染与防治》2009 年第 9 期。
11. 邓波:“关于公法与私法理论的若干探讨”，载《江西社会科学》1998 年第 7 期。
12. 邓敏贞:“公用事业公私合作合同的法律属性与规制路径”，载《现代法学》2012 年第 3 期。
13. 杜英豪:“英格兰和威尔士的水务监管体系”，载《中国给水排水》2006 年第 8 期。
14. [美] E. S. 萨瓦斯:《民营化与公私部门的伙伴关系》，周志忍等译，中国人民大学出版社 2002 年版。
15. 方立新、姚利红:《公私法的分野与趋同》，法律出版社 2012 年版。
16. 冯颖、姚顺波、刘东方:“基于 DEA 方法下的河南省污水处理厂财务成本控制研究”，载《华东经济管理》2009 年第 10 期。

17. “广东深圳市城市污水处理厂特许经营中期评估中标结果公示”，载中国污水处理工程网 http://www.dowater.com/zhongbiao/2010-05-11/25099.asp.
18. 耿海清：“我国规划环评的困境及其破解之道探讨”，载《环境科学与技术》2012 年第 12 期。
19. 高琴等：“基于 DEA 分析的乌鲁木齐市污水处理厂规模技术有效性研究”，载《新疆大学学报（自然科学版）》2006 年第 5 期。
20. 甘肃省审计厅：“甘肃省 2012 年度省级预算执行和其他财政收支审计结果”，载 http://www.gsaudit.gov.cn/articles/2014/09/12/article_ 1314_ 82343_ 1.html.
21. “张思平领衔‘万言书’提出深圳 11 项改革建议”，载新民网 http://biz.xinmin.cn/2015/06/10/27831648.html.
22. 管小乐等：“污水处理厂出水氨氮超标原因分析及解决途径”，载《给水排水》2014 年第 40 期。
23. 广东省审计厅：“广东省 2014 年度省级预算执行和其他财政收支的审计工作报告”，载 http://zwgk.gd.gov.cn/006940028/201507/t20150729_ 595929.html.
24. 郭宗杰：“深化改革背景下价格法修订的若干问题研究”，载《政治与法律》2015 年第 8 期。
25. 海峡、杨宏山：“激励性规制：政府规制发展的新趋势”，载《陕西行政学院学报》2007 年第 4 期。
26. 郝晓地：“荷兰水管理体制及水务局职能”，载《给水排水》2003 年第 9 期。
27. 蒋达：“中国城市水务产业改革的基本经验及主要问题”，载《学习与探索》2008 年第 6 期。
28. 金自宁：“公法私法化诸观念反思”，载《浙江学刊》2007 年第 5 期。
29. “‘十二五’污水处理现状：老大难依旧难”，载中国生物技术信息网 http://www.biotech.org.cn/information/138999.
30. 刘超、管制：“互动与环境污染第三方治理”，载《中国人口·资源与环境》2015 年第 2 期。
31. 刘大伟、唐要家：“社会公共组织参与管制优势的法经济学分析——以公用事业价格听证中的消费者组织为例”，载《法商研究》2009 年第 4 期。
32. 林逢春、陈静：“企业环境绩效评估指标体系及模糊综合指数评估模型”，载《华东师范大学学报（自然科学版）》2006 年第 11 期。
33. 李明：《城市污水处理项目市场化运作与管理》，中国铁道出版社 2010 年版。
34. 李明超、章志远：“公用事业特许经营监管机构模式研究”，载《学习论坛》2011 年第 3 期。
35. 骆梅英：“通过合同的治理——论公用事业特许契约中的普遍服务条款”，载《浙江学刊》2010 年第 2 期。

36. 骆梅英："新福利——英国公用事业领域对弱势和低收入群体的供应保障"，载《行政法学研究》2008 年第 4 期。

37. 李亚峰、晋文学：《城市污水处理厂运行管理》，化学工业出版社 2011 年版。

38. 李苏、邱国玉："环境绩效的数据包络分析方法"，载《生态经济》2013 年第 2 期。

39. 李胜利："关于城市公用事业价格听证制度若干问题的思考"，载《行政与法》2003 年第 1 期。

40. 吕苏愉、陈红艳、王旭华："苏州水务特许经营法律制度之构建"，载《水资源保护》2007 年第 6 期。

41. 李霞："论特许经营合同的法律性质——以公私合作为背景"，载《行政法学研究》2015 年第 1 期。

42. "偷水猖獗：自备井被封，300 元再打一口"，载网易网 http://news.163.com/15/0117/14/AG5S9O4L00014Q4P.html.

43. 李以所：《德国公私合作制促进法研究》，中国民主法制出版社 2013 年版。

44. 倪璟叶等："强化混凝法对乡镇污水处理厂出水总磷和 SS 的控制"，载《污染防治技术》2014 年第 2 期。

45. "两家大型洗浴中心'偷水'被查处"，载沈阳日报数字报纸网 http://epaper.syd.com.cn/syrb/html/2015-08/12/content_ 1085086.htm.

46. 邱慎初："探讨城市污水生物处理出水的总磷达标问题"，载《中国给水排水》2002 年第 9 期。

47. [日] 和田英夫：《现代行政法》，倪建民、潘世圣译，中国政法大学出版社 1993 年版。

48. 室井力：《日本现代行政法》，吴微译，中国政法大学出版社 1995 年版。

49. 任维彤："日本环境污染第三方治理的经验与启示"，载《环境保护》2014 年第 20 期。

50. 宋国君、韩冬梅："中国城市生活污水管理绩效评估研究"，载《中国软科学》2012 年第 8 期。

51. "南京中石化旗下企业长期拒缴污水处理费"，载新浪网 http://www.so.com/link? url=http%3A%2F%2Fnews.sina.com.cn%2Fc%2F2011-12-22%2F000023672603.

52. 谭雪等："基于污水处理厂运营成本的污水处理费制度分析"，载《中国环境科学》2015 年第 12 期。

53. 田一淋："基于 PIPP 模式的公共住房保障体系研究"，载《同济大学》2008 年第 3 期。

54. 王芙蓉、苏波："基于 DEA 技术的污水处理厂运行效率评估模型研究"，载《西华大学学报（自然科学版）》2007 年第 7 期。

55. 王灏：《城市轨道交通投融资问题研究》，中国金融出版社 2006 年版。

56. 汪劲："规划环境影响评价条例为何立法难?" 载《世界环境》2008 年第 3 期。
57. 王俊豪、王建明、李军："主要污染物削减的激励性管制政策研究"，载《经济管理》2009 年第 12 期。
58. 王锴："公用事业民营化探讨——基于公法学的思考"，载《法学论坛》2012 年第 1 期。
59. 张明明等："浙江省生态建设环境绩效评估方法初步研究"，载《中国环境科学》2009 年第 6 期。
60. 王梅：《市政工程公私合作项目（PPP）投融资决策研究》，经济科学出版社 2008 年版。
61. 王名扬：《美国行政法》（上），中国法制出版社 1995 年版。
62. 吴琼芳等："基于 DEA 模型的贵州省市级污水处理厂运行有效性评价"，载《桂林理工大学学报》2014 年第 5 期。
63. 王社坤："我国战略环评立法的问题与出路"，载《中国地质大学学报（社会科学版）》2012 年第 5 期。
64. 吴婷等："四川省城镇生活污水处理厂减排绩效评价指标体系构建研究"，载《环境科学与管理》2015 年第 9 期。
65. 吴炜成、王丽芳："我国公共事业民营化改革及相关法律问题研究"，载《漳州师范学院学报（哲学社会科学版）》2007 年第 4 期。
66. 武宇红：《公私法的划分与嬗变》，法律出版社 2012 年版。
67. 翁岳生教授祝寿论文集编辑委员会：《当代公法新论——翁岳生教授七秩诞辰祝寿论文集（中）》，元照出版公司 2002 年版。
68. 王玉振：《环境绩效评估与环境报告书》，化学工业出版社 2006 年版。
69. ［英］L. 赖维乐·布朗、［英］约翰·S. 贝尔、［法］让-米歇尔·加朗伯特：《法国行政法》，高秦伟、王锴译，中国人民大学出版社 2006 年版。
70. 于安编著：《德国行政法》，清华大学出版社 1999 年版。
71. 杨解君：《法国行政合同》，复旦大学出版社 2009 年版。
72. 余羚："市政公用事业特许经营立法刍论"，载《浙江学刊》2007 年第 3 期。
73. 余凌云："论行政契约的含义——一种比较法上的认识"，载《比较法研究》1997 年第 3 期。
74. 余晖、秦虹：《公私合作制的中国试验》，上海人民出版社 2005 年版。
75. 原培胜："城镇污水处理厂运行成本分析"，载《环境科学与管理》2008 年第 1 期。
76. 姚顺波："基于 DEA 方法下的河南省污水处理厂财务成本控制研究"，载《华东经济管理》2009 年第 10 期。
77. 杨松："北京市政公用事业特许经营制度创新研究"，知识产权出版社 2012 年版。

78. 喻文光："德国水务私有化及其监管"，载《行政法学研究》2005 年第 3 期。
79. 杨玉楠等："美国环境类公共支出项目绩效评估体系研究"，载《环境污染与防治》2011 年第 1 期。
80. 杨玉楠等："中央环境保护专项资金项目绩效评估指标体系研究"，载《环境污染与防治》2010 年第 7 期。
81. 肖林、马海倩：《特许经营管理——城市基础设施存量资产资本化》，上海人民出版社 2013 年版。
82. 张栋：《特许经营法律实务》，法律出版社 2008 年版。
83. 周珂、史一舒："论环境影响评价机构的独立性"，载《法治研究》2015 年第 6 期。
84. 张茂华、颜小龙："基于平衡记分卡下的企业环境绩效评估"，载《广东工业大学学报（社会科学版）》2008 年第 3 期。
85. 张玉磊、彭展："强化政府监管 推进公用事业民营化改革"，载《湖北社会科学》2007 年第 7 期。
86. 张锐智、田大川："罗马法学家关于公法私法划分的意义与启示"，法律出版社 2012 年版。
87. 谢芳、李慧明："企业的环境责任与环境绩效评估"，载《现代财经》2005 年第 1 期。
88. 许石慧："公用事业监管法治化研究"，载《西南政法大学学报》2009 年第 1 期。
89. "为污水处理费办法叫好的几点原因"，载首聚能源博览网 http://www.geo-show.com/ChannelHY/HB/Content/20151/40124.shtml.
90. 谢卫平、焦涛："江苏省企业环境绩效评估方法及指标体系"，载《污染防治技术》2009 年第 4 期。
91. 解振华："构建新时期环保战略"，载《环境保护》2005 年第 5 期。
92. 邹东升、陈鹤："市场化境遇下的城市水务改革：模式、问题与应对"，载《中共浙江省委党校学报》2012 年第 3 期。
93. 张红凤、张细松：《环境规制理论研究》，北京大学出版社 2012 年版。
94. 中华人民共和国审计署："9 个省市 2010 年度城镇污水垃圾处理专项资金审计结果"，载 http://www.audit.gov.cn/n1992130/n1992150/n1992379/n2810084.files/n2810083.htm.
95. 中华人民共和国审计署："2015 年 11 月稳增长促改革调结构惠民生防风险政策措施贯彻落实"，载 http://www.audit.gov.cn/n5/n25/c80336/content.html.
96. 郑丽丽、苏时鹏、黄森慰："国际水务公共服务运营和监管体制比较分析及启示——以英国、荷兰、法国和美国为例"，载《福建农林大学学报（哲学社会科学版）》2012 年第 3 期。
97. 周林军：《中国公用事业改革：从理论到实践》，知识产权出版社 2009 年版。
98. 张丽娜："城市水务市场化中的政府规制与公众利益维护"，载《中国行政管理》2010

年第 8 期。
99. 朱谦："从封闭到公开：我国环境影响评价文件公开的制度演变"，载《法治研究》2015 年第 4 期。
100. 邹顺利："污水处理厂进水 COD 质量浓度偏低原因浅析"，载《市政技术》2011 年第 1 期。
101. 郑晓瑛："交叉学科的重要性及其发展"，载《北京大学学报（哲学社会科学版）》2005 年第 5 期。
102. 湛中乐、刘书燃："PPP 协议中的公私法律关系及其制度抉择"，载《法治研究》2007 年第 4 期。
103. 章志远："事业特许经营及其政府规制"，载《法商研究》2007 年第 2 期。
104. 章志远："我国公用事业特许经营的法律困境及其消解"，载《河北科技大学学报（社会科学版）》2011 年第 2 期。
105. 章志远、黄娟："公用事业特许经营绩效评估制度研究"，载《甘肃行政学院学报》2011 年第 1 期。
106. 章志远、黄娟："公用事业特许经营市场退出法律制度研究"，载《学习论坛》2011 年第 6 期。
107. 章志远、李明超："公用事业特许经营中的临时接管制度研究"，载《行政法学研究》2010 年第 1 期。
108. 章志远、李明超："我国公用事业特许经营立法问题研究——以若干地方性法规为分析样本"，载《江苏行政学院学报》2009 年第 6 期。
109. "河北亮出推动地方治理底牌"，载北极星节能环保网 http://huanbao.bjx.com.cn/news/20150618/632122.shtml.
110. Barnard J. L., "A Review of Biological Phosphorus Removal in the Activated Sludge Process", *Water SA*, 1976, 2 (3).
111. Barnard J. L., "Biological Denitrification", *Water Pollution Control*, 1973, 72.
112. Bäudaus, Grüning, "Public Private partnership-konzeption und probleme eines instruments zur verwaltungsreform aus sicht der public choice-theorie", in *Public Private Partnership*, Baden-Baden 1997.
113. Commission of the European Communities, "Green Paper on Public-Private Partnerships and Community Law on Public Contracts and Concessions", Brussels, 30, 04, 2004, COM (2004) final.
114. Cooper P. F., *Historical Aspects of Wastewater Treatment. In Decentralized Sanitation and Reuse: Concepts, Systems and Implementation*, IWA Publishing, London (UK), 2001.
115. Downing A. L, Painter H. A and Knowles G, "Nitrification in the Activated Sludge Process",

J. Proc. IInst. Sewage Purif, 1964, 64 (2).

116. Esty D. C. , Marc A. L. , Tanja S. , et al. , "Pilot 2006 Environmental Performance, Index", *New Haven: Yale Center for Environmental Law and Policy*, 2006.

117. Franckenstein, "Public Private Partnership in der Bauleitplanung", UPR2000.

118. Global Reporting Initiative (GRI), "Sustainability Reporting Guidelines", Boston: GRI, 2002.

119. Grimsey&Lewis, "Public Private Partnerships: The Worldwide Revolution in Infrastructure Provision and Project Finance", Edward Elgar, 2004.

120. Heinz&Scholz, "Public Private Partnerships in Städtebau", Berlin 1996.

121. HM Treasury, "Public Private Partnerships: The Government's Approach", 2000.

122. International Organization for Standardization (ISO), "Environmental Performance Evaluation: Guidelines", Geneva: ISO, 1999.

123. Janning, "Voraussetzungen eines kommunalen PPP-Managements", in *Walcha/Hermanns: Partnerschaftliche Stadtentwicklung*, 1995.

124. Lettinga G. , van Velsen A. F. M. , Hobma S. W. , De Zeeuw, W. and Klapwijk A, "Use of the upflow Sludge Blanket Reactor Concept for Biological Wastewater Treatment, Especially for Anaerobic Treatment", Biotechnol. Bioeng 1980, 22.

125. Ludzack F. J. and Ettinger M. B. , "Controlling Operation to Minimize Activated Sludge Effluent Nitrogen", J Wat Pollut. Contrl Fed. , 1962, 34.

126. McCarty P. L. , "Thermo Dynamics of Biological Synthesis and Growth", Procs. 2nd *Intnl Confon Water Pollution Control*, 1964, 2.

127. OECD, "Environmental Performance Review of China", Available at http://www.oecd.org/dataoecd/58/23/37657409.pdf, 2006.

128. Organization for Economic Co-operation and Development (OECD), "OECD Core Set of Indicators for Environmental Performance", OECD/GD (93) 179, Paris: OECD, 1993.

129. Petra Hartmann, "Beziehungen zwischen Staat und Wirtschaft: Unter besonderer Berucksichtigung neuartiger Kooperationsformen im Bereich der regionalen und kommunalen Wirtschaftspolitik, Nomos, Auflage: 1994".

130. Phelps E. B. , Stream Sanitation, John Wily and Sons Inc. , New York, 1944.

131. Segnestam L. , *Environmental Performance Indicators: a Second Edition Note.* Environment Department Paper No. 71. Washington D C: World Bank, 1999.

132. Späth, Michels, Schily, "Der Bürger erlebt sein Bottom up", in *Das PPP-Prinzip*, 1998.

133. Srinath E. G. , Sastry, C. A, Pillai, S. C. , "Rapid Removal of Phosphorus from Sewage by Activated Sludge Experientia", 1995, 15 (9).

134. Tettinger, "Die rechtliche Ausgestaltung von Public Private Partnership", in *Public Private Partnership*, Baden-Baden, 1997.

135. Tyteca D, Carlens J, Berkhout F, et al. , "Corporate Environmental Performance Evaluation: Evidence from the MEPI Project", *Business Strategy and the Environment*, 2002, 11.

136. "Wuhrmann K. Hauptwirkugen und Wechselwirkugen einiger Betriebsparameter Belebtschlammsystem: Ergebnisse M, mehrjä Niger Versucher", *Sschweizerisch Zeittschrift für Hydrologie*, 1964, xxvi (2).

APPENDIXA

城市污水处理及再生利用项目运营情况调查问卷（企业版）

尊敬的受访者，您好！

为研究城市污水处理及再生利用项目的运营情况，我们现在开展问卷调查。您填写的信息将对于我们科学研究的结果十分重要，谢谢您的支持和配合！

一、城市污水处理及再生利用项目基本情况

1. 企业名称____________________

地址：____________________________

成立时间：________________

运营时间：________________

基本建设投资（万元）：____________

设计能力（万吨/日）：____________

2. 企业性质（　　）

A、国有企业　　　　B、集体企业

C、股份合作企业　　D、公司

E、事业单位　　　　F、其他

3. 隶属单位（　）

A、环保局　　　　B、水利局

C、公用事业局　　D、建委

E、市政局　　　　F、其他

4. 投资主体及比例（　）

A、国家　　　　　　　　B、地方政府

C、私人投资　　　　　　D、外商投资

E、其他

5. 建设资金来源及比例（　）

A、国内借款________　　B、地方政府自筹________

C、国外贷款________　　D、社会集资________

E、国家财政拨款________　　F、其他________

6. 运行资金来源渠道____。

7. 管理方式（　　）

A、官办官营　　　　　　B、官办半民营

C、官办民营　　　　　　D、公私合营　　　　E、私办私营

8. 管网经营权属于________

9. 采用的工艺是________________

10. 污水处理程度为________________

二、城市污水处理及再生利用项目的企业运营

污水处理厂年投入情况							
填表单位		填表人		联系方式			
年份	动力费（万元）		药剂费（万元）		工资及福利（元）		维修费用（万元）
	单位电费（元/kwh）	用电量（kw）	单位平均药剂费用量（kg）		职工人数	月平均工资（元）	
2013							
2014							
2015							
年份	财务费用（万元）		销售税金及附加（万元）	其他（万元）	折旧及摊销费	管理费用（万元）	
	长期借款利息	流动资金利息					
2013							
2014							
2015							

<table>
<tr><th colspan="17">污水处理费征收使用情况年报表</th></tr>
<tr><td>填表单位</td><td colspan="6"></td><td>填表人</td><td colspan="6"></td><td>联系电话</td><td colspan="2"></td></tr>
<tr><td rowspan="3">年份
——
月份</td><td colspan="5">标准执行情况</td><td rowspan="3">代收单位</td><td colspan="5">应征收情况</td><td colspan="5">实际征收情况</td><td>收费率</td><td rowspan="3">备注</td></tr>
<tr><td colspan="5">收费标准（元/吨）</td><td colspan="5">（月）应收额</td><td colspan="5">（月）收费额（万元）</td><td rowspan="2">（%）</td></tr>
<tr><td>综合</td><td>居民</td><td>工业</td><td>商业</td><td>其他R</td><td>合计</td><td>居民</td><td>工业</td><td>商业</td><td>其他</td><td>合计</td><td>居民</td><td>工业</td><td>商业</td><td>其他</td></tr>
<tr><td>2013</td><td></td><td></td><td></td><td></td><td></td><td></td><td></td><td></td><td></td><td></td><td></td><td></td><td></td><td></td><td></td><td></td><td></td><td></td></tr>
<tr><td>2014</td><td></td><td></td><td></td><td></td><td></td><td></td><td></td><td></td><td></td><td></td><td></td><td></td><td></td><td></td><td></td><td></td><td></td><td></td></tr>
<tr><td>2015</td><td></td><td></td><td></td><td></td><td></td><td></td><td></td><td></td><td></td><td></td><td></td><td></td><td></td><td></td><td></td><td></td><td></td><td></td></tr>
</table>

污水处理厂产出情况									
项目	年运行天数（天）	年处理污水量（万吨）	年中水回用量（万吨）	年中水回用收入（万元）	年其他收入（万元）	COD 削减量（吨）	氨氮削减量（吨）	总磷削减量（吨）	污泥排放量（吨）
2013									
2014									
2015									

三、城市污水处理及再生利用项目的再生水利用情况

1. 再生水的利用领域？
2. 再生水利用的环境绩效和经济绩效？
3. 再生水利用中存在的问题？

附录B APPENDIXB

城市污水处理及再生利用项目运营情况调查问卷（政府版）

尊敬的受访者，您好！

为研究城市污水处理及再生利用项目的运营情况，我们现在开展问卷调查。您填写的信息将对于我们科学研究的结果十分重要，谢谢您的支持和配合！

一、政府有关部门对城市污水处理及再生利用项目监管的基本情况

1. 本部门所辖区域城市污水处理及再生利用项目的分布和建设运营的总体情况。

2. 该部门对所辖区域城市污水处理及再生利用项目监管的总体情况（资金、人员、监管计划及其落实）。

二、城市污水处理及再生利用项目的企业运营（PPP模式）

1. 本部门对于采取PPP模式的城市污水处理及再生利用项目在日常运营中的水质监管计划及实施情况。

2. 本部门对于采取PPP模式的城市污水处理及再生利用项目在日常运营中的水量监管计划及实施情况。

3. 本部门对于采取PPP模式的城市污水处理及再生利用项目的水价核定标准及程序。

4. 本部门对于采取PPP模式的城市污水处理及再生利用项目的绩效评估方式及程序。

三、城市污水处理及再生利用项目的企业运营（国有模式）

1. 本部门对于采取国有模式的城市污水处理及再生利用项目的扶持举措?
2. 本部门在城市污水再生利用管网的规划与建设中的具体举措?
3. 本部门在防范城市再生水利用中存在的风险方面采取的具体举措?

AFTERWORD

后　记

又是一个草长莺飞、玉兰盛开的春天，我迎来了自己第二本专著的出版。虽然少了些许出版第一本专著时的兴奋和激动，但“不负春光、不负韶华”的满足感仍然满满地充溢在我心中……

准确地说，本书应该是我的第一本专著——《城市污水处理业特许经营法律制度研究》的姊妹篇。引致我撰写该书的缘由主要有三点：首先，研究推动。早在我于2011年9月进入北京大学开始博士学业时，我的导师邱国玉教授即带我参加了在新加坡举办的“SPORE水务行政培训”。在培训中，我不仅与新加坡公用事业局、环境保护局等行政部门的政府官员进行了深入沟通和交流，还参观了新加坡的新生水厂，那里生产的新生水（New Water）引起了我的极大兴趣。当时我就在想，新生水作为新加坡的水喉之一，对于解决新加坡水资源紧缺问题发挥了非常重要的作用。同样，作为水资源匮乏地区的我国西北地区，城市污水的再生利用究竟是怎样一个情况？现有的法律制度是否能够为实践的发展起到保驾护航的作用？由此，在北京大学攻读博士学位期间，我主要从事的就是公私合作（PPP）背景下的城市污水处理相关法律问题研究。在研究中我逐步发现，再生水作为城市污水处理的“衍生品”，与城市污水处理具有天然的“血脉联系”，剥离开城市污水处理的环节，单纯展开对再生水的研究，难免有“脱离全局谈局部”之嫌。因此，我在攻读博士学位以及撰写博士论文期间，再生水一直都被作为研究不可分割的构成部分。这为本书的成稿奠定了坚实的研究基础。其次，环境熏陶。我所在的西北政法大学于2012年10月开始承担服务国家特殊需求博士人才培养项目，项目名称为“服务西北地区稳定发展与国家安全高级法律人才培养项目”。西北政法大学在该项目下分设了五个研究方向，其中方向三为“西北地区环境资源与经济社会发展法律问题研究”。我所在的经济法学院有多位老师担任方向三博士研究生导师，在与诸位前辈老师的研讨中，进一步坚定了我在现有研究基础上“研究西北问题、突出西北特色”的决心和信心。2017年4月，我进入方向三博士生导师组担任秘书，通过组织和参加博士生导师和博士生的暑期调研活动，进一步丰富了我对西北地区公私合作（PPP）背景下城市污水再生利用实践的认识，也为本书的成稿提供了丰富的实践素材。最后，课题保障。2015年，我申报的课题《公私合作背景下城市污水再生利用法律问题研究》获得中国法学会部级课题立项。同年，我以再生水为主题先后申报获批陕西省社科联重大理论与现实问题研究项目以及西安市社会科学规划基金项目。2016年，我提交给中国法学会的结项书通过匿名评审最终获得“良好”的评审结果。作为我主持的第一个部级课题，得到来自中国法学会的肯定不仅给予了我莫大的鼓励，同时更加坚定了我深入推进研究的信心。同年，由我主持的陕西省社科联重大理论与现实问题研究项目以及西安市社会科学规划基金项目也先后顺利结项，并且均最终获得“良好”的评审结果。三项科研课题的顺利结题使我萌发了将课题成果成书出版的愿望，也为本书的成稿提供了可靠的物质保障。有鉴于此，三项因缘才成就了今天书稿的问世，实属不易。

感谢我的母校和工作单位——西北政法大学，感谢杨宗科校长、王健副校长和诸位领导以及同事能够给我这次出版专著的机会，圆了我将课题研究成果成书出版的夙愿！从本科考入母校至今已有十八个春秋，我知道，是深深扎根于内心的“西法大情节”助推我始终秉承“努力奋斗、孜孜以求”的宗旨，以我所学回馈母校的培养之恩！

“五载北大人，一世北大情”。能够成就本书，离不开我的导师邱国玉教授的悉心指导和谆谆教诲，没有邱老师的高屋建瓴和醍醐灌顶，我是不会走进深深吸引我的研究方向的。我的副导师金自宁教授在我的博士学业中也给予了我诸多帮助和教导，金老师“学术人生、精益求精”的人生态度和工作作风永远是我学习的榜样！

感谢我的领导和老师——强力教授和义海忠教授，感谢他们在我求学、转岗、攻读博士学位和工作中给予我的无私帮助！师恩如海，我唯有以更加努力的求索和钻研回报他们！此外，西北政法大学研究生院孙昊亮院长、马光明副院长、杨华副院长、苏银霞老师、经济法学院郑艳馨教授、商学院冯颖博士等均给予本书以大力支持，行政法学院张浩婷同学在本书资料收集中做了大量工作，在此一并表示感谢！

本书在实证调研中，还得到了西安市环保局张炳淳副局长、西安水务集团周文汉副总经理、西安市中级人民法院行政审判庭李娟庭长、西安清远中水有限责任公司袁洛薇副总经理、桑德环境西安市长安区污水处理厂魏红霞总经理以及青海省科技厅苏海红副厅长、青海省海东市政府张一弓副秘书长等诸位领导和专家的帮助和支持，在此向他们表示衷心的感谢！

最后，感谢我的父亲和母亲！这些年来，儿子一直忙于工作和事业，在孝道方面亏欠二老太多！感谢双亲的理解和包容！感谢我的妻子为我分担了照料家庭和女儿的重担！谢谢女儿涵涵，你的笑意盎然永远是解除爸爸烦恼的灵丹妙药！感谢我的其他家人、亲戚与好友，感谢你们对我的支持和帮助！

当然，在本书的撰写中，由于时间、水平和条件所限，仍有一些问题未能继续深入探究，比如再生水的水权、税收对于再生水推广利用的激励等。热忱希望各位专家、学者能够不吝批评斧正！

薛　亮

2018 年 4 月